보통 엄마를 위한
기적의 영어육아

보통 엄마을 위한
기적의 영어육아

초판 1쇄 발행 | 2020년 11월 16일

지은이 · 이성원
발행인 · 이종원
발행처 · (주)도서출판 길벗
출판사 등록일 · 1990년 12월 24일
주소 · 서울시 마포구 월드컵로 10길 56(서교동)
대표 전화 · 02)332-0931 | 팩스 · 02)323-0586
홈페이지 · www.gilbut.co.kr | 이메일 · gilbut@gilbut.co.kr

기획 및 책임편집 · 황지영(jyhwang@gilbut.co.kr) | 디자인 · 강은경 | 제작 · 이준호, 손일순, 이진혁
영업마케팅 · 진창섭, 강요한 | 웹마케팅 · 조승모, 황승호
영업관리 · 김명자, 심선숙, 정경화 | 독자지원 · 송혜란, 윤정아

편집 및 교정 · 이혜경 | 전산편집 · 예다움
인쇄 · 두경m&p | 제본 · 경문제책

ISBN 979-11-6521-332-9 03740
(길벗 도서번호 050152)

독자의 1초를 아껴주는 정성 길벗출판사

길벗 | IT실용서, IT/일반 수험서, IT전문서, 경제실용서, 취미실용서, 건강실용서, 자녀교육서
더퀘스트 | 인문교양서, 비즈니스서
길벗이지톡 | 어학단행본, 어학수험서
길벗스쿨 | 국어학습서, 수학학습서, 유아학습서, 어학학습서, 어린이교양서, 교과서

보통 엄마를 위한
기적★의
영★어 육아

일찍
시작할수록
빨리 영어가
터진다

이성원(기적의영어육아연구소장) 지음

길벗

영어 육아는
영어 학습, 영어 교육과 다릅니다

아이를 키우며 영어 육아를 해온 지 10년이 훌쩍 넘어 꽤 긴 시간이
흘렀습니다. 많은 이들에게 낯설었던 '영어 육아'라는 말이 이제는 책
이나 유튜브 등에서 흔하게 나오고 있죠.

　각자 생각하는 영어 육아에 대한 정의가 다를 수 있지만, 저는 아이
를 키우는 과정에서 아이의 일상 속에 영어가 스며들어 아이가 영어
를 자연스럽게 받아들이도록 하는 것이라 생각해요. 여기서 중요한
것은 '가르치는' 게 아니라 생활 속에 '스며들게' 한다는 거죠.

　아이 입장에서는 '공부study'가 아니라 '습득acquisition'이 되어야 합
니다. 아이가 영어를 '해야 하는 것'으로 인지하면 공부가 되고 학습
이 되겠지만, 생활 속에서 모국어처럼 자연스럽게 익히게 되면 또 하
나의 모국어를 습득하는 셈이 됩니다. 하지만 누군가에게는 '모국어
처럼 영어를 습득한다'는 것이 왠지 더 어렵게 느껴질지도 모릅니다.
그래서인지 '영어 육아'라는 말은 흔히 듣지만 10여 년 전에도 요즘
도, 생각보다 실천하는 사람은 적은 것 같아요.

'나는 안 돼'라는 생각은 발로 뻥! 차주세요

저희 아이들은 말문이 터질 때 모국어와 영어가 같이 터졌기에, 많은 분들이 어떻게 하면 그렇게 한국에서 이중 언어가 가능한지 궁금해 하셨어요. 저를 잘 모르거나 처음 보는 분들은 아이들을 고가의 교습소나 학원에 보냈을 거라고 지레짐작하는 경우도 많았지요.

'아기 때부터 오디오와 책 그리고 쉬운 회화를 통해 영어를 친숙하게 접할 수 있는 환경을 만들어주니 아이들이 자연스럽게 영어를 습득할 수 있게 되었다'고 설명을 드리면, 대부분 '아아……' 하면서 고개를 끄덕이고 더 이상의 대화가 이어지지 않았어요. 아니면, 이런 이야기를 듣게 되지요.

"어머! 아이들이 언어 영재인가 보네요."

"집에서 10년 넘게 영어 육아를 해왔다고요? 와, 은근 독하시구나. 저는 마음이 약해서 그렇게 못하겠던데……."

"영어 육아를 할 정도면 부모가 영어를 엄청 잘하시겠어요?"

아마도 영어 학원이나 사교육의 도움 없이 영어를 잘한다는 게 믿어지지 않나 봐요. 그런 아이는 평범한 아이가 아니라 타고난 영재일 거라 생각하면서 마음의 위로를 얻는 것 같기도 했어요. 아니면 집에서 혼자 그런 아이를 키워낸 부모는 독하고 모진 성격에, 영어를 원어민처럼 잘하는 실력자일 거라고 추측했는지도 몰라요.

　하지만 저는 그저 평범한 엄마일 뿐이고, 영어 육아를 하고 있는 다른 분들 또한 대한민국에서 교육받은 보통 사람인 경우가 많아요. '영어'라는 말만 들어도 어쩐지 어려워 보일 수도 있지만, 누군가는 영어 육아를 실행에 옮기고 있어요. 영어 육아는 정말, 특별한 사람들만 할 수 있는 특별한 교육법인 걸까요? 우리 함께 영어 육아를 제대로 알아보고, 생각해보는 시간을 한번 가져보도록 해요.

아이가 영어를 어느 정도 잘하기 바라나요?

제가 학교 다니던 시절에는 영어 시험 성적이 잘 나오면 영어를 잘한다고 생각했고 많은 부러움을 받았어요. 하지만 요즘은 시험 성적만 높아서는 크게 부러워하지 않죠. 원어민을 만나면 자연스럽게 대화할 정도로 회화 능력이 뒷받침되어야 해요. 그래서 단지 영어 하나만을 위해 과감히 외국으로 어학연수를 떠나기도 합니다.

영어의 필요성에 대해서는 설명이 새삼스러울 정도지요. 취업 준비생들에게 토익 등 공인된 영어 능력 시험의 성적은 기본으로 갖추어야 하는 스펙이 되었고, 직장인이라면 상사나 바이어들 앞에서 영어로 프레젠테이션을 해야 하는 경우도 많습니다. 다른 회사로 이직을 하려고 해도 영어 인터뷰 능력이나 영어 능력 시험 점수는 필수적으로 챙겨야 하는 조건이 되지요.

더 넓게 눈을 돌려볼까요? 요즘 전 세계가 우리나라 연예인들을 주목하고 있지요. 세계 여러 나라의 팬들에게 엄청난 사랑을 받고 있는 BTS, 블랙핑크 등 K-Pop 스타들은 멤버들 대부분이 영어로 대화가 가능합니다. 영어로 공연이나 인터뷰를 했을 때 더 많은 나라에서 관심을 갖고, 영어를 자유롭게 말하는 것이 자신들을 적극적으로 어필하고 팬들과 깊이 있게 소통하는 수단이 되기 때문이에요. 연예인들에게도 영어는 이제 필수 언어가 된 셈이지요.

이처럼 세계에서 가장 큰 영향력과 힘을 가지고 있는 영어를 우리 자녀들이 어떻게 받아들이게 해야 할까요? 영어를 잘하기 위해 활용할 수 있는 채널이 많이 있어요. 가장 먼저 떠올릴 수 있는 것은 학원이나 원어민 과외예요. 그 외에도 영어 유치원을 비롯해 영어 잘하는 아이로 키우기 위해 다양한 방법이 동원되죠.

하지만 첫째 우성이가 태어난 2009년부터 영어 육아를 해온 저는 감히 장담합니다. 부모가 집에서 하는 영어 육아는 어떤 다른 방법보다 더 확실하게 영어를 언어로 받아들이게 한다고요. 그렇게 실력이 쌓이고 쌓이면 많은 학부모들이 걱정하는 수능 영어를 비롯해 각종 상급 학교 진학을 위한 시험도 안정권에 들어가게 할 수 있어요.

영어 육아에 정답은 없을지 몰라도, 이미 시행착오를 겪은 제가 드릴 수 있는 확실한 노하우는 분명히 존재합니다. 영어 육아의 노하우는 영어를 유창하게 하는 일부 특별한 부모들만 할 수 있는 것이 절대로 아니에요. 아이가 엄청 똑똑해야만 할 수 있는 것도 아닙니다. 영어 한마디 내뱉으려면 쭈뼛거리게 되고, 틀릴까 봐 주변 눈치를 보는 초보 수준의 엄마도 다 할 수 있어요. 저도 그랬거든요. 저를 믿고 한번 따라와 보세요.

- 기적의 영어 육아 연구소장 이성원

● 차 례 ●

Part 1

★

영어 육아,
시작하기 전에
알아두면 좋은 것

★

0
1

부모가 영어를 못할수록
빨리 시작하자

　　제가 우성이와 승희, 우리 아이들을 영어 환경 속에서 키우려고 마음먹고, 오랫동안 흔들림 없이 영어 육아를 실천하게 된 데에는 나름의 배경이 있어요. 그 이야기부터 해볼까요?

　　저는 중고등학교 때부터 영어에 크게 거부감이 없었어요. 간단한 문장은 머릿속에 대충 만들 수 있던 실력으로, 지금 생각하면 용감하게 첫 해외여행을 뉴욕으로 떠났죠. 첫 직장에 사표를 던지고 서른이 넘어 떠난 여행이었어요.

　　부푼 기대감을 안고 뉴욕에 도착했지만, 저는 비행기에서 내리자마자 멘탈이 붕괴되고 말았어요. 한국에서 오랜 시간 시험을 위해 배워온 종이 속 영어로는 소통이 너무 힘들었기 때문이에요. 머릿속으로 간단한 문장을 만들 수 있으니 어떻게든 소통은 될 줄 알았는데, 현지인들의 엄청나게 빠른 말은 제 귀를 스치지도 않았어요. 그나마 알아듣는 단어들을 토대로 대충 이해하고 대답하고자 머릿속으로 문장을 열심히 완성해도 소리를 내서 말하는 건 전혀 다른 차원이라는 걸처절하게 경험하는 순간이었죠.

교과서 속 영어가 아닌 현실 영어가 펼쳐지는 꿈의 도시 뉴욕에서이리 치이고 저리 치이며 멍하게 생활하다가 어느 날 문득 그런 생각이 들었어요.

'아! 나는 그동안 영어를 공부만 했지, 실질적으로 사용할 수 있는언어로 배운 적은 없구나.'

시험을 보기 위해 문법을 외우고, 독해를 위해 단어를 외운 경험은있지만 대화하기 위한 도구로 영어를 접해본 적은 없다는 사실을 뒤늦게 깨달은 거예요.

생각과 동시에 발화되어야 언어로 활용할 수 있다

언어를 습득하려면 글자로 익히는 것도 중요하지만, 소통하는 데 활용하기 위해서는 귀에 들려오는 소리를 뇌에서 정확히 인지해야 하고, 순간적으로 떠오른 생각을 바로 입으로 내뱉는 과정이 필요하다는 것을 그제야 깨달았어요.

중고등학교 6년에, 대학 생활까지 포함하면 10년 동안 영어를 붙들고 있었지만, 생애 첫 해외여행이던 뉴욕에서 제 진짜 영어 실력을인지하게 된 거죠.

뉴욕에서 생활하는 내내 전 현지인과 대화할 기회가 생기면 혹시 못 알아들을까 봐, 잘못 말할까 봐 걱정되어 항상 주눅 들고 긴장했어요. 내 입 밖으로 나오는 말이 맞긴 한 건지 혼자 고민하느라 무엇 하나 제대로 즐길 여유도 없었어요. 영어만 제대로 할 수 있었다면, 훨씬 더 많은 것을 보고 경험할 수 있었을 거예요. 그런데 말을 제대로 못 하는 게 얼마나 사람을 의기소침하게 만드는지, 소극적인 사람으로 만드는지 알게 되었죠. 그때 '나중에 내 아이는 나처럼 영어를 접하지 않았으면 좋겠다'라고 생각했어요.

벌써 10년도 더 된 이야기죠. 요즘은 영미권으로 여행을 가는 일이 흔해졌잖아요. 유튜브 등 SNS의 발달로, 원한다면 방 안에서도 외국 소식을 현지어로 들을 수 있는 기회가 활짝 열려 있기도 하고요. 이렇게 세계의 경계가 더 낮아진 마당에 영어를 제대로 익히지 못한다면 얼마나 불편할지, 반면 영어를 제대로 익히면 얼마나 유용한 도구가 될지, 불 보듯 뻔하지 않나요?

열 살 전에 영어를 편하게 만들어주자

영어 빼고 나머지 부분에서 많은 것을 생각할 수 있었던 뉴욕. 그러나 알고 보면 영어에 대한 배신감으로 꽤 팍팍한 시간을 보내기도 했던 저는 한국으로 돌아온 후 그전에는 궁금하지도 않고 알고 싶지도 않았던 한국 내에서의 영어 역사와 언어학에 관한 많은 책을 찾아서 읽으며 공부했어요.

언어에 관한 자료를 조사하며 알게 된 지식 중 가장 중요한 것은 10세 전후에 언어 습득을 위한 뇌 활동이 급속하게 저하된다는 거였어요. 많은 언어학자들의 주장에 따르면 언어 발달을 위한 뇌 활동이 더뎌지기 전에 되도록 다양한 언어를 받아들일 수 있도록 환경을 만들어주는 것이 좋다고 해요.

단지 시험 점수를 위해 영어를 배웠고, 게다가 영어를 좀 한다고 착각하다가, 현지에서 영어가 안 되어 고생을 톡톡히 해봤던 저는, 결혼 후 아이를 낳으면 영어 육아를 하기로 단단히 결심하게 되었죠. 여러 책과 논문들을 읽으면서 꽤나 계획적으로 영어 육아를 준비했어요.

이런 준비들이 쌓여 아이들 영어 실력으로 표출될 때마다 뿌듯했어요. 영어를 시험 과목을 위한 암기가 아닌 언어로 접근하면 어떻게 다른지, 사랑하는 내 아이들이 그 결과를 직접 보여주더라고요. 영어 육아는 이렇게 영어를 외우고 문제 풀기 위해서만 공부했던 저 같은 사람도 마음만 먹으면 충분히 할 수 있는 것이었어요.

0
2

영어를 어려워하는 사람은
아이가 아닌 부모

"영어가 아이에게 어렵지 않을까요?"

이렇게 말씀하시는 분들이 참 많아요. 영어를 어릴 때부터 노출시키는 게 좋은 건 알겠는데, 아이에게 어려운 건 아닌지 우려하시는 거죠. 하지만 정작 영어가 어렵다고 생각하는 사람은 아이가 아니라 부모더라고요.

영어를 언어로 받아들인다는 게 부모 세대에게는 심리적으로 어려울 수 있어요. 우리에게 영어란, 중학교 때 처음 교육 과정에서 접한 '외국어'였기 때문이죠. 요즘은 유치원이나 어린이집에서 시작하거나, 초등학교 3학년부터 공교육 과정에서 영어를 배우는데 말이에요.

사람은 누구나 자신이 겪은 경험을 토대로 세상을 바라보고 판단하기 마련이지요. 그래서 학창 시절 시험을 위해 단어를 외우고, 문법을 공부했던 기억이 뇌리에 남아 지금까지 영어는 어려운 것이라는 편견을 갖고 있어요. 그러니 아이들에게 영어를 가르친다는 것 역시 굉장히 무리한 일을 시키는 것처럼 느끼게 되죠.

부모가 그렇게 느끼면 아이들도 영어는 어려운 것이라는 편견을 갖게 될 확률이 높아요. 하지만 부모가 영어에 대한 인식을 전환해 한글이나 숫자처럼 어릴 때부터 당연히 알게 되는 지식 중 하나로 생각하면 아이들도 영어를 자연스럽게 받아들이게 돼요. 그렇게 되면 아이들에게 영어 환경을 만들어주는 것이 그리 어렵지 않답니다.

언어 노출, 빠르면 빠를수록 좋다

"The sooner the better."

뉴욕 여행에서 영어로 대화가 되지 않는 경험으로 충격을 받은 저는 한국으로 돌아와 영어 관련 책과 자료들을 닥치는 대로 찾아 읽었어요. 어떻게 하면 영어를 잘할 수 있을지 너무나 궁금했거든요.

그때 찾은 자료 중에 유명한 언어학자인 노암 촘스키Noam Chomsky 의 '언어 습득 장치language acquisition device'라는 이론이 특히 인상적이었어요. 아이들은 짧은 시간에 한정적인 언어 자극을 받아들여 무수히 많은 문장을 스스로 만들어낼 수 있다는 내용이었죠. 노암 촘스키는 인간에게 '언어 습득 장치'라는 내재된 장치가 있으며, 이로 인해 인간이 선천적으로 언어를 습득할 수 있다고 주장해요. 동물과 달리 인간에게만 나타나는 포괄적인 언어 능력, 특정 시기가 지나면 언어

학습이 효과적으로 이뤄지지 않는 결정적 시기의 존재, 언어만을 관장하는 언어 유전자의 발견 등이 그의 이론을 뒷받침하지요.

결국, 이론의 핵심은 세상에 태어난 모든 아이들이 언어 습득 장치를 통해 별다른 노력 없이 주위 사람들이 사용하는 언어를 습득할 수 있다는 거예요. 그의 주장에 따르면 자연스럽게 언어를 익히는 최적의 시기는 0~10세까지고, 그중에서도 0~6세까지가 황금기인 셈이에요.

촘스키 외에도 언어의 결정적 시기에 대해 언급한 글과 논문들이 꽤 많아요. 학자마다 시기에 대한 견해의 차이는 있지만 대부분 사춘기 이전을 언어를 받아들이기에 최적인 '결정적 시기'로 보았어요.

대학교에서도 배운 개념이었는데, 그때는 눈에 들어오지 않다가 고생스러운 경험을 겪은 후 다시 보니 머릿속에 쏙쏙 들어오더군요. 한편으로는 영어와 친해질 수 있는 방법이 생각보다 간단하고 쉬울 수 있겠다는 생각도 들었어요. 결혼하고 아이를 낳는다면 내 아이들에게는 꼭 제대로 영어를 친숙하게 해줘야겠다고 다짐했지요.

결국 한껏 들떠 떠났던 뉴욕 여행은 망쳤지만, 현실을 자각하고 영어 육아에 대한 팁까지 얻게 되었으니 역시 쓸모없는 경험은 없구나 하는 생각이 들었어요.

아이는 편견 없이 듣는다

아기는 언어 자체에 대한 편견이 없어요. 아기들은 보이는 대로 보고, 들리는 대로 듣죠. 언어 역시 접하는 그대로 흡수해요. 이렇게 좋고 싫고 의사 표현이 분명하지 않을 때 영어 환경에 노출되면 자연스럽게 그 소리에 익숙해져요.

유럽에서는 워낙 다양한 인종이 함께 생활하다 보니 태어나면서부터 대부분 2개 국어 이상의 언어 환경에 놓여요. 그러니 2개 국어 이상의 언어를 능숙히 활용하는 것이 보통이에요. 이렇게 보면 모국어와 다른 언어에 대한 정체성의 혼란이 올까 봐 영어를 멀리한다는 것에 대해 다시 생각해보게 되죠.

촘스키의 이론대로 10세 전후로 언어 습득 발달이 멈춘다면, 잘못된 걱정으로 아이에게 다른 언어를 습득할 수 있는 기회를 빼앗아버리는 것이 될지도 몰라요. 또 언어 그 자체로 습득할 수 있는 시기의 대부분을 그냥 흘려 보내버린 것이 되니 시간이 너무 아까워질 수도 있고요.

아니, 촘스키 이론을 논외로 치고 지금까지 밝혀진 다른 보편적인 이론들만 보더라도, 아기들은 엄마 배 속에 있을 때부터 청각을 이용해 소리를 들으며 언어를 배우기 시작한다고 해요. 그렇게 생각하니 저는 특히 모국어를 비롯해 언어 자체를 자연스럽게 받아들이는 0~36개월 영유아 시기가 언어의 황금기로 여겨져 놓치고 싶지 않았어요. 게다가 많은 뇌과학자들이 두뇌 발달의 결정적 시기를 태어나서부터 36개월까지로 보고 있어요. 평생 뇌력을 좌우하는 0세부터 생후 36개월까지의 시기에 아기의 두뇌에 좋은 자극을 줄 수 있는 놀이와 생활 습관들을 접하게 해줘야 한다는 것 역시 이런저런 책들을 통해 알게 되었죠.

이처럼 3세까지가 아기에게 얼마나 중요한 시간인지 알게 되면서, 저는 아이의 정서적 안정을 위한 다정한 말과 스킨십은 물론 영어 환경 만들기에 집중했어요. 이 시기의 아이들은 언어에 대해 '어렵다'거나 '복잡하다'는 편견이 전혀 없어요. 그저 들리는 대로, 많이 접하는 대로 스펀지처럼 쭉쭉 받아들이고 체득한 후 발화하더라고요.

이때는 아이들이 소리에 귀를 기울이고 주변의 모든 것에 호기심을 가지고 반응하기 때문에, 제가 원하는 만큼 마음껏 영어를 접하게 해줄 수 있었어요. 또 언어 수준 또한 한국어로도 "배고파? 밥 먹고 싶어?", "물 먹을래?", "여기 보세요" 등 간단한 문장만을 반복 사용하는 시기라 그 문장을 영어로 외웠다가 말해주는 것만으로도 충분했어요.

03
영어 육아의 효과와
간단한 원칙

저는 아기를 영어에 최대한 노출시키는 영어 육아를 마음 먹고, 아이들을 영어 환경에서 키우려고 노력했어요. 임신 때에는 태교로 한글 동화책과 영어 동화책을 번갈아 소리 내어 읽어주고, 아이가 태어난 이후로도 매일 꾸준히 우리말 동요와 클래식, 영어 동요를 틀어주고, 우리말 책과 영어책을 번갈아 읽어주었어요

"Good morning? How do you feel today?" 같은 기초적인 영어 한 문장씩은 매일 해주면서 말이지요. 대화라 해봤자 거의 주변에 있는 사물을 우리말과 영어로 알려주거나 날씨를 말하고 동화책을 읽어주며 노는 게 대부분인 단순한 패턴이었어요. 그러다가 아이와 하는 대화가 매우 쉬운 말로 반복된다는 것을 인식하게 되었어요. 그때 문득 이렇게 간단한 말을 매일 아이에게 영어로 해주면 되겠다 싶어

아이가 잘 동안 일상에서 대화할 쉬운 영어 문장을 미리 정리해두었어요.

아이와 외출할 때, 집에서 놀 때, 식사할 때 쓸 수 있는 간단한 문장들을 정리해놓고 보니 대략 150~200개가 나오더라고요. 영어 문장도 한글 문장과 마찬가지로 짧고 쉬웠죠. 그렇게 정리한 문장은 저의 첫 번째 육아서에 정리해 많은 엄마들이 활용하기도 했어요. 그렇게 꾸준히 영어 환경 만들기에 시간을 보내자 신기하게 어느 날부터인가 아이가 정말 영어를 언어 그 자체로 받아들였어요.

돌부터 영어와 한국어를 동시에 시작한 우성이

걸음도 제대로 걷지 못할 돌 무렵, 우성이가 "끌락"이라고 말했어요. 처음에는 무슨 말을 하는지 저도 잘 못 알아들었죠. 하지만 무언가 말하는 것 같아서 "응?" 하고 되묻자, 아기가 벽을 가리키며 "끌락"이라고 반복하더라고요. 직접 귀로 듣고도 '혹시 아이가 벽시계를 가리키는 건가?' 하는 의심이 들어 "Is this a clock?" 하고 되묻자 고개를 끄덕이며 "끌락"이라고 말하는 것이었어요.

그때 느낀 감정이란 정말 말로 표현하기 힘들 정도로 놀라웠어요. 우성이가 '시계, 클락'이라는 단어를 인지하고 있다는 것은 알고 있었지만 그 작은 입으로 "끌락"이라는 말을 발화했을 때는 정말 엄청난 흥분과 감동이 밀려왔답니다. 그날을 기점으로 우성이는 우리말과 영어를 동시에 말하기 시작하더니 점점 가속도가 붙으며 모국어

25

와 함께 영어를 줄줄줄 말하기 시작했어요.

그러다 어떻게 소문이 났는지 우성이가 30개월 때 KBS의 〈스펀지〉라는 방송에서 영어 신동으로 출연해줄 수 있냐는 연락을 받았어요. 잠시 망설였지만 아이에게 좋은 추억이 되겠다 싶어 출연시키기로 결심했죠. 당시 방송에 함께 출연했던 캐나다와 미국 출신 원어민들은 우성이의 영어 실력을 보며 엄청 놀라워했어요.

패널들은 원어민들의 의견을 듣자 아이가 정말 한국에서 나고 자랐는지부터 질문하기 시작했어요. 외국에 나가본 경험도 전혀 없고, 부모 모두 한국 토박이라고 하니 그런데 어떻게 이렇게 아이가 자연스럽게 영어를 구사할 수 있느냐며 다들 신기해했어요.

그 방송 이후로 지금까지도 우성이는 공중파 3사와 케이블 TV에 출연이 이어지고, 각종 신문과 잡지에 소개되고 있어요. 감사하게도 불러주는 곳이 꽤 많지만, 여러 방송 출연 경험 후 저도 몇 가지 원칙을 세우게 되었어요. 첫째, 아이가 재미를 느낄 수 있을 것, 둘째, 아이의 사생활이 너무 드러나지 않을 것. 토종 한국인이 영어를 원어민처럼 구사한다는 것만으로 어른들이 쉽게 붙이는 '영어 영재'라는 이름표에 아이가 갇히는 걸 원치 않았기 때문이에요.

곤충 덕후 우성이, 영어로 유튜브를 시작하다

엄마가 만들어놓은 작지만 견고한 영어 환경 속에서 자라며 우성이는 동물과 자연 속 살아 있는 생명체에 많은 관심을 보였어요. 아이의 관심사가 뚜렷해질수록 그에 맞는 한국어 책이나 영상뿐 아니라 아이가 원하는 다양한 영어책을 아마존을 통해 구입해 읽게 해주었어요. BBC나 내셔널지오그래픽National Geographic에서 제작된 다큐멘터리 영상도 찾아 보여주며 호기심을 채워주려고 노력했고요.

처음에 아이는 또래 다른 남자아이들과 비슷하게 공룡에 큰 관심을 보였어요. 하지만 점점 현재 살아있는 동물들을 좋아하게 되더니 지금은 파충류와 곤충에 유독 관심이 많아졌어요. 아이가 성장하면서 취향이 변하는 것을 옆에서 지켜보는 것 또한 흥미롭기도 하고 재미도 있더라고요.

우성이가 초등학교 3학년이 되던 해였어요. 아이가 어느 날 불쑥, 곤충을 좋아하는 전 세계 사람들과 정보를 교류하고 싶다고 말했어요. 무엇을 어떻게 하고 싶은지 물어보니 유튜브 채널을 개설하면 된다고 하더군요. 덕분에 저와 남편은 잘 알지도 못하는 유튜브 채널을 개설했고, 그날부터 영상 촬영 보조가 되었어요. 아이는 현재 좋아하는 곤충들을 영어로 소개하는 유튜브 채널을 운영하는 크리에이터로 활동하고 있어요.

우성이의 유튜브 채널은 주변에서 흔히 볼 수 있어 관찰이 가능하거나 집에서 키운 곤충, 또는 동물 위주로 그 특징을 영어로 설명하는 콘텐츠가 주로 올라와요. 아이가 직접 운영하는 것이라 화려하고 오락성이 풍부한 유명 채널들에 비하면 아주 소박하죠. 하지만 아이가 처음 유튜브 채널을 열며 목표했던 '전 세계 곤충 애호가들과 소통하고 싶다'는 목적은 이룬 듯해요. 지금도 미국을 비롯해 영국, 독일, 프랑스, 캐나다, 아랍 등 세계 각국의 곤충 애호가들, 비슷한 채널 운영자들과 영어로 소통하며 꾸준히 교류하고 있거든요.

아이는 이러한 소통을 통해 유튜브 영상 제작에 더욱 재미를 느끼고 있어요. 처음에는 아는 정보에 대해 주절주절 이야기할 뿐이었지만 요즘은 영어 원서를 뒤지고 구글 전문 자료를 검색하며 좀 더 전문적인 영역으로 확장해가고 있어요. 애초에 영어만 잘하는 아이로 자라지 않기를, 영어라는 도구를 통해 더 넓은 세상을 접하길 바랐는데, 꼭 그렇게 자라주고 있네요. 영어를 아기 때부터 자연스럽게 익히니, 힘들이지 않고 자기의 취미 생활을 세계 사람들과 소통하며 지낼 수 있게 된 거죠. 둘째 승희 역시 영어 환경에서 자라 우리말과 영어를 동시에 습득했답니다.

영어 육아의 기본 원칙 1: 영어 환경 만들기

영어 환경 만들기는 생각보다 쉬워요. 한국어 대신 영어만 쓰는 게 아니라 아이가 평소에 늘 접하는 모국어 환경에 영어를 살짝 넣어주기만 하면 되니까요. 이게 바로 영어 육아의 비법이에요. 정말 너무나 간단해서 비법이라는 표현이 과할 정도죠. 한글 동화책 읽어줄 때 영어 동화책도 섞어서 읽어주고, 한글 동요 틀어주면서 영어 동요도 함께 틀어주는 거예요. 아기에게 말을 걸 때도 한국어와 함께 간단한 인사말은 영어로도 건네는 거예요.

물론 아이 연령대에 따라 또 흥미에 따라 확장해주는 방법에 차이는 있지만 큰 줄기는 '모국어와 영어의 동시 노출'이 전부라 해도 과언이 아니에요. 직접 시작해보면 아시겠지만 영어 육아 원칙이 이렇게 간단하다 보니, 영어 육아에 실패란 없어요. 단지 시작하지 않았기 때문에 못하는 것뿐이고, 중간에 멈췄기 때문에 목표에 도달하지 못한 것뿐이에요.

다시 한 번 강조하지만 인간은 태어날 때 언어를 습득할 능력을 갖추고 태어나요. 어떤 부모든 성실함과 의지만 가지고 있다면 아이가 영어를 자연스럽게 받아들일 수 있도록 해줄 수 있고, 그러한 능력을 가지고도 있어요. 그러니 더 쉽고 편하게 영어를 습득할 수 있는 어릴 때 아이에게 영어 환경을 만들어주세요. 이때 꼭 기억해야 하는 것은 아이의 실력이 꾸준히 조금씩 나아지니 마음을 편히 가지고 천천히 해야 한다는 거예요.

영어 육아의 기본 원칙 2: 가르치지 않기

그럼, 영어 육아에서 주의해야 할 점은 어떤 게 있을까요?

첫째, 교육으로 접근하면 안 된다는 거예요. 모국어인 한글도 '공부'로 접근하면 말은 잘하면서도 글을 익히기 싫어서 반항하는 게 일반적인 아이들의 반응이에요. 영어도 마찬가지죠. 부모가 영어를 공부로 접근하면 아이들은 당연히 도망가려고 해요.

부모인 우리가 결코 교육 전문가가 아니라는 사실, 아이를 사랑으로 양육해야 한다는 사실을 잊으면 안 돼요. 가끔 선생님처럼 아이를 가르치려는 부모님을 만나는 경우가 있어요. 하지만 원어민처럼 영어를 유창하게 할 정도로 실력이 훌륭하다고 해도 아이를 가르치는 것은 육아와 엄연히 다른 분야예요.

물론 그렇게 하는 부모의 마음도 아이에 대한 사랑으로 시작한다는 것을 잘 알고 있어요. 하지만 막상 가르치다 보면 아이가 잘 알아듣지 못하거나, 부모 욕심만큼 따라오지 못할 때가 많거든요. 그러면 부모는 처음 시작할 때의 마음과 달리 아이를 답답해하거나, 머리가 나쁘다는 등 자기도 모르게 비난을 하게 돼요. 영어를 잘하게 하고 싶은 마음에서 시작한 것인데, 오히려 아이와의 관계 자체가 무너져 버리고 마는 거죠.

영어는 나중에 아이가 커서 사회에 나갈 때 유용한 도구를 하나 더 쥐어주는 것뿐이라는 사실을 잊으면 안 돼요. 그동안 잘 맺어온 아이와의 관계를 망치게 할 정도로 중요한 것은 아니잖아요.

둘째, 주변 아이들과 비교하면 안 돼요. 부모들은 아이를 키우면서 자꾸만 다른 아이들과 비교하게 되죠. 육아 서적에 나와 있는 아기의 성장 발달 표준표를 보면서 한 달 늦게 기기 시작해도 걱정, 기지 않고 바로 걸어도 걱정, 비슷한 개월 수 아이보다 체중이 적게 나가는 것도 걱정을 해요. 꼭 앞서려고 해서가 아니라, 잘못될까 봐 조바심을 내는 거죠. 언어 발달과 영어에 대해서는 더욱 그런 것 같아요. 하지만 조금만 생각해 보면 다른 아이와 굳이 비교할 이유가 없다는 걸 알게 됩니다.

모든 인간은 각자의 속도가 있고, 다른 환경에서 자라요. 그러니 무엇을 하든 시작하면 비교 대상은 내 아이 자체로 해주세요. 다른 아이와 비교하다 보면 정작 신경 쓰고 자세히 봐야 할 내 아이의 성장과 발전의 시간을 놓칠 수 있어요. 영어 육아를 하는 것은 다른 아이의 실력과 우수함을 보고 끝없는 비교를 통해 내 아이 마음에 생채기를 내기 위한 것이 아니라 부모와 함께 정성의 열매를 맺기 위한 것이라고 생각해주세요.

영어 육아는 아이에게 영어 환경을 만들어주는 것입니다. 이 또한 사실 간단해요. 앞서 말했듯이 부모의 역할은 아기에게 영어 동화책을 읽어주고, 영어 노래를 불러주고 쉬운 대화를 건네는 거예요. 가볍게 시작하되 꾸준하게 아이에게 피드백과 자극을 주는 것이 중요하답니다. 욕심을 내려놓고 내 아이를 바라보는 객관적 시각을 유지한다면 영어 육아는 조금도 어렵지 않아요. 일상에서 영어만 조금씩 노출해주다 보면 어느새 아이의 언어가 성장해 있기 때문이죠. 어느 순간, 아이의 입에서 자연스럽게 영어가 나올 거란 믿음만 있으면 가능해요. 제 아이들이 그러했고 제가 운영하고 있는 육아카페 내의 수많은 경험담을 통해 아이가 일정한 패턴으로 성장한다는 사실을 알기 때문에 감히 단언할 수 있는 거랍니다.

물론 학원에 다니는 아이들에 비하면 더디고 느리게 보일 수도 있어요. 하지만 스스로 영어 소리의 원리를 깨닫고 흥미 있는 주제와 관련 있는 단어들을 찾아 습득하는 아이들은 시간이 흐르면 약속이나 한 것처럼 자신이 하고 싶은 말을 영어로 술술 쏟아낸답니다.

초기 대화 경험, 영어 못하는 부모도 가능하다

어떤 언어이든 만 3세까지의 초기 대화 경험이 언어 능력의 중요한 바탕이 된다고 해요. 물론 그 시기 이후라도 노력해서 채워줄 수 있지만 이런 귀한 시기를 놓치면 안 된다는 사실이 무엇보다 중요하죠. 그러니 '언어 순수기'인 0~36개월 동안 최대한 풍부한 언어 환경에 놓일 수 있도록 신경을 써주면 좋아요. 아직 말도 못하고 누워만 있는 아기에게 무슨 말을 할까 싶겠지만, 주변의 소소한 사물 이름부터 시작해 언어에 친근감을 가지도록 대화하고 책을 읽어주고 잔잔한 노래를 들려주는 것은 영어 육아의 기본이자 핵심이랍니다.

우리말로도 될 수 있는 한 많은 말을 해주고, 영어도 같이 많이 들려주세요. 다르게 생각하면 누워 있는 아기는 이제 막 발육이 시작된 상태이기에 오히려 눈치 안 보고 마음껏 영어 환경을 제공할 수 있어요. 이때는 아기가 부모와 하는 모든 것이 흥미롭고 재미있는 '순수 모방자'의 모습을 그대로 지니고 있을 시기거든요.

이때 모국어 이외의 다른 언어를 아이에게 노출시켜주면 지능이 높아지고, 표현력이 풍부해지며, 스스로의 능력에 대한 자신감을 가질 수 있다고 해요. 그러니 아기의 '언어 순수기'를 놓치지 말고 조금이라도 일찍 영어를 자연스럽게 받아들일 수 있도록 영어 환경을 만들어주세요.

엄마표 영어가
빛나는 순간

많은 부모들이 오해를 해요. 부모가 영어 육아를 하다가 아이를 잡는다고 말이죠. 아이와 관계를 망치느니 차라리 돈을 들여 영어 학원이나 기관에 보내는 것이 현실적이라는 말을 하기도 합니다.

하지만 영어 육아를 하는 것은 아이와 싸우기 위한 것도, 부모가 선생님이 되어 가르치는 것도 아니에요. 그러니 아이를 잡거나 아이와 갈등을 빚을 일도 없죠. 매일 영어를 써서 아이에게 모국어인 한국어보다 영어가 더 중요하다고 가르치는 것은 더더욱 아니랍니다.

오히려 고정적인 시간을 학원에서 보내야만 하는 아이에게 집에서 편안함을 느끼면서 영어에 대한 재미를 맛볼 수 있게 해주는 거예요. 시간에 얽매이지 않고 오직 내 아이만을 위해 최적화된 눈높이 환경 속에서 스스로 충분히 즐길 수 있도록 만들어주는 거죠. 아이가 친구나 학원 선생님 등 다른 눈치 안 보고 편하게 영어를 접하게 되고, 동시에 엄마와 아이의 정서적 유대감도 깊어질 수 있다는 것이 영어 육아의 가장 큰 장점이랍니다.

그렇게 하기 위해서는 부모도 아이와 함께 즐길 수 있는 것을 찾아야 하는 경우가 많아요. 아이와 부모의 공통 화제 또는 주제를 찾기 위해서는 충분한 대화가 필요해요. 서로 대화를 통한 교감을 나눈 후 재미난 영어책이나 오디오 혹은 DVD를 함께 보며 간식을 먹는 소소한 시간들은, 부모와 아이 모두에게 행복한 휴식 시간이자 스트레스 해소의 창구가 될 수 있어요.

영어책으로 아이와 교감하는 시간을 늘릴 수 있다

전 세계 많은 이들의 사랑을 받는 유명한 그림책 작가 앤서니 브라운은 "아이와 어떤 대화를 해야 할지 모르겠다면 같이 그림책을 읽어라!"라고 말을 했다고 해요. 저는 이 말을 듣는 순간 마치 저에게 하는 이야기 같아서 무릎을 탁 쳤어요.

한 권의 그림책은 부모와 아이가 서로의 감성으로 만날 수 있는 다리가 될 수 있어요. 책을 정성껏 읽어주는 동안 아이는 부모 무릎 위에 앉아 책 속의 그림을 보면서 부모 목소리에 취하겠지요. 이 과정을 통해 부모와 아이는 더 친밀해지고, 서로를 더 사랑하게 된답니다.

저는 평소 말이 많은 타입이 아니라서 대화가 비는 시간은 책을 읽어주면서 채우곤 했어요. 책을 읽어주다 보면 등장인물이나 줄거리에 관해 도란도란 이야기를 나눌 거리도 많이 생겨나죠. 아기가 그저 누워만 있던 시절에도 혼자 그림을 보면서 설명해줬고, 조금 더 커서 말을 시작했을 때는 한국어 책을 읽어줬을 때와 영어책을 읽어줬을 때 아이의 질문이나 반응이 달랐기 때문에 아이와 더 많은 대화를 할 수 있었어요.

영어 육아는 부모의 목소리로 영어책을 읽어주며 영어 동요를 같이 부르는 등 즐거운 추억을 공유하기 바라는 것이고, 육아의 시간을 막연하게 보내는 것보다 목적성을 가지고 한 방향으로 알차게 보내고자 하는 것이랍니다.

생각해 보면 아이와 함께하는 시간은 꿈처럼 정말 빠르게 흘러가요. 엄마 옆에 계속 붙어 있을 것 같지만 아이들은 생각보다 빨리 자라 독립을 한답니다. 아이가 언제까지나 옆에 붙어서 나만 바라볼 것 같지만 절대 그렇지 않아요.

영어 육아는 아이와 부모가 서로에게 존재감을 강하게 어필하는 귀한 시기에 좀 더 집중해서 관계를 단단하게 맺기 위한 것이에요. 그리고 단단히 이어주는 접착제 중 하나가 영어라는 것뿐이죠.

그 중요하다는 영어를 어디에서, 무엇을, 어떻게 시작해야 할지 막연하게 고민만 하며 시간을 보내는 것보다는 집에서 부모가 재미있는 영어책을 읽어주고 아이가 좋아하는 영어 DVD를 보여주는 것이 훨씬 지혜롭고 수월한 방법이라는 사실을 깨닫게 될 거예요.

그러니 이제 엄마표 영어 육아가 영어 습득은 물론 육아에도 훨씬 수월하다고, 사고의 전환을 해보는 건 어떨까요? 아이가 영어를 배우기 위해 꼭 어딘가를 다녀야 한다거나 원어민과 대화를 해야 실력이 는다는 편견만 지우면 영어 육아는 정말 쉬워진답니다. 다만 내가 영어 육아를 하는 것으로 우리 아이도 누군가처럼 영어 영재 혹은 영어 신동으로 키워보겠다는 등 과한 욕심을 내거나 지나친 사명감만 없으면 돼요.

비용과 시간 면에서 훨씬 경제적이다

다른 기관에서 영어를 배우는 것보다 경제적으로 부담이 훨씬 적다는 것도 큰 이유가 될 수 있어요. 언제 어디서 시작해야 할지 고민할 것도 없어요. 마음만 내킨다면 지금 당장 집에 있는 영어책 한 권 집어 들어 읽어주기 시작하는 것으로 영어 육아를 시작할 수 있으니까요.

물론, 영어 육아라는 게 비용이 전혀 안 드는 것은 절대 아니에요. 몇 달에 한 번 정도는 책을 구입하기 위해 꽤 큰 비용을 지출하게 되는 경우도 있어요. 그렇다 해도 책 구입 후 꽤 오랫동안 따로 비용이 들지 않지요. 게다가 형제자매가 있는 경우 책을 돌려보기 때문에 실속이 있기도 해요.

많은 아이들이 영어 학원이나 영어 유치원을 다니면서 매달 고가의 비용을 지불해요. 그러나 그곳에서 배우는 영어는 일시적일 뿐 아이 자체가 즐기고 습득하는 과정이 집에서 지속되지 않으면 그 효과가 금세 사라지고 말아요. 그래서 저는 집을 영어 환경으로 만들기에 더 열심이었던 것 같아요. 제가 조금만 부지런하면 아이 수준에 맞춰 더 많은 것을 제공할 수 있으니까요. 게다가 꾸준히 하다 보면 부모도 요령이 생기고, 무엇을 해야 효과적인지 저절로 파악하게 돼요.

또 아이들이 학원에 가는 동안 길거리에서 시간과 에너지를 낭비하지 않을 수 있다는 것도 장점이에요. 사실 영어를 언어로 받아들이게 하려면 수없이 노출시켜주어야 하는데 학원에 가서 하루 일정한 시간 앉아 있는 것만으로는 턱없이 시간이 부족하지요.

어리면 어릴수록 영어에 제대로 노출되어야 해요. 영어 학원이나 기관에 가기 위해 이동하는 시간을 없애고 그 대신 집에서 DVD를 보거나 오디오로 흘려듣기를 해주는 것이 훨씬 효과적이죠. 아이가 덜 피곤하고 편안한 것은 덤이고요.

10세 미만 아이들에게는 영어 환경 만들기가 특히 필요해요. 왜냐하면 그 시기의 아이들은 무조건 듣기가 최대치로 끌어올려져 있어야 나중에 말로 변환할 수 있기 때문이에요. 부모를 최고라 생각하며 믿고 따라주는 10세 전후 시기에 아이와 함께하는 영어 육아는 비용 대비 최고의 효과를 낼 수 있답니다. 다만, 이렇게 좋은 영어 육아도 제대로 효과를 얻으려면 꼭 필요한 것이 있어요.

부모의 믿음이 필요하다

영어 육아에는 아이의 끈기 말고 부모의 끈기가 필요해요. 여기서 말하는 끈기란 끝까지 하는 인내력도 포함되지만 더 깊은 의미는 아이가 못하더라도, 혹은 느리더라도, 머릿속에서 화산이 분출할 만큼 답답함이 밀치고 올라오더라도 기다리는 힘을 의미해요.

사실 이게 가장 어려운 부분이긴 해요. 그래도 생각해 보면 이것마

저도 아이와 부모 서로에게 도움이 돼요. 화를 참고 아이의 말을 들어주는 과정을 통해 아이와 부모는 서로 신뢰를 쌓게 되고, 또 그 시간을 공유하게 되니까요. 이런 추억이 쌓이면 아이가 커서도 여전히 부모와 많은 대화를 나누게 되니 혹여 중간에 포기하게 된다 하더라도 손해 볼 것은 없는 셈이에요.

아이가 조금 느리더라도 부모의 믿음만 견고하면 아이의 행동이나 영어 한마디에 일희일비하지 않는 제법 단단한 배짱이 생깁니다.

제가 운영하는 육아카페에도 꽤 많은 아이들이 비슷한 시기에 영어 육아를 시작해요. 그러다 보면 비슷한 또래여도 누군가는 시작한 지 얼마 되지도 않아서 영어를 술술 말하고, 또 누군가는 그런 과정을 한동안 지켜봐야 하는 입장이 되기도 해요.

하지만, 속이 타더라도 다른 아이의 발전에 축하해주다 보면 유난히 느리게 보이던 내 아이가 어느 순간 말문이 터지면서 빠르게 성장하는 모습을 보게 된답니다. 아이가 차곡차곡 곳간에 곡식을 쌓듯 머릿속에 영어를 꽉꽉 채우고 있는데 눈치 채지 못하고 그저 아웃풋이 빠른 아이와 비교하며 채근하거나 핀잔을 주었다면 어찌 될까요? 몸과 머리에 채워지기도 전에 자꾸 눈치를 주는 부모 때문에 영어에 대해 거부감만 늘 수도 있겠지요.

아이들은 모두 개인차가 있어요. 이를 인정하고 기다려줄 수 있는 부모, 지금은 비록 느리지만 언젠가 자신만의 잭팟을 터트릴 시기를 기다려주며 믿어주는 부모라면 '영어 육아'라는 기차에 바로 올라타도 됩니다.

0 5 0세부터 할 만큼
영어가 꼭 필요할까?

　누군가는 이렇게 생각할 수도 있어요. '꼭 영어 공부를 시켜야 할까? 아이가 커서 무슨 일을 하게 될 줄도 모르는데?'

　그런 생각은 우리가 살고 있는 대한민국에서 영어를 위해 얼마나 시간과 에너지를 쏟는지 따져 보면 금세 사라지게 될 거예요. 요즘은 일반적으로 어린이집이든 유치원이든 일주일에 한두 번은 영어를 접하게 합니다. 초등 3학년부터 학교 정규 과목에 들어가고, 중고등학교에서는 필수 과목으로 영어가 차지하는 비중이 점점 더 늘어납니다. 대학 입시에 성공했다고 영어 공부가 끝나는 것도 아니죠. 대학에 가서도 영어로 진행되는 수업이 늘고 있고, 직장을 구하기 위한 기본적인 스펙이 됩니다. 직장에서도 영어를 잘하면 승진은 물론 상대적으로 그렇지 못한 사람보다 높은 연봉이 따라와요. 이처럼 영어를 잘하고 못하고의 차이가 평생을 따라다니면서 발목을 잡기 때문에 결국 이를 악물고라도 영어 공부를 열심히 할 수밖에 없는 거예요.

만약 일찍부터 영어에 익숙해서 한국어 지식이 아닌 더 넓고 다양한 지식과 정보를 받아들였다면 어떨까요? 그들은 좁은 한국이 아닌 세계가 모두 기회의 땅이 됩니다. 쉽게 말하면 노는 물이 달라지는 것이지요.

자녀가 성인이 되어 공무원 혹은 대기업에 입사하게 되었다고 가정해볼게요. 여러 안건으로 외국인과 중요한 미팅을 할 때 거침없이 유창하게 영어로 대화하는 사람과 통역을 필요로 하는 사람이 보이는 능력 차이는 매우 크게 느껴질 거예요. 어떤 기업이든 공공기관이든 영어에 능통한 인재를 더 선호하겠지요.

자녀가 어떤 위치에 있기를 바라나요? 모두 영어를 잘할 필요는 없겠지만, 내 아이가 더 넓은 세상에서 더 많은 기회를 가질 수 있다면 좋지 않을까요? 그로 인해 아이의 삶의 질이 달라질 수도 있는 것 아닐까요?

강연하면서 세상이 많이 바뀌었구나 하는 걸 느낄 때가 종종 있어요. 몇 년 전부터 영어 육아 강연장에 머리카락이 희끗한 할아버지 할머니가 오시는 경우가 늘고 있거든요. 그분들은 젊은 부모들보다 일찍 오셔서 제일 앞자리에 앉으시고 강연을 시작하기 전부터 저에게 관심을 보이며 질문도 하실 정도로 열심이시죠.

저는 그런 어르신들이 감사해서 질문에 대한 답도 상세하게 해드리고, 이런저런 이야기를 나누기도 해요. 그렇게 강연장까지 찾아오실 정도로 열정이 많은 어르신들은 대부분 그 자녀들도 사회적으로 인정받는 전문 직종에 종사하는 경우가 많았어요.

결국 바빠서 시간을 못 내는 당신 자식들 대신 손주의 영어 교육을 위해 직접 시간을 투자하는 것이었죠. 그분들은 제가 말하는 내용을 무엇 하나 놓치지 않겠다고 결심하고 오신 듯 강연 내내 열심히 경청하고 꼼꼼하게 메모도 하세요. 그리고 강연이 끝난 후에도 제게 쫓아오셔서 미처 하지 못했던 질문들을 세세한 것들까지 묻고 답을 구하시죠.

저는 사실 그분들이 영어 육아를 하지 않고도 사회적으로 성공한 자녀들을 길러냈기 때문에, 영어는 나중에 공부해도 괜찮다고 생각하실 줄 알았어요. 하지만 그분들은 오히려 자식들이 영어를 잘할 수 있도록 제대로 뒷받침해주지 못한 것이 마음에 걸린다고 하시더라고요. 또 만약 자식들이 영어에 능통했다면 더 성공하고 더 발전할 수 있었을 텐데 아쉬운 마음이 든다고도 하셨어요. 그래서 손주들에게는 확실하게 더 나은 환경을 만들어주고 싶다고 하시더군요.

저는 이렇게 영어 육아에 적극적인 어르신들을 보면서 다시 한 번 느꼈어요. 옛날이나 지금이나, 자녀 교육을 열심히 해보신 분들은 영어의 중요성과 힘을 누구보다 잘 알고 계시는구나, 라는 것을 말이에요.

또 한 가지 놀라운 점은 자기 자신을 위해 영어를 배우는 분도 꽤 많다는 거예요. 실제로 백화점 문화센터나 동네 주민센터에서 진행하는 성인 대상 영어 회화반에 가보면 해맑은 얼굴로 수업을 듣고 계신 할머니 할아버지들이 상당히 많으시답니다.

군이 영어를 하지 않아도 될 것 같은 중년부터 머리 희끗한 어르신들까지 나이와 성별에 관계없이 많은 분들이 영어를 배우기 위해 기꺼이 시간과 돈을 투자하신다는 사실은, 단순히 입시와 취업을 위해 영어를 공부한다는 편견을 여지없이 깨주었어요. 제가 다니는 교회만 해도 주중 낮 시간에 영어 성경 공부를 하고자 하는 중년과 노년의 신도들을 쉽게 마주칠 수 있어요. 이렇듯 구구절절 설명하지 않아도 기회가 된다면 배우고 싶어 하고, 열심히 해서 잘하고 싶어 하는 것이 영어입니다. 그러니 언어를 가장 쉽고 빨리 익힐 수 있는 시기부터 영어를 시작할 수 있다면 더욱 좋겠죠.

아이가 세계를 대상으로 꿈꿀 수 있도록

수많은 언어가 세상에 공존하지만, 우리나라뿐 아니라 많은 나라에서 영어를 배우고자 해요. 하지만 아직도 일부 사람들은 수능이나 여타의 시험만 잘 보면 되기에 영어를 군이 잘할 필요가 없다고 주장해요. '나는 한국에서 태어났고 앞으로도 한국에서 평생을 살 테니 영어 실력은 필요 없다'라고 말하며, 통역사나 자동번역기가 모든 필요를 해결해주리라 기대도 하죠.

누군가는 이런 의견에 동조하겠지만 저는 완전히 반대 견해를 가지고 있어요. 영어를 잘한다는 것이 세상에 살면서 얼마나 좋은 점과 유리한 점이 많은지 잘 알기 때문이에요.

실제로 인터넷에 넘쳐나는 정보의 80퍼센트는 영어로 되어 있고, 특히 최첨단 과학과 기술 정보는 80퍼센트가 훨씬 넘게 영어로만 표기되어 있어요. 이러한 지식정보 사회에서 영어를 잘하게 되면 이 방대한 지식을 누구보다 더 적극적으로 배우고 활용할 수 있게 되죠. 빠르게 변하는 세상에 발맞추어 나아갈 수 있는 지름길이라고도 할 수 있어요.

또 외국에 굳이 나가지 않고 대한민국에서만 살 거라고 해도 영어를 잘하면 훨씬 더 많은 기회를 갖게 돼요. 부모 세대가 '영어 못해도 나는 잘만 살았다'고 생각한다 해도, 우리 아이들이 살아갈 미래에도 그럴 것이라고 단정하는 것은 섣부른 판단이 아닐까요?

지금은 크게 문제 될 게 없다고 느끼더라도 아이들이 성장했을 10년, 20년 후에는 또 다른 상황이 펼쳐지리라는 것을 짐작할 수 있을 거예요. 아니, 아이 스스로 더 넓고 많은 기회를 갖고 싶어 할 수도 있어요. 영어 육아에 관한 선택은 부모의 몫이고, 정답이 있는 것도 아니에요. 하지만 자녀가 좀 더 다양한 꿈을 꾸길 바란다면, 혹은 자신의 삶을 더 큰 가능성 속에 열어두고 도전해볼 역량을 지니기 바란다면 영어에 대해 마음을 열기를 권합니다.

영어를 제대로 이해하면 세상이 커진다

영어를 잘 활용하면 아이가 보고 배울 수 있는 정보량이 압도적으로 증가하게 돼요. 저희 집 첫째 아이는 동물과 곤충을 워낙 좋아해서 궁금한 것이 참 많아요. 그래서 자기가 원하는 정보를 얻기 위해 아이 스스로 유튜브나 구글을 검색하는 경우가 많아요. 그런데 검색 결과를 보면 영어로 나와 있는 자료가 한국어 정보와는 비교할 수 없을 정도로 방대하답니다.

예를 들어, 얼마 전 아이가 레오파드 게코ledpard gecko를 사고 싶어했어요. 책도 보고 영상도 찾아보았지만 자신의 궁금증을 다 해결하지 못한 것 같아 함께 인터넷을 검색해보았어요. 저는 습관처럼 우리나라 대표 포털사이트로 들어가서 검색하기 시작했지요. 아이는 그 정보로는 부족했는지 금세 구글로 들어가 영어로 검색을 시작했어요. 옆에서 검색된 자료를 같이 보던 저는 정말 깜짝 놀랐어요. 0.55초만에 검색 결과가 무려 10,100,000개가 나왔기 때문이었죠. 순식간에 찾아낸 정보가 천만 개가 넘는다니! 정말 생각지도 못할 만큼 많은 자료가 놀랍고 신기해서 전자계산기를 놓고 같은 시간 우리나라 대표 포털사이트의 검색량을 비교해 보니 약 290배의 차이가 나더라고요.

이처럼 어떤 문제가 발생하더라도 영어만 잘하면 다양한 정보를 통해 해결책 내지는 실마리를 찾는 데 큰 도움을 받을 수 있어요. 살아 있는 지식이 가득 찬 보물창고를 마음껏 들락날락할 수 있다는 말이지요. 저와 아이는 다양한 호기심과 질문을 해결하기 위해 집에 있는 백과사전이나 책을 활용해요. 그러고도 해결되지 않으면 구글이나 유튜브의 도움을 받죠. 그때 검색해 보면 제대로 된 정보를 제공하고 있는 채널은 외국에서 운영하는 경우가 많아요. 특히 아이가 좋아하는 '내셔널지오그래픽national geographic official'은 아름다운 영상과 함께 정확한 지식을 배울 수 있는 좋은 채널이에요. 다큐멘터리 중에는 한국어 자막이 있는 것도 있지만 아주 일부일 뿐이지요.

앞서 말한 것처럼 영어로 된 자료는 정말 차고 넘치게 많아요. 이렇게 널려 있는 영어 정보를 활용할 수 있느냐 없느냐는 아이가 살면서 메우기 어려운 정보 격차로 나타나게 됩니다. 이것이 쌓이고 쌓이면 아이들의 지식과 지적 수준은 더욱 커지고 깊어질 수밖에 없어요. 결국 영어로 된 정보를 얼마나 빨리 얻을 수 있느냐에 따라 글로벌 사회에서의 활약 여부도 달라질 수 있을 거라 생각해요.

또 한 가지는, 아무리 잘 번역된 텍스트라도 원본을 있는 그대로 이해한 것과 다르다는 점이에요. 다큐멘터리만 하더라도 한국어로 더빙을 하거나 자막을 넣는 경우 우리나라 정서에 맞게 편집되죠. 이는 한국식으로 모든 단어와 문장을 재배치한다는 의미예요. 그러면 각 언어 속에 녹아 있는 그 나라의 문화적 배경이나 말의 뉘앙스를 전혀 이해하지 못하게 돼요.

이렇게 영어를 잘하는 것 하나로 아이의 지적 수준과 행동반경이 엄청 넓어질 수 있다는 사실을 알고 있다면, 더 이상 소극적인 태도를 취할 이유는 없다고 생각해요. 아니, 자녀에게 제대로 가르치고 물려줄 이유가 충분하지요. 영어를 통한 배경지식을 천천히 넓히면서 남의 것으로만 보이던 기회들이 조금씩 나와 자녀들의 것이 되도록 준비해보세요. 부모의 시야를 조금만 넓히고 높이면 아이들이 지금보다 여유로운 환경에서 자연스럽게 글로벌 언어인 영어를 익힐 수 있으니까요.

이런 설명에도 아직 납득되지 않는 분들은 조승연 작가님의 《플루언트》라는 책을 꼭 읽어보시기 바라요. 제가 읽으면서 영어의 힘을 다시 한 번 느끼게 된 책이랍니다.

0
6

기다림이
가장 큰 역량이다

　　운영하고 있는 카페도 그렇고, 다른 육아카페에 들어가 봐도 부모들의 자녀 교육에 대한 고민 글과 정보들은 정말 많아요. 아기가 어리면 어릴수록 무엇을 하든 카페에 하나하나 물어보고 답을 구해서 해주죠. 아기 이름을 골라 달라는 글부터 아기 기저귀 떼는 요령까지 정말 다양하고 세세한 질문들이 올라와요.

　　아이가 자라면 육아에서 교육으로 질문 카테고리가 달라져요. 주변만 봐도 아이 교육에 관해 다양한 정보를 줄줄이 꿰고 있는 부모들이 많아요. 자녀와 수준이 비슷한 친구들을 미리 섭외해 그룹 과외를 진행하는 열혈 엄마에, 어느 학원 어떤 프로그램을 어느 시기에 하면 좋다며 각종 교육 정보를 전달해주는 엄마도 있죠.

　　정보가 많은 것은 좋아요. 하지만 너무 다양하면 어떤 것을 선택해야 할지 오히려 결정하기 힘들다는 단점이 있어요. 이 말을 들으면 이게 옳은 것 같고 저 말을 들으면 저게 또 좋아 보이는 거죠. 그러다 막상 어렵게 결정하고 나서도 마음에 들지 않는 점이 생기면 바로 중단하고 다른 것으로 금세 대체하기도 해요. 하지만 아이 교육에 있어 너무 빠른 변화는 좋다고 할 수 없어요. 교육은 단기간에 효과를 얻기가 정말 어렵거든요.

영어 육아를 하다 보면 생각보다 많은 지점에서 어려움과 갈등이 생기기도 해요. 특히 유아기 때부터 정성껏 영어 환경 만들기에 공을 들였는데 아이가 영어에 별다른 반응을 보이지 않을 때, 다른 아이들은 모두 성공했다는 '전설의 영어책'을 고가로 들였음에도 아이가 눈길도 주지 않을 때, 내가 잘하고 있는 건가 불안해지기도 해요. 무엇보다 제일 스트레스 받는 건 바로 뭘 하든 한 발 앞서 나가는 전설의 엄친아 '옆집 아이'가 있을 때죠.

우리 아이는 매일 목이 쉬어라 영어책을 읽어주고, 하루 종일 영어 동요 부르며 시간을 보내도 영어 실력이 조금도 나아지지 않는 것 같아요. 그런데 옆집 아이는 영어 유치원 몇 달 다니더니 영어로 인사를 하거나 간단한 동화책을 읽기도 해요. 이런 모습을 보면 '내가 지금 가고 있는 길이 맞는 길인가' 하는 고민과 갈등이 생기기 마련이에요. 아무리 심지가 굳은 부모라도 순간적으로라도 뭔가 패배자가 된 듯한 기분을 느낄 수밖에 없지요. 그런데 영어 환경 노출에 대한 확신과 신념이 있으면 소소한 갈등은 가볍게 흘려보낼 수 있는 배짱이 생기기 마련이에요.

시간을 쌓는다는 마음으로

영어 환경을 만들고, 꾸준히 노출시켜 주었다면 정말 확신해도 좋아요. 영어 유치원에 다니는 옆집 아이보다 발음이 조금 떨어져 보여도, 당장 소리 내서 책을 읽지 않아도, 아이에게는 언어 능력이 차곡차곡 쌓이고 있다는 사실을요. 그러니 다른 아이들이 유창하게 하는 쉬운 영어 한두 마디에 억장까지 무너질 필요는 없어요. 사실 어린아이들이 구사할 수 있는 영어 수준이란 것이 그다지 대단하지 않으니까요.

중요한 것은 영어 육아란 단거리 경주가 아니라 장거리 마라톤이라는 것을 인식하고 주변의 유혹에 다소 둔해질 필요가 있다는 거예요. 결정하기 전까지는 오래 고민하는 것이 맞지만 영어 육아를 하겠다고 결정한 뒤에는 귀를 닫는 용기도 필요합니다. 아이에게 집중하고 그 페이스에 맞춰 흔들림 없이 내 길만 가면 돼요. 조금은 둔하고 느리게 보일지라도 영어 환경 만들기를 통한 영어 육아의 힘을 믿고 포기하지 않는다면 반드시 알찬 결실을 맺을 수 있답니다.

Part 2

★

엄마표
영어 육아의 법칙

★

0 1 영어 노출의
강렬한 경험

자녀가 영어를 잘하게 하고 싶다면 많이 들려줘야 해요. 최대한 일찍, 많이 들려줄수록 좋아요. 여기서 영어 듣기란 일방적인 오디오 음향이 아닌 부모 목소리를 통한 책 읽기 후 오디오 활용, 부모가 불러주는 영어 동요 등을 말해요.

왜 굳이 부모의 목소리로 들려주어야 하는지 궁금해할 수도 있을 거예요. 이 궁금증을 풀기 위해서는 모국어 배우는 과정을 그대로 영어에 적용해 볼 수 있어요. 말문이 트이기 전까지 부모가 얼마나 많은 말을 아이에게 들려주는지 생각해보세요. 아마 왜 부모의 육성으로 영어를 들려줘야 하는지 쉽게 이해될 거예요.

아이들은 주 양육자, 주로 엄마를 통해 언어를 배우고 모방해요. 그리고 엄마의 입 모양을 보며 따라 하죠. 일방적인 기계음이 아닌 엄마 목소리를 통해 정서 교감을 하고, 언어로 저장하는 거예요.

부모 목소리로 들으면 언어가 편안해진다

앞서 언급했듯이 0~36개월 아이들의 뇌는 언어 발달에 있어 최적의 시기예요. 이 시기에는 타인의 목소리 혹은 기계음이라 하더라도 말을 많이 듣기만 하면 어휘력이 증가하고, 어떤 종류의 말을 들었느냐에 따라 언어 수행 능력이 달라진다고 해요.

시카고대학교의 교수 재닐런 허텐로처Janellen Huttenlocher는 말이 많은 엄마와 생활한 20개월 아기는 말수가 적은 엄마 밑에서 자란 아기보다 어휘 수가 평균 131개 많고, 두 돌이 되면 어휘 수의 차이가 295개로 벌어진다고 했어요. 특히 놀라운 것은 이런 문장력과 어휘력의 향상은 아기가 엄마의 목소리를 육성으로 들었을 때만 발생했다고 해요. 아무리 좋은 오디오라도 엄마 목소리의 자극을 못 따라간다는 거죠.

그러니 기계음에 의존한 무조건적인 노출보다는 엄마를 통해 1차 경험을 시킨 후 다른 자극으로 반복해주는 것이 아이가 언어를 더 적극적으로 받아들이게 만든다는 사실을 잊지 마세요.

일찍부터 듣기에 노출된 아이들은 영어를 한국어만큼이나 자연스럽게 받아들여 심리적으로 편안해하고, 영어를 말할 때도 두려움이 없어요. 또 들은 대로 말하기에 발음과 억양도 매우 자연스럽죠. 이때 옆에서 엄마가 쉬운 영어로 한마디씩 거들어주면 아이가 영어를 언어로 활용하는 데 큰 도움이 된답니다.

이처럼 0~36개월 시기에 듣기에 노출된 경우의 장점을 듣다 보면, 이 시기를 놓친 부모들은 '우리 아이는 언어 민감기를 한참 지났는데 어쩌지?' 하고 또 다른 불안증과 고민에 빠질 수도 있겠지요. 그럴 필요는 없어요. 아이가 모국어를 받아들이며 획득한 또 다른 언어 인지 능력을 활용하면 되니 너무 걱정하지 마세요. 후회한다고 시간을 되돌릴 수도 없고, 지나간 일은 빨리 잊어버리는 게 좋아요. 조금 더 노력하면 충분히 효과를 볼 수도 있고요.

가령, 영어 육아를 늦게 시작하는 아이는 부모가 의지를 가지고 좀 더 의식적으로 영어 환경에 노출시켜주어야 해요. 그런 수고가 뒤따른다면 아이가 늦게라도 영어를 자연스럽게 받아들일 수 있어요. 이때 가장 중요한 것은 듣기 한두 달 했다고 조금 하다가 멈추면 안 된다는 거예요. 이것만 지킨다면 마음속 불안감은 멀리 날려버려도 됩니다. 아이는 앞서 설명한 대로 차근차근 자기 속도에 맞춰 영어를 내면화시키고 있을 테니까요.

0 2

부모 발음이
최고다

중요성을 인식하고 있음에도 불구하고 영어 육아에 과감히 뛰어들지 못하는 가장 큰 이유는 '부모의 영어 발음이 좋지 않아서'라고들 해요. 다른 분야에서는 자부심 강하고 똑똑한 부모들조차도 영어 발음 앞에서는 왜 그렇게 한없이 작아지는지 모르겠어요.

"영어 육아 정말 잘하고 싶은데 제 영어 발음이 진짜 안 좋아요. 제가 책 읽어주다가 아이가 제 발음 그대로 따라 하면 어떻게 해요. 그럴까 봐 책 한 권 읽어주면서도 마음이 힘들어요."

카페에 올라오는 글 중에서도 발음에 관한 고민은 거의 'Top3'에 들어갈 정도로 자주 등장해요. 하지만 발음은 정말 걱정할 필요가 하나도 없어요. 아이가 원하면 보여주고, 들려주고, 읽어주고, 또 읽어주면 된답니다.

부모 목소리에는 유창한 발음보다 큰 강점이 있다

아이들은 선천적으로 좋은 것을 습득하는 능력이 탁월해요. 그래서 어설픈 영어 발음보다 더 중요한 것은 아이가 부모 목소리를 통해 여러 가지 사랑과 교감을 전달받는다는 사실이에요. 책을 읽어주는 부모의 다정함과 따스함을 통해 영어에 대해 긍정적인 인식을 갖게 되고, 심리적 부담 없이 쉽고 자연스럽게 받아들일 수 있어요. 부모의 영어 발음이 아무리 안 좋고 어설퍼도 아이에게 발음을 강요하지 않는 이상 아이는 부모의 발음을 따라 하지 않아요.

또 우리는 원어민들이 깔끔하게 읽어주는 자료들이 차고 넘치는 시대에 살고 있어요. 오디오나 DVD 등 원어민 발음에 자주 노출된 아이는 현지 영어 발음을 저절로 습득한답니다. 그러니 발음에 대한 걱정은 날려버리고 간단하고 쉬운 책으로 천천히 아이에게 읽어주세요. 부모의 육성을 통해 영어랑 친해지는 것이 제일 중요하니까요.

"저는 아이가 제 발음 따라 할까 봐 절대 책 안 읽어줘요. 무조건 세이펜이나 CD만 들려줘요."

이런 고백도 결국은 같은 맥락인 것 같아요. 흔히 '세이펜'이라고 하는 것은 요즘 대부분의 가정에서 하나쯤은 가지고 있지요. 부모가 목이 아프다거나 아이가 혼자 책에 빠져 있을 때 아주 유용하게 사용할 수 있어요. 세이펜이 실용적인 것은 사실이에요. 하지만 최고의 효과를 보려면 이것 또한 부모와 함께 해보는 게 중요해요.

세이펜을 처음 본 아이는 호기심으로 몇 번은 가지고 놀면서 들어요. 하지만 금세 싫증을 내고 스스로 켜서 듣지는 않아요. 아이 스스로 세이펜을 이용해 듣는 시간은 너무 짧다는 거죠. 그래서 부모가 아이와 함께 펜을 사용해서 같이 따라 읽어보고 전체적인 줄거리도 보면서 익숙해지는 것이 좋아요. 세이펜이 있으니 아이 발음 걱정은 안 해도 되겠다고 생각하는 것은 너무 일차원적인 생각이랍니다. 아이의 호기심은 생각보다 짧아서 일시적인 재미를 주는 장난감으로 전락하기 쉬워요.

나이가 어리면 어릴수록 영어에 접근하기 쉬워요. 왜냐하면 아이들은 언어 자체에 대한 편견이 어른들처럼 깊지 않기 때문이에요. 그런 아이들에게 영어 환경을 만들어주기 위해서는 무엇이든 지속적인 재미를 느낄 수 있도록 해야 해요. 아이에게 그런 역할을 해줄 수 있는 사람은 바로 아이가 세상에서 가장 신뢰하고 의지하는 부모라는 사실을 잊지 마세요.

0 3 마법 같은
독서의 힘

최근 책 읽기의 중요성이 다시 회자되고 있어요. 독서가 여러 가지 유익함이 많다는 사실을 정말 많은 분들이 알고 있죠. 저는 책 읽기 역시 영어와 연결지어 봤어요. 책만 읽어도 아이의 영어 실력이 좋아진다면 어떨까요?

앞서 말씀드린 것처럼 저는 아이가 태어나면서부터 영어 환경 만들기에 주력했어요. 그때 가장 비중을 높게 둔 것이 바로 책 읽기였죠. 왜냐하면 제 스스로 부족한 영어 실력을 채울 수 있는 기회라고 생각했기 때문이었어요. 어설프게 배운 영어 실력으로는 아이와 자연스럽게 대화하기 어려울 게 뻔했으니까요. 처음부터 다시 시작한다는 마음으로 아이에게 영어책을 열심히 읽어주면서 공부했다고 할 수 있어요.

태교 때부터 이미 많은 책을 큰 소리로 또박또박 읽어주는 것에 어느 정도 훈련이 되어 있었던 터라 누워 있는 아기에게 한국어 책을 비롯한 영어책을 읽어주는 것은 그다지 어렵지 않은 일이었어요. 그 후로도 매일 틈만 나면 책을 읽어주고 아이와 놀아주었지요.

부모 실력을 뛰어넘는 복잡한 문장을 구사하다

그렇게 영어 환경에서 잘 놀게 만들어 주니 아이는 제가 생각하지도 못했던 긴 문장을 구사하기 시작했어요. 예를 들면, 18개월 즈음에 영어 단수와 복수를 완벽하게 구분해서 문장을 완성하고, 두 돌 전에는 소유격과 최상급 혹은 현재완료형 문장을 써서 표현하며 고급 어휘를 툭툭 뱉어냈죠.

그런데 아이의 뛰어난 영어 실력을 보면 볼수록 자랑스러움과 더불어 가슴 한쪽에는 먹구름 같은 두려움이 올라왔어요. 아이가 이렇게 빨리 받아들이고 놀라운 습득력을 보이는데, 엄마인 내가 제대로 도와주지 못해서 더 잘할 수 있는 것을 못하고 있지 않나 하는 불안감 때문이었죠. 그 스트레스가 당시 제 심장을 옥죄었어요. 그런 불안감이 한 번 자리 잡자 생각보다 훨씬 크게 작용해서 마음을 힘들게 하더라고요.

요즘에는 기도를 하거나 묵상을 통해 불안감을 극복하지만 그 당시에는 육아라는 틀에 저를 가두고 있던 때라 마음의 여유가 없어 불면증에 시달리거나, 자다가 깨기를 여러 번 반복하기도 했어요.

그럴 때마다 잠도 안 자고 육아 서적과 자기계발서 등을 미친 듯이 읽으며 스스로 마음을 다잡기 위해 노력했어요. 책 읽기는 아이를 위한 것이기도 했지만 돌이켜보니 엄마인 저에게도 너무 필요한 것이었어요. 또 그런 시간이 쌓여 아이를 대하는 태도가 변덕스럽지 않고 꾸준할 수 있었던 것 같아요.

다양한 분야의 책을 읽으며 내린 결론 중 하나는 '꾸준한 책 환경 만들기'였어요. 부모가 아이의 지적 능력이나 언어 감각을 100퍼센트 따라가지 못한다면 자신의 부족함을 빨리 인정하고 아이에게 세계의 지식인과 현인들이 남긴 수많은 책을 제공하는 게 좋다고 생각했어요. 저는 그저 부모로서 관심과 애정을 가지고 아이를 지지하기로 마음먹었죠. 그러자 마음속에 슬그머니 올라와 사라지지 않던 부정적인 생각들이 조금씩 없어지는 게 느껴졌어요. 책 읽기는 아이뿐 아니라 아직 미처 성숙하지 못한 서툰 부모들에게도 큰 도움을 준다는 사실을 다시 한 번 느끼는 계기가 되기도 했답니다.

영어책은 어순을 감각적으로 익히게 해준다

다시 영어책 이야기로 돌아가서 '아이에게 책 읽기가 과연 도움이 될까?'라는 본질적인 질문에 대해 생각해봅니다. 영어라는 언어를 아이가 어떻게 해야 편안하고 부담 없이 듣고 말하고 읽을 수 있을까요? 그것은 영어의 본질인 '어순 감각'을 제대로 익혀야 가능해요.

어순 감각이라는 말을 처음 들어본 분들도 많을 거예요. 이는 영어로 내 의도를 표현하기 위해 영어 어순 규칙대로 단어를 연결해갈 수 있는 언어 감각을 말해요. 어순 감각을 습득하기 위해서는 문장의 흐름을 체화하면서 언어를 구사할 수 있는 감각을 키워야 해요.

이런 감각은 당연히 단기간에 짧은 문장을 노출시켜주는 것만으로 해결되지 않아요. 오래오래 꾸준히 언어를 들려주어야 형성됩니다. 이런 감각을 키우는 데 책은 최고의 조력자예요. 영어뿐 아니라 모국어 실력을 키우는 데 있어서도 책 읽기만 한 것이 없죠.

객관적으로 부모가 실제 생활에서 아이와 하는 것을 예를 들면 이해가 쉬워요. 평소 부모들이 사용하는 어휘 수는 생각보다 많지 않고 한정적이에요. 게다가 부모가 말을 많이 하지 않는 성향일 경우 아이가 다양한 어휘에 노출되는 기회는 더 적어지는 게 당연하죠.

그런데 책을 이용하면 어떨까요? 한국어 책과 더불어 영어 원서 그림책을 이용한다면 부모들이 평상시 사용하는 것보다 훨씬 더 많은 어휘와 표현을 들려줄 수 있어요. 특히 아이들 책은 한국어 책이든 영어책이든 비교적 단순한 문장이 반복되기 때문에 언어의 기본 문법과 단어를 자연스레 익힐 수 있답니다.

또한 어리면 어릴수록 반복적으로 책 읽기가 가능하기 때문에 한 권이라도 여러 번 자주 듣게 해줄 수 있어요. 그러면 아이는 영어를 언어로 받아들이고 익히게 되는 거예요. 그러니 오늘부터라도 아이가 책 세계에 빠질 수 있도록 도와주세요. 책 읽기는 가장 간단한 실천법이면서 부모와 아이가 함께 영어에 익숙해지는 데 큰 도움이 됩니다.

주의할 점

부모와 함께 영어를 하는 아이들은 책에 의존하는 경향이 많아요. 그러다 보니 그림책, 리더스북, 챕터북 등 영어책 읽기 과정이 진행될수록 영어책 레벨을 옮겨가면서 독해 수준을 알려주는 AR 지수(Accelerated Reader: RENAISSANCE 회사에서 만든 독서 레벨을 말함. 부모나 교사가 아이 수준에 맞춰 책을 골라줄 수 있도록 만든 지수)라는 것에 굉장히 예민한 경우가 많죠. 이런 AR지수가 높은 것은 독해 능력이 높다는 의미이기 때문에 부모들이 아이의 실력이 어느 정도인지 가늠하는 기준으로 삼고 있어요.

하지만 보이는 게 다가 아니랍니다. 아이가 어려운 원서를 줄줄 읽고는 있지만 내용을 이해하고 있는가는 또 다른 문제이기 때문이에요. 아이에게 빨리 레벨을 올리라고 과하게 요구하지 마세요. 부모 눈치를 보느라 실제 자신의 실력이 어느 정도인지 표현하지 않고 숨기는 경우가 발생하니까요. 부모의 과한 욕심은 아이를 심리적으로 방황하게 만들 수 있어요. 그러니 너무 부담을 주지 않도록 항상 조심해주세요.

04
생활 속
사물 익히기

　　집에서 아이에게 영어 환경 만들기를 시도해보겠다고 생각하는 많은 부모들의 첫 번째 고민거리는 '무엇을 어떻게 해야 하는가'일 거예요. 부모들은 대부분 효과가 분명한 교재나 책을 잘 알고 구입해서 시작해야 한다고 생각해요. 그래서 주변에서 먼저 시작한 선배 부모들에게 묻거나 육아카페에 글을 올려 조언을 구하죠. 영어 원서는 뭐가 좋은지, 영상물 노출은 어느 것이 부담 없이 시작할 수 있는지, 고민은 늘 엇비슷하기 마련입니다.

　　여기에 함정이 도사리고 있습니다. 영어는 어떤 특별한 교재나 특정 교구로 시작하기보다, 아이와 함께하는 일상생활 속에서 시작하는 것이 가장 좋기 때문이지요.

　　간단히 예를 들면, 아침에 아이가 눈을 떴을 때 환한 미소와 함께

'Good morning!' 하는 인사 한마디를 해주는 것이 바로 영어 육아의 좋은 출발이 됩니다. 일상에서 우리가 할 수 있는 간단한 일이죠. 아침에 눈 떠서 밤에 잘 때까지 부모가 알고 있는 단순한 문장과 단어들을 계속 들려주고, 익숙하게 해주세요. 그리고 집에 있는 책을 비롯해 가능한 모든 것들을 활용해주세요. 그러면 아이가 책과 교재 속의 딱딱한 영어가 아닌 편안하고 쉬운 영어, 일상생활에 살아 있는 영어를 받아들이게 됩니다.

제가 앞서 독서의 중요성을 앞에서 엄청 강조했지요. 어쩌면 지금 하는 말과 모순된다고 생각하는 분이 계실지도 몰라요. 하지만 이건 영어를 친숙하게 만드는 또 다른 방법이라고 생각하면 좋을 듯해요.

영어를 교재나 책이 아닌 일상에서 습득하면 훨씬 생동감 있고 자연스럽게 단어를 알게 돼요. 그러다 보면 생활 속에서 스스로 다양한 물건, 도구, 날씨, 신체 등에 관련된 어휘를 익히는 능력이 생기기도 하죠. 쉽게 말해서 'apple'을 책이 아닌 식탁 위에 있는 실물을 보고 알게 하자는 거예요.

그렇게 하지 않으면 반대로 집 안에 있는 간단한 사물부터 외출에서 만나는 장소나 물건 등 일상에서 흔히 접하는 것들도 영어로 말하기가 어렵게 느껴질 수 있답니다.

주변 사물에 이름표를 붙여두자

그런 일을 방지하기 위한 정말 간단한 방법이 있어요. 주변 사물에 이름표를 붙이는 거예요. 주변에 보이는 사물의 이름, 이를테면 냉장고, 의자, 책상, 책, 컵 등을 꾸준히 영어로 들려주세요. 이렇게 일상에서 보이는 사물의 이름, 즉 알고 있는 명사를 부모 입을 통해 들려주고 반복해주는 과정은 영어 육아에서 아주 필수적이고 중요한 단계랍니다.

영어는 언어 특성상 문장 구사를 위해 가장 활용도가 높은 것이 명사예요. 그만큼 다양하게 쓰일 수가 있어요. 아이에게 영어로 말하기가 너무 어렵다고 말씀하시는 분들도 많아요. 그런 분들이라도 일단 단어, 명사부터 간단하게 말해보세요. 아이와 산책하다가 꽃을 보면 'flower'를 말하고, 한 번 더 나아가 'It is a flower'라고 하면 완벽한 영어 문장이 되지요.

질문도 쉬워요. 간단한 질문부터 하면 돼요. 주변 사물을 알려주고 싶으면 'What is this?'로만 질문하면 되니까요. 그리고 'It is a~'로 대답하면 간단한 질문과 대답을 완벽한 문장으로 하게 되는 거랍니다. 어려운 고급 영어는 이런 기본 단어를 이용한 문장을 무한 반복하고 나서 해도 된답니다. 그러니 부담 없이 눈에 들어오는 사물을 영어로 찾아보고 알려주세요. 하루에 이렇게 간단한 문장을 이용해 3~4개 정도만 단어를 주워 담는다 생각해도 1년이면 1,000개 이상의 어휘를 확장할 수 있어요.

말해주고 싶어도 모른다고요? 걱정하지 마세요, 요즘 스마트폰에 영어사전 앱을 설치해놓으면 발음까지 완벽하게 나와요. 모르면 바로바로 찾아서 여러 번 반복해서 발음해보고 아이에게 그대로 알려주면 돼요.

우리나라 초등학교 권장 영어 단어 수가 대략 700개, 중학교는 750~900여 개, 교육부 지정 초중고등학교 전체 필수 영어 단어가 3,000개인 것을 감안하면 부모와 아이가 함께하는 실생활 영어의 효과는 그 어느 것보다 탁월합니다. 별도의 교재나 교구를 준비하지 않아도 얼마든지 여유롭게 놀이하듯 영어를 할 수 있답니다.

0
5

영어 모임
활용하기

제가 영어 육아 카페를 운영하게 된 계기가 있어요. 태교할 때부터 영어 환경 만들기를 생활화하고 책을 열심히 읽어준 덕분인지 큰아이가 두 돌 정도 되었을 때 또래보다 표현도 다양하고 말도 빨리 시작했어요. 모국어가 빠르니 당연히 영어 습득도 빨라져 하루가 다르던 시기였어요.

그렇게 아이에게 정성껏 영어 환경을 만들어주고 언어 노출을 하고 있으면서도 무엇인가 부족함을 느꼈어요. 매일 들려주는 오디오와 책 그리고, 짧은 영어 몇 마디 외에 또 다른 자극을 주고 싶었어요. 영어 환경 덕분에 아이는 영어를 자연스럽게 받아들였지만 저는 조금 더 욕심을 부려 더 다양한 배경을 만들어주고 싶은 마음이었죠.

부모와 하는 대화 말고도 주변에서 다른 사람들이 하는 영어 소리를 듣게 해주고 싶었어요. 부모와 다른 사람이 대화하는 것도 보고 또래 비슷한 아기들끼리 'hello'라도 한마디 서로 할 수 있게 해주고 싶었던 거예요. 그래서 영어 육아에 관심 있는 엄마들과 모임을 만들어 일주일에 한 번씩 만나 육아 이야기도 나누고 쉬운 주제를 정해 영어로 대화도 하기로 했어요. 가입자 수가 많고 규모가 큰 온라인 영어 커뮤니티는 마음이 끌리지 않더라고요. 저는 정보도 중요하지만 더욱 친밀하게 소통하고 싶은 욕심이 있어서, 비슷한 관심사를 가진 엄마들을 작은 모임으로 직접 만나고 싶었어요.

어떻게 해야 만날 수 있을까를 고민하다가 지역 카페에 '두 돌 전후 아이를 둔 엄마 중 영어 육아에 관심 있는 분들 있으면 연락 주세요'라는 글을 남겼어요. 글을 남기고 아무한테도 연락이 오지 않으면 어떡하지 하는 마음에 은근 신경을 쓰기도 했죠. 영어 관련된 글이라서 그런지 조회 수는 엄청 많았어요. 하지만 막상 연락된 엄마들은 그다지 많지 않았죠.

그때 느꼈어요. 영어 육아에 대해 관심이 있는 사람은 많아도 직접 실천하고 있는 사람은 많지 않다는 사실을요. 동시에 나처럼 아이와 영어에 대해 같이 의논하고 의지할 육아 동지를 찾는 사람이 어딘가에 있겠구나, 하는 생각이 들기도 했어요. 그때의 경험을 바탕으로 전국에 혼자 고군분투하며 영어 육아를 하고 있는 외로운 엄마들을 위한 커뮤니티를 만들게 된 거예요.

당시 연락이 된 엄마들과 일주일에 한 번씩 아이들과 함께 각자의 집에서 만나는 영어 모임을 몇 년간 꾸준하게 했어요. 모임의 엄마들은 영어에 관심은 많았지만 누구도 영어를 유창하게 구사하지는 못했어요. 그런 서로의 미숙함과 부족함 때문에 오히려 더 쉽게 친해질 수 있었고, 아이들과 함께하는 영어 모임의 목적에 맞는 활동도 가능했던 것 같아요.

짧은 문장이라도 많이 말하는 모임을 만들자

모임이 있는 날은 틀리는 것을 생각하지 않고 모든 엄마가 아이들에게 영어로 말을 했어요. 'What's this?' 혹은 'What do you want to do?' 같은 쉬운 표현을 주고받을 뿐이었지만, 다른 친구들도 엄마와 영어로 대화하고 노는 것을 보여주는 게 목적이었기에 문제가 되지 않았어요. 영어의 유창함이나 정확성은 떨어지더라도 모임이 주는 만족감은 아주 높았죠.

다른 아이들은 엄마와 영어로 말하는 우성이를 보고 처음에는 낯설게만 대했어요. 하지만 몇 번 더 모임을 하자 그런 모습이 재미있어 보이고 자극이 되었는지 우성이가 하는 말을 따라 자기들도 엄마를 'mommy'라고 부르기도 하더라고요. 시간이 흐를수록 아이들의 실력은 놀라울 정도로 빠르게 성장했어요. 모임을 할 때마다 두 돌 전후 어린아이들의 뛰어난 언어 모방성을 깨닫게 되는 소중한 시간이었죠.

아이들은 자기들끼리 신나게 놀기도 하고, 다른 엄마에게 모르는 영어 표현을 들으면 기억해서 말해보기도 하면서 즐겁게 모임을 이어갔어요. 이런저런 노력 덕분인지 아이들은 상대방이 하는 언어에 따라 모국어와 영어를 적절하게 대응하며 대답했어요. 외국인이라도 한국어로 질문하면 우리말로 대답해주고, 한국인이어도 영어로 질문하면 영어로 대답을 했죠. 말 그대로 언어 그 자체로 반응하게 된 거예요.

영어 모임 이야기를 하면 꼭 "저는 영어로 한마디 말하기도 힘들어요. 모임에 나가면 뭐해요. 말도 못할 텐데요"라는 걱정과 하소연이 들려요. 하지만 그런 부족한 면을 채우기 위해 모임을 만드는 거라고 생각해보세요. 부모의 고민과 불안감을 나누고 지혜롭게 헤쳐 나갈 수 있도록 해주는 모임이라고요.

모임을 만들면 어떻게든 방법이 생기게 돼요. 같은 목적을 가지고 모인 사람들이기에 다음 시간을 위해 책이라도 한 번 더 보고 새로운 표현이 나오면 익혀서 사용하려고 노력하게 되거든요. 예를 들어 '멋지다'라는 말 한마디를 하더라도 누군가는 'cool'이라고 하고 또 다른 엄마는 'awesome'이라고 표현해요. 이렇게 쉽지만 다양한 표현은 아이에게 풍부한 언어의 팁을 주는 계기가 된답니다.

혼자 하는 육아가 외롭다든가 영어 문장을 외우려고 해도 잘 안 된다거나 힘이 든다면, 이처럼 목적이 같은 부모들이 모여서 영어 환경을 다양하게 넓혀주는 것도 좋은 방법이에요. 육아에 관해 같은 시각을 가진 다른 부모들을 보며 의견도 나누고 자극도 받는 것, 비슷한 또래의 다른 아이들을 보며 자기 아이에 대한 객관적인 시각을 갖게 되는 것은 모임을 통해 저절로 얻게 되는 큰 혜택이랍니다.

0 6 한국어 실력이
영어 실력

일반적으로 영어 육아를 한다고 하면 모국어 환경을 완전히 배제하거나 영어책만 읽어주는 것으로 오해하는 경우가 있어요. 그런데 영어 육아를 한다는 것은 모국어가 확장되는 과정 속에 영어를 집어넣는 것이지 결코 모국어보다 영어를 더 강조하는 환경을 만들어주는 것은 아니랍니다. 또한 제가 언급하고 있는 모국어는 단지 말하기만을 가리키지 않아요. 한글을 읽고 이해하는 독서 능력, 말하기, 쓰기 등 언어를 통한 전반적인 사고력, 논리력, 이해력, 독해력, 어휘력 등을 포함하는 거예요.

이런 전반적인 언어 영역이 모두 부족하다면 이 사람이 영어를 아무리 열심히 공부한다고 해도 영어를 잘할 수 있을까요? 저는 우리말을 잘 못 하는 사람이 영어를 유창하게 하는 경우는 정말 드물다고 확신해요. 한국어로 논리적으로 말하는 사람은 영어로도 그렇게 할 수 있는 확률이 높아요. 뿌리가 튼튼한 나무가 잔뿌리도 건강하고 나무 전체가 튼튼하게 자랄 수 있는 것처럼 언어도 한 가지만 잘 닦아놓으면 나머지도 원리를 터득해 금세 잘할 수 있게 된답니다.

한국어 책 읽기로 논리와 기초지식을 배운다

카페 회원 중에 초등학교 3학년 때 영어를 시작한 하은이라는 아이가 있어요. 하은이는 요즘 보통 아이들보다 영어 학습 시작 시기가 조금 늦은 편이었어요. 하지만 한글 책 독서량이 상당하고, 독서를 통해 얻은 감성지수도 매우 높은 친구였어요. 책 육아를 열심히 한 하은이 엄마는 조금 늦은 감이 있었지만 아이를 재촉하지 않고 오히려 많은 대화를 하며 아이를 지지해주었죠. 그 결과 하은이는 엄청난 몰입력을 보이며 영어 실력이 일취월장했고, 방학 기간에는 디즈니 영화 한 편을 통으로 외우기도 해서 카페 회원들을 놀라게 했어요. 이 모든 것이 가능했던 이유는 독서력으로 인해 모국어 기초가 탄탄하게 뒷받침되었기 때문이었죠.

물론 그 반대의 경우도 있어요. 어릴 때부터 엄마표 영어를 하거나 영어 학원을 다녀서 영어를 꽤 잘하고 빠른 속도로 나아가던 아이들이 어느 순간 지지부진하게 계속 비슷한 수준에서만 맴도는 거예요. 부모들은 아이의 언어 정체가 왜 발생하는지 이해하지 못해 당황스러워하지요.

사실 이 경우 아이의 한글 실력, 즉 모국어 어휘력과 이해력 수준을 점검해 보면 의외로 쉽게 답을 찾을 수 있어요. 아이가 어릴 때는 또래와 비교했을 때 모국어 어휘력에 많은 차이를 보이지 않아요. 하지만 초등학교 이후부터 독서를 얼마나 했느냐에 따라 어휘력에 차이가 생기기 시작하죠. 처음에는 미미하지만 그 차이는 점점 더 격차가 벌어지고, 결국 영어에도 영향을 미치게 돼요.

예를 들어, 아이가 과학 도서를 읽을 때 처음에는 우리말로 쓰인 용어들도 이해되지 않을 수 있어요. 하지만 다양한 과학책을 섭렵한 아이들은 과학 용어 자체를 받아들이는 것에 부담이 없고, 이것을 영어책으로 옮겨 읽거나 다큐멘터리를 보면서 뜻을 100퍼센트 이해하지 못하더라도 모국어 책을 통해 쌓아둔 본인의 과학 지식을 이용해 내용을 추리하며 받아들일 수 있어요. 그런데 기초 지식의 깊이가 얕으면 영어 실력만으로 언어의 한계를 뛰어넘기가 힘들어요. 모국어로도 이해 못하던 것을 영어로 이해할 수는 없을 테니까요.

우성이가 7살 때였어요. 아이는 《The Magic School Bus》라는 과학 시리즈를 매우 좋아해 자주 읽었어요. 하지만 의외로 수준이 꽤 높은 과학 지식 책이라 과연 아이가 내용을 이해할 수 있을지 반신반의하면서도 아이가 좋아하니 그냥 읽게 했어요. 저도 엄마인지라 읽는 모습을 보면서도 이해는 하고 있는 건지 정말 궁금했죠. 하루는 모르는 척하고 아이에게 어떤 내용이냐고 물어봤어요. 그러자 책에 쓰인 영어 표현을 한국어로 거의 정확하게 설명하더라고요. 그전에 한글로 된 과학 관련 책들을 잔뜩 읽어놓은 게 힘을 발휘한 거였어요.

아마 아이가 한글 책을 통해 많은 배경지식을 쌓아두지 못했다면 겉으로는 아이의 영어 실력이 좋아 보여도 얼마 못 가 심하게 정체기가 올 거예요. 그러니 한글 책을 통한 사고력을 넓히는 과정은 영어 책을 통한 사고력 확장과 이해력 등에도 영향을 미친다는 것을 꼭 기억해주세요.

늦었다고 생각할수록 한글 책부터 시작하자

만약 자녀의 연령이 이미 언어 황금기를 지났다고 생각하거나 엄마의 주관에 따라 영어를 늦게 접하게 해주고 싶은 마음이 있다면, 자녀에게 한글 책을 되도록 많이 읽게 해주세요. 책을 많이 읽혀 아이의 그릇을 키워주고 지적인 용량을 넓혀 놓는다면 영어를 늦게 시작해도 잘할 수 있는 확률이 그만큼 높아지니까요.

책을 많이 읽었다고 영어를 다 잘하는 것은 아니지만 영어를 잘하는 아이는 모국어 책도 많이 읽었을 확률이 매우 높은 것은 사실이랍니다. 모국어 뿌리가 약한 아이는 연령이 높아질수록 밑천이 바닥나게 되어 있어요. 하지만 모국어 수준이 높은 아이는 시간이 지날수록 문맥 이해력과 어휘력 상승 효과로 더 많은 내용을 받아들일 수 있게 되죠.

모국어를 소홀히 여겨 영어에만 중심을 둔다면 일정 연령이 되었을 때 영어 이해력은 물론 더 중요한 모국어 구사 능력도 떨어지게 돼요. 그러니 영어 습득이 반드시 필요하다 생각할수록 모국어의 중요성을 항상 인지하고 있어야 한답니다.

매일 작은 성취를
경험한다는 것

처음 영어 환경 만들기를 시작할 때만 해도 매일 아침마다 영어 오디오를 틀어주고, 매일 밤 영어책을 읽히는 등 영어가 일상이 된 삶을 10년 넘게 실천하며 살 줄은 정말 꿈에도 몰랐어요. 저는 스스로 지구력이 약한 사람이라고 평가해왔거든요. 그런 제가 어떻게 이리도 지치지 않고 꾸준하게 영어 육아를 해올 수 있었는지 돌이켜보면 무엇보다 나 자신을 잘 알고 있었기 때문이라는 생각이 들어요. 잘 지치는 심신의 소유자라는 점을 알기 때문에 하루 목표치와 할 일을 미리 최소화해둔 것이죠. 그렇게 했기 때문에 이렇게 길게 영어 환경을 유지할 수 있었던 것 같아요.

예컨대 운동을 하기로 계획을 세울 때도 저는 제가 할 수 있는 만큼만 목표로 정했어요. 너무 힘들어서 하기 싫다는 마음이 생기면 시작도 하지 않을 게 뻔하니까요. 첫날은 플랭크 30초처럼 아주 작은 목표만 정합니다. 그러다 보니 운동 효과가 바로 나타나지는 않아요. 그래도 꾸준히 하다가 어느 날 보면 잔근육이 자리 잡고 있었죠. 처음에는 20개도 간신히 하던 레그레이즈(Leg Raise, 다리를 들어올려 하복부를 단련하는 운동)를 100개 정도는 거뜬히 할 정도로 근력이 붙어 있는 것처럼 말이에요.

아이들도 초등학생이 된 후로는 조금씩 스스로 자신의 일정과 컨디션에 맞게 매일 하루의 목표를 정하게 했어요. 그렇게 하루 일정을 마무리하면 남들이 보면 별것 아닌 소소한 것들을 완수하는 것에 만족감을 느끼는 경우가 많아지더라고요. 저는 아무리 쉽고 간단한 것이라도 아이가 매일 꾸준히 자기가 정한 일을 해내면 칭찬을 엄청 해줘요. 읽기가 유난히 약했던 둘째 승희는 7세 가을 무렵부터 엄마나 아빠가 읽어주는 책 이외에 한글 책을 1권 혼자 읽거나 영어 동영상을 보면서 색종이 접기를 하는 것을 목표로 세우더군요. 그리고 스스로 그것을 마치고 나면 이렇게 외치곤 합니다.

'Practice makes perfect!'

제가 아이들과 하루를 마무리하며 혼자 기분 좋게 외치던 말인데, 어느덧 아이도 엄마를 따라 뿌듯한 표정을 하고 외치더라고요. 저는 지금도 이런 작은 성취들을 매일 쌓고 있어요.

너무 큰 목표는 생각하지 말자

영어 육아를 시작할 때 다른 것보다 제가 확실하게 인식하고 생각한 것은 '한두 해 안에 결론 날 것이 아니다'였어요. 그래서 당시에는 지치지 않는 게 제가 세운 첫 번째 목표였다 해도 과언이 아니었죠. 너무 크고 원대한 목표를 정하면 중반부에 도달하기도 전에 지칠 수 있다는 생각이 들었기 때문이에요.

그리고 영어 육아를 지치게 하는 것들은 '과연 이런 소소한 대화, 짧은 동화책, 단순한 영어 동영상이 도움이 될까? 시간 낭비만 하는 게 아닐까?' 하는 의구심이라고 생각했어요.

목표를 정한 후에는 시시때때로 작은 갈등과 불안이 쌓일 거예요. 그런 생각이 들었다면 일단 빨리 벗어나야 해요. 이런 작은 의심들이 마음속에 쌓이면 아무리 좋은 목표라 해도 더 이상 동기부여가 되지 않으니까요. 그럼에도 불구하고 '이렇게 해봤자 헛수고하는 것은 아닐까' 하는 의심, 문득 찾아오는 이런 위기를 벗어나려면 어떻게 해야 할까요?

답은 아주 간단하고 명쾌해요. 3년 후 혹은 10년 후처럼 보이지 않는 먼 미래보다 그저 오늘 정한 목표를 달성하기 위해 일단 노력해보는 거예요. 큰 목표도 중요하지만 끝까지 버티게 하고, 이끌어갈 수 있게 해주는 것은 하루하루의 아주 작은 목표들을 채우는 거예요.

저 같은 경우 항상 책과 오디오, 그리고 영상을 통한 영어 노출을 놓치지 않겠다는 목표가 있었어요. 여행을 가거나 강연 때문에 시간이 안 날 때는 모든 계획을 축소하기도 했어요. 책은 짧은 한 권으로 하고, 이마저도 부담되면 한 페이지를 읽게 하기도 했지요. 오디오는 차 속에서 이동하며 듣거나, 가끔은 영화 OST를 들으며 신나게 따라 부르게 하기도 했구요. 일상에서 심적 부담이 느껴지지 않는 선에서 부담 없이 하는 것들을 매일매일 반복하며 루틴을 만들어가는 게 중요하더라고요. 하루의 작은 목표를 완수하고 그날의 성취감을 느끼다 보면 어느 순간 큰 목표에 접근해 있을 테니까요.

이처럼 나만의 하루 미션 성공은 심리적 안정감을 주고, '내가 지금 잘하고 있구나!' 하는 만족감을 느끼게 해줘요. 멀게만 느껴지던 목표를 가깝게 느껴지도록 만들고, 언젠가 이룰 수 있겠다는 자신감을 불어 넣어주는 과정이기도 하죠. 그런 값진 경험을 쌓아가다 보면 하루를 더 제대로 보내기 위해 어렵지 않은 계획들을 세세하고 꼼꼼하게 세우려고 노력하게 되더라고요.

그저 영어 육아라는 크고 화려한 목표를 놓고 볼 때는 어떻게 계획을 잡아야 할지 어떤 방향으로 가야 할지 몰라서 힘든 경우가 많아요. 대부분 걱정만 늘어놓다가 시작도 못 하기도 하죠. 저도 그랬고 수많은 부모들이 겪고 있는 현상이기도 해요. 하지만 영어로 원어민과 막힘없이 대화하기 같은 커다란 목표가 아니라, 그저 하루를 아이와 어떻게 재미있게 보내볼까 정도로 작게 생각하면 계획하기도 쉽고 실천도 가능해진답니다.

하루에 읽을 책 정하기, CD와 DVD 들려줄 시간 확보하기, 엄마표 회화를 할 수 있는 문장 골라내기 등 기본적인 틀을 잡는 것만으로도 초반에는 어떻게 해야 할지 우왕좌왕하게 돼요. 하지만 계속 시도하고 실패하다 보면 의외로 짧은 기간 내에 나와 내 아이에게 최적화된 스케줄을 짤 수 있게 돼요.

이런 하루의 작은 스케줄링을 통한 소소한 성공은 길고 긴 영어 육아의 목표를 향해 가는 데 단단한 힘이 되지요. 중요한 것은 방법은 다양하게, 그러나 매일 영어 환경은 유지하는 거예요. 그렇게 하루하루 유지하는 것에 의미를 두면 작은 행위와 실천들이 부담이 없으니 일단 하게 돼요. 예를 들면, 아침에 눈 뜨자마자 아침 식사 준비하면서 오디오 켜놓고 아이 깨우기, 영어 회화가 생각나지 않을 때는 영어책 한 권 더 읽어주기 등 그날의 상황에 따라 방법을 달리하면서 진행하는 거예요.

한 번에 높이 멀리 가려고 하면 부모나 아이나 지치기 쉬워요. 하지만 최소한의 것을 매일 하는 것에 도전하면 쉽죠. 아이들과 실천 가능한 작은 목표를 세워 같이 하다 보면 하루 패턴이 되고, 성취감을 느끼게 해줄 수 있어요. 이런 것을 꾸준히 진행하면 자기주도학습은 덤으로 오기도 해요. 그저 날마다 작은 만족감을 얻기 위해 노력했을 뿐인데 말이에요. 일석이조만 해도 좋은데, 일석삼조 아니 그 이상의 것을 얻게 되는 것이니 영어 육아를 안 할 이유가 전혀 없답니다.

Part 3

★

영어 환경 만들기:
듣기

★

01

듣기가 가장
우선이다

언어라는 것이 무엇인가요? 표준국어대사전에서는 언어의 사전적 정의를 '생각, 느낌 따위를 나타내거나 전달하는 데에 쓰는 음성, 문자 따위의 수단, 또는 그 음성이나 문자 따위의 사회 관습적인 체계'라 정의하고 있어요. 언어란 우리가 생각하고 느낀 것들을 입으로 말하고 귀로 듣는 것, 또 그것을 문자로 표현하는 것을 뜻한다는 것이죠.

그런데 놀랍게도 전 세계에서 사용 중인 언어는 7,111개인데 문자는 138종류로 파악되고 있다고 해요. 더 놀라운 건 그중 더 이상 사용하지 않는 문자도 65종류나 있다는 거죠. 이는 전 세계에서 문자를 사용하는 비율이 생각보다 높지 않다는 뜻이고, 아직도 여전히 문자 없이 언어만 사용되고 있는 곳이 많다는 것을 의미해요.

문자가 없으면 당연히 읽기와 쓰기가 존재하지 않아요. 서로 듣고 말하는 언어만 있는 것이죠. 물론 자기들만의 공통적인 기호나 사인은 있겠지만 그것들이 없다고 해도 그들의 언어는 통용되고 있어요. 이 이야기를 꺼낸 이유는 언어의 4대 영역 중 읽기와 쓰기가 없어도 언어는 제 역할을 한다는 것을 말하고 싶어서예요.

그런데 과연 우리나라에서 영어를 어떻게 교육하고 있을까요? 우리 부모 세대만 해도 멀고 먼 일제시대의 잔재를 그대로 답습해 영어를 제2외국어로 '학습'했지요. 듣기와 말하기보다 시험을 위한 읽기와 쓰기에 치중하는 학습법으로 교육을 받은 거예요. 문제는 100여 년 전에 들어온 학습법이 21세기를 살아가는 우리 아이들에게도 여전히 시행되고 있다는 겁니다. 듣기와 말하기가 병행되지 않은 읽기와 쓰기 언어의 두 가지 영역만으로는 언어를 제대로 활용하기 어렵다는 사실을 이미 많은 사람들이 경험했음에도 불구하고 말이지요. 이처럼 시대에 맞지 않은 방식으로 영어를 배우게 하는 것은 정말 에너지 낭비라고 생각해요.

오히려 영어 육아를 통해 아이들이 어릴 때부터 듣고 말하기로 영어 환경을 만들어주고, 학습을 관장하는 두정엽이 발달하는 초등학교 시기부터 읽기와 쓰기를 익히게 하는 것이 훨씬 효율적이지 않을까요?

듣기, 소리부터 친해진다

언어를 잘 사용하기 위해서 4가지 요소가 필요해요. 듣기, 말하기, 읽기, 쓰기입니다. 이중에서 가장 기본은 듣기예요. 들을 수 있어야 말할 수 있고, 그다음에 읽고 쓰는 게 가능하니까요. 듣기를 잘하려면 우선 영어 소리 자체에 익숙해져야 해요. 그렇다면 언어를 습득하는데 왜 듣기가 가장 중요할까요?

세상 모든 언어 배우기의 출발점과 시작이라고 할 수 있어요. '듣지 못하는 소리를 입으로 낼 수 없다'고 해요. 영어뿐만 아니라 한국어, 일어, 중국어 등 모든 언어는 소리가 우선이기 때문이에요.

게다가 영어와 한국어는 언어 리듬감도 다르고, 높낮이를 의미하는 음역대도 달라요. 한국어는 중저음 음역대인 데 반해 영어의 음역 주파수는 훨씬 높다는 결과도 있어요. 소리 분석을 하는 일부 과학자들의 연구 결과에 의하면 '한국어의 주파수는 500~2,000헤르츠, 영어는 1,500~5,000헤르츠의 주파수를 지니고 있다'고 해요. 참고로 우리나라와 가까운 일본어는 주파수가 한국어와 비슷해요.

또한 유럽처럼 영어를 제2의 모국어처럼 사용하는 나라가 아닌 경우 영어 노출량은 절대적으로 부족해요. 이를 극복하기 위해서라도 영어 노출량을 의도적으로 최대한 늘려줘야 귀가 영어 발음에 익숙해져요. 아이가 자연스럽게 발음할 수 있는 환경을 만들어주기 위해서라도 영어에 노출되는 시간은 일정량 확보해야 한답니다.

영어 소리에 익숙하지 않은 아이들은 갑자기 영어를 듣게 되면 소리 자체로 거부감을 느낄 수도 있어요. 한국어와 음역대 차이가 커서 선명히 들리지 않거니와 발음도 낯설기 때문이에요. 또 영어와 한국어는 발성 방법도 다르기 때문에 아이들이 금세 따라 하기 어려울 수 있어요.

한국어는 말을 할 때 입이 주로 위아래로 움직여요. 그에 반해 영어는 입술의 움직임이 위아래, 양옆 등 전체적으로 크게 움직이죠. 결국 영어와 한국어는 발성법은 물론 호흡, 연음, 혀와 입술의 움직임과 입 근육 등의 차이로 음의 높낮이가 전혀 다르다는 거예요.

실제로 일부 아이들은 영어를 틀어놓으면 시끄럽다고 짜증을 내며 귀를 막기도 해요. 부모는 막연히 아이가 영어하기 싫어서 꾀부린다고 생각할 수도 있지만 성인에 비해 모든 감각이 예민한 아이들에게 익숙하지 않은 영어 소리는 실제로 소음으로 들릴 수 있어요.

아이들의 민감함을 인정해주고 스트레스를 줄여주기 위해서라도 아이들에게 아주 어릴 때부터 한국어 음역대와 다른 영어에 편안히 노출되도록 부모가 의도적으로 노력해야 해요. 먼저, 아이를 위해 볼륨은 작게 해주세요. 아이들에게는 작은 소리도 잘 들리니 부모 욕심껏 볼륨을 크게 높일 필요가 없어요. 고가의 오디오 시스템이 필요한 것도 아니에요. 그저 집에 있는 CD 플레이어를 이용해서 아이가 놀거나 쉬고 있을 때 자연스럽게 노래를 틀어주는 정도면 돼요. 이런 간단한 행동만으로도 놀랍도록 예민한 감각을 지닌 아이들은 영어에 익숙해질 수 있고, 음역대의 차이를 극복할 수 있게 된답니다.

부모 입으로 한 번 더 들려주자

단순한 들려주기는 부모들이 생각하는 것보다 훨씬 강하고 영향력이 있어요. 이런 듣기의 힘을 극대화하기 위해서 부모가 동시에 수행해야 할 게 있죠. 소리를 일반적인 소음이 아닌 언어로 이해시키기 위한 과정의 하나예요. 아이에게 오디오로 들려준 쉽고 간단한 책의 내용을 부모가 육성으로 한 번 더 읽어주는 거예요.

부모와 함께 읽은 책이 오디오를 통해 꾸준하게 들리면 아이는 부모 품에서 들었던 소리, 즉 책의 내용에 의미를 부여함과 동시에 영어를 그냥 흘러가는 소리가 아니라 언어로 받아들이게 됩니다.

아주 간단하죠! 하지만 이런 간단한 듣기 과정이 없으면 아이는 절대 입을 열지 않아요. 아니, 열지 않는 게 아니라 열지 못한다는 표현이 맞겠어요. 귀에 들리는 게 없는데 어떻게 영어를 입으로 뱉어내겠어요. 영어 환경을 만들어주고 싶다면, 그리고 아이의 발음을 조금이라도 더 자연스럽게 해주고 싶다면 영어를 많이 들려주세요. 내일로 미루지 말고 지금 당장, 아이가 놀고 있을 때, 노래든 이야기든 많이 들려주세요.

1단계:
동요 흘려듣기

흘려듣기는 아이가 자연스럽게 영어에 익숙해지는 데 가장 좋은 방법 중 하나예요. 아이가 놀 때, 밥을 먹을 때, 어딘가로 이동할 때, 아이가 있는 공간에 영어 오디오를 틀어주어 수시로 영어에 노출되도록 하면 됩니다. 클래식 음악 들려주듯 영어를 들려주세요. 그런 환경이 지속되면 아이는 자연스레 영어 특유의 억양과 발음에 익숙해질 수 있답니다.

영어 동요와 마더구스

저는 두 아이 모두 임신 때부터 태교로 영어 동요와 짧은 영어 동화를 매일 읽어주었어요. 이것이 습관처럼 몸에 배어 있었기에 출산 후에도 꾸준히 이어갈 수 있었어요. 또한 클래식 음악과 우리말 동요, 영어 동요를 번갈아 틀어주면서 같이 듣고 놀았지요. 아이가 낮잠을 잘 때는 클래식 음악 위주로 틀고, 깨어 있을 때는 동요를 번갈아가 며 불러주고 들려주었어요. 영어 동요는 인터넷으로 주문한 CD 하나 로도 충분했어요. CD 하나에 짧은 영어 동요가 40여 곡 실려 있어서 다양한 노래를 쉽게 따라 부를 수 있었어요.

흘려듣기로 영어 동요를 많이 활용한 이유는 아무래도 스토리만 있는 오디오보다 리듬감 있는 노래를 아이가 더 좋아할 것 같아서예 요. 실제로 엄마 아빠가 가볍게 흥얼거리며 육성으로 들려주기에도 좋고, 아이가 편하게 받아들이면서 영어의 언어감을 익히기에 그만 이에요.

저는 아이가 어릴 때부터 집 안에서는 물론 이동하는 차 안에서도, 산책길에서도, 수시로 흥얼거리며 영어 동요를 불러주고 들려주었어 요. 아이는 제가 자주 불러준 영어 동요들을 통해 발음이나 연음 라 임 등을 감각적으로 받아들이고, 말문이 터지면서는 혼자서도 영어 동요를 부르곤 했답니다.

영어 동요와 더불어 자주 활용한 것은 마더구스mother goose예요. 영 미권에서 많이 불리운 전래동요인데 '널서리 라임nursery rhyme'이라고 도 해요. 아주 오래전부터 내려온 마더구스는 영미권 문화를 이해하 는 데에도 도움이 돼요. 노래를 듣다 보면 가사는 몰라도 어디선가 많이 들어본 듯한 느낌이 들 때가 많은데, 그만큼 은근히 우리에게도 알려진 것들이 많기 때문이겠지요.

마더구스는 노래뿐 아니라 첸트 형식으로도 많이 불러요. 여기에 익숙해지면 영어의 리듬감과 라임을 자연스럽게 익힐 수 있어요. 마더구스를 익힐 수 있는 책은 'Wee Sing' 시리즈가 유명해요. 음원과 같이 들을 수 있고 매우 대중적이지요. 출간된 지 오래되어 어딘지 모르게 예스러운 분위기를 풍기는 것은 어쩔 수가 없어요. 시리즈 중에서 영유아 대상으로 나온 〈Wee Sing For Baby〉를 주로 들었는데 〈Wee Sing Mother Goose〉와 〈Wee Sing Nursery Rhyme〉도 활용도가 높고 음원이 모두 좋아요.

요즘은 유튜브로도 들을 수 있으니 접근성이 더욱 편해져서 굳이 CD를 구입하지 않아도 돼요. 지나친 영상 자극을 걱정하는 분도 많지만 화면은 잠가놓고 스피커를 연결해 오디오만 들을 수도 있으니 안심하고 유튜브를 활용해보세요.

그 외에도 '노부영(노래 부르는 영어 동화)'도 자주 들었어요. 노부영은 워낙 유명해서 200여 권이 넘는 전집을 구입하는 부모도 많지만 저는 제일 많이 부르게 되는 쉬운 음원 위주로 선택해 반복해서 듣곤 했어요.

가끔 동요나 마더구스 등 CD나 오디오를 얼마나 많이 구입하면 좋은지 물어보는 분들이 있어요. 저는 다양하게 많은 양을 들려준 게 아니라 집에 있는 몇 개의 CD를 반복해서 들려주었어요. 동요를 여러 곡 불확실하게 흥얼거리는 것보다 한 곡이라도 정확하게 흥얼거리기를 원했기 때문이지요. 욕심내지 않고 정확하게 부를 수 있는 노래를 한 곡 한 곡 늘리다 보니 결국 CD 하나에 있던 40여 곡을 모두 어색하지 않게 부르게 되었답니다. 그 후에도 반복적으로 들은 것들은 음원이 나오면 자연스럽게 흥얼거립니다.

마더구스 시리즈 Wee Sing For Baby

입에서 입으로 전해오는 구전동요나 민요처럼 단순한 노래들이에요. 이야기가 아닌 시 형식이어서 집중력이 부족한 아이들이 처음 영어와 친해지기에 좋아요. 'Nursery Rhyme'보다는 'Mother Goose'의 역사가 훨씬 길고 미국에서 많이 사용해요.

Wee Sing Mother
Goose

Wee Sing Nursery
Rhyme

영어 동요 사이트

아이와 함께 들으며 따라 부를 수 있는 영어 동요 사이트입니다.

우리나라 영어 동요 사이트 '핑크퐁'에 들어가면 아이들이 좋아하는 아기상어 영어 버전을 비롯해 재미있는 노래들이 많이 있습니다. 미국에서 만든 '코코멜론 널서리 라임Cocomelon-Nursery Rhymes' 사이트에도 유명한 전래동요와 더불어 아이들이 좋아할 만한 콘텐츠가 풍성합니다. 아이와 함께 영어 노래를 가볍게 불러보세요. 신나게 몇 번 부르다 보면 저절로 영어 노래를 외우게 된답니다.

Super Simple Song
– Kids Song

★ 마더구스를 비롯해 다양한 영어 동요를 영상 (유튜브)를 통해 배울 수 있는 채널이에요. 노래 제목을 검색하면 함께 활용할 수 있는 다양한 워크시트를 다운받을 수 있어요.

Cocomelon
– Nursery Rhymes

★ 코코멜론은 마더구스와 영어 동요를 3D 영상으로 소개하는 채널이에요. 영상을 다운받아 USB에 저장한 후 TV와 연결해서 틀어주면 좋아요. 스마트 TV가 있으면 곧바로 유트브로 들어가 검색해서 편리하게 이용할 수 있어요.

Pinkfong!
Kids' Songs & Stories

★ 동요 '상어가족'으로 유명해진 우리나라 교육 콘텐츠 브랜드예요. 동요와 동화 콘텐츠가 5,000여 개 있어 다양하게 활용할 수 있어요. 유튜브를 통해 언제 어디서든 한글과 영어를 익히기 좋은 사이트랍니다.

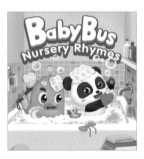

BabyBus
– Nursery Rhymes

★ 중국의 콘텐츠 기업에서 만든 교육용 어플리케이션이에요. 우리나라 '핑크퐁'과 비슷하다고 생각하면 돼요. 노래와 이야기가 나오는 3D 애니메이션으로, 어린이 안전과 관련된 내용이 많아요.

2단계:
이야기 흘려듣기

저는 청각을 통해 영어 자극을 주기 위해 동요와 더불어 영어책도 많이 활용했어요. 원래 영어책은 대부분 원서를 구입하지만 아이가 어릴 때에는 원서 외에도 한국 출판사에서 나오는 보드북도 도움이 많이 돼요. 누워서 지내던 아기 때에는 간단한 단어가 적힌 보드북부터 시작해 조금씩 문장이 길어지는 책으로 바꿔가면서 한글 책 읽어주듯 똑같이 읽어주었어요.

이 시기에는 아이에게 무엇인가를 들려주는 것이 그저 소리에 익숙해지기 위함이라고 생각했기에 영어책은 말 그대로 책에 나와 있는 문장만 정직하게 읽어주면서 활용했어요. 그렇게 읽은 책은 아이가 놀 때 오디오를 통해 반복적으로 듣게 해주었고 잠들기 전 'bedtime storybook'으로 다시 한 번 읽어주었어요. 그러면 우성이는 하루 동안 이미 반복이 꽤 되어 있어서인지 책 내용에 더욱 집중하며 눈을 반짝이더라고요.

이런 식으로 한 권을 하루에도 여러 번 반복적으로 흘려듣기를 해주니 아이가 저절로 외우게 되는 책의 권수도 점점 많아지게 되었어요. 그러다 보니 영어 문장을 발화할 때 책에서 외웠던 문장도 자주 활용하더라고요.

문장 발화는 12개월 이후부터 했는데, 우성이가 24개월이 조금 넘었을 때 겪은 일은 아직도 기억이 생생해요. 날씨가 좋아서 아이와 산책을 나갔다가 우연히 아파트에 새 이웃이 이사 오는 것을 보게 되었죠. 그때 사다리차가 아파트 고층으로 이삿짐 옮기는 것을 보더니 아이가 이렇게 외치더라고요.

"Wow, This is the longest ladder I've ever seen before!"

매번 낮은 사다리만 보다가 요란한 소리와 함께 고층으로 올라가는 사다리가 굉장히 멋져 보였나 봐요. 한참 동안 사다리차가 오르락내리락 하는 과정을 관찰하고 나서야 자리를 떴어요.

우성이가 외쳤던 문장이 그즈음에 읽었던 《Barny&BJ go to the fire station》에 나오는 문장을 응용한 것이라는 사실을, 책을 다시 읽어주며 알게 되었어요. 그 이후에는 더욱 영어책 읽기를 게을리할 수가 없더라고요. 요즘은 오디오북도 많이 나와 있으니 여러분도 가끔 몸이 지치거나 힘들 때 활용해보세요.

무작정 영어 음원만 틀어주면 될까?

흘려듣기에 대한 확신이나 개념이 명확히 잡히지 않을 경우, 무작정 오랫동안 영어 오디오를 틀어놓기만 해도 효과가 있을까 의문이 생길 거예요. 영어 환경 만들기 중 흘려듣기는 가장 쉽지만, 지켜야 할 것은 분명히 있어요.

흘려듣기가 아무리 좋다고 해도 아이 수준에 맞지 않는 CNN 뉴스나 AFKN 라디오를 계속 틀어놓는 게 의미가 있을까요? 소리는 귀를 통해 듣겠지만 이런 것들은 아이의 수준에 맞는 내용이 아니라서 이해할 수 없을 거예요. 물론 아예 안 듣는 것보다는 억양이나 뉘앙스는 익힐 수 있겠지만 아이 수준에 맞지 않는 음원으로 언어 감각을 키우기에는 너무 많은 시간과 에너지를 소비하게 되지요. 물론 아이 수준에 맞는다면 모든 오디오 기능을 마음껏 활용하는 것이 좋아요. 하지만 그때에도 부모가 아이의 영어 흘려듣기 환경에 동참해야 효과가 극대화된다는 것은 분명합니다.

다시 말해 오디오를 활용하기 전에 부모가 영어 동요나 책 등을 직접 읽어주고 들려주는 과정을 거쳐야 아이가 흘려듣기를 해도 충분히 받아들일 수 있어요. 부모의 육성으로 아이에게 정성껏 읽어주는 과정을 거치고 난 후의 흘려듣기는 아이에게 단순한 기계음으로 들리지 않아요. 부모의 목소리를 연상하며 소리에 집중하기 때문에 기계음만 반복하여 들려주는 것보다 몇 배 이상의 효과를 얻을 수 있답니다.

흘려듣기는 오직 음원만 가능할까?

흘려듣기에는 아이들이 좋아하는 DVD 영상 시청도 해당됩니다. 오디오를 통해 소리를 듣게 해주는 것도 좋지만 DVD가 주는 장점이 분명히 있어요. 영상을 통해 상황에 대한 이해가 빨라지고 스토리 흐름에 따라 기본 회화 표현도 배울 수 있으니까요.

하지만 이렇게 좋은 DVD 활용도 주의해야 할 점이 몇 가지 있어요. 일단 말이 빠르지 않아서 발음을 적당히 알아듣는 수준으로 맞춰주는 게 좋아요. 그 정도 수준에서 시작하면 나머지는 영상을 통해 스토리를 유추할 수 있기 때문에 아이가 재미를 느끼며 집중할 수 있죠. 그리고 장시간 노출은 삼가야 해요. 아이들은 영상으로 접한 콘텐츠는 오래 봐도 질리지 않는 경우가 대부분이에요. 자칫 너무 오랜 시간을 영상에 노출시킬 수 있다는 거죠. 재미로 계속 보다가 시력이 안 좋아질 수도 있고, 신체적인 놀이가 절대적으로 필요한 아이들이 영상에만 빠져 있을 수도 있으니 주의가 필요해요.

특히 유아나 초등학교 저학년이라면 영어 영상 시청은 한 시간 이내로 제한하는 게 바람직합니다. 영화나 애니메이션 스토리 흐름상 부득이하게 장시간 영상에 노출되어야 한다면 부모가 곁에서 아이에게 영상에 대한 질문을 하는 게 좋아요. 그렇게 하면 아이가 지나치게 영상에만 몰입하지 않게 되죠.

또한 24개월 미만 영아들은 되도록 영상 노출을 자제시켜 주세요. 아무리 영어가 중요하다 해도 영어 소리 노출을 노리다가 시력도 나빠지고, 더구나 영상에 중독될 수 있기 때문에 꼭 신경을 써주셔야 합니다.

아이들에게 영상을 보여줄 때는 부모가 함께 보면서 영상 시청 전에 제목만 보고 어떤 이야기일지 추측해보는 것도 좋아요. 영상을 시청한 후 내용에 대해 이야기를 나누는 것도 물론 좋지요. 이 같은 부모의 적극적인 자세는 아이의 사고력과 추리력 형성에 많은 도움이 된다고 해요.

아이들이 어릴 때는 잠잘 때를 제외한 집에 있는 대부분의 시간을 오디오로 흘려듣기를 했어요. 음원과 책을 같이 활용하면 아이들이 더욱 재미있어 해서 한때 정말 많이 들은 추억이 있지요. 하지만 초등학교에 들어가고 나서는 오디오를 매번 틀어놓는 게 살짝 느슨해졌어요. 아이들이 학교 과제도 해야 하고 자기들 취향의 책을 집중해서 읽고 싶어 하기 때문이에요. 아이가 크니 오히려 영유아 때처럼 마음껏 오디오를 통한 흘려듣기는 많이 못하게 되는 게 현실이더라고요.

그래도 여전히 아침에 눈 뜨면 바로 오디오부터 듣는 것은 이제 거의 하루의 시작을 알리는 것처럼 생활의 일부가 되었어요. '과학상자'로 무언가를 만들거나 퍼즐이며 색종이 접기를 할 때는 아이들이 좋아하는 소설이나 챕터북으로 흘려듣기를 하고 있고요. 오디오를 통한 흘려듣기는 영어 육아를 시작한 지 10년이 훌쩍 넘은 지금도 여전히 진행형인 셈이에요.

그림책 채널

Storyline Online

★　유명인사들이 영어로 된 쉬운 책을 읽어주는 무료 사이트예요. 유튜브로도 들을 수 있어 아주 유용해요.

Storytime Now!

★　책 읽어주는 유튜브 채널이에요. 다양한 책들을 읽어주는데, 스캔한 책의 화질도 제법 좋아서 아이들 보여주기 좋아요.

오디오북 채널

audible

robertmunsch.com

★ 영유아부터 성인까지 레벨이 나뉘어져 있어 고민 없이 내 아이 수준에 맞는 책을 들려줄 수 있어요. 무료로 스트리밍 서비스도 받을 수 있답니다.

★ 우리나라에도 잘 알려져 있는 《언제까지나 너를 사랑해》라는 그림책의 작가 로버트 먼치의 홈페이지예요. 동화책을 읽어주는 무료 사이트랍니다.

0~3세 영아들이 보면 좋은 그림책 시리즈

0~3세 시기에는 엄마가 아기 옆에서 놀아주면서 그림을 보여주며 읽어주는 게 가장 좋지요. 책은 그저 엄마가 펼쳐주는 장난감 같은 거예요. 심지어 가끔은 입에다 물고 잘근잘근 씹는 유희의 대상이 되기도 하지요. 그림을 보여주면서 엄마가 뭔가를 이야기해주고 들려주는 것만으로도 아기는 책에 대해 행복한 감정을 키워나갈 수 있어요. 뭔가를 알려준다기보다 장난감처럼 놀게 해준다는 느낌으로 접근하는 게 좋아요.

그러다 보니 이 시기 아이들의 책은 색감이 선명하면서 내용은 간단하고, 아기가 물거나 빨아도 오래 가는 튼튼한 보드북이 많지요. 시리즈가 많이 나와 있으니 아이가 좋아할 만한 것으로 골라 구입한 후 무한 반복해서 읽어주면 좋아요.

Baby Max & Ruby series
DK my first book series
Baby curious George series
Baby Einstein series

- 캐나다에서 만든 어린이 대상 텔레비전 시리즈예요. 우리나라에도 많이 알려져 있는 Max&Ruby가 말 그대로 아기였을 때의 에피소드를 담고 있는 책입니다.
- DK라는 영국 출판사에서 제작되는 보드북이에요. 퀄리티 좋은 사진과 크고 읽기 쉬운 텍스트로 구성되어 영어를 막 시작하는 아이들이 보기 좋아요.
- 조지라는 원숭이가 겪는 재미있는 에피소드를 담은 책이에요. 영유아 아이들에게 알맞은 의성어나 의태어를 중심으로 한 노래들, 잠자기 전에 들려주기 좋은 이야기들로 구성되어 있어요.
- 책을 이용해 블록 쌓기도 할 수 있고, 텍스트 읽기도, 그림 보기도 할 수 있어요. 책과 교구의 경계를 넘어 아이들이 마음껏 가지고 놀 수 있게 해놓은 책이랍니다.

Maisy series
spot series
Diaper David board book series

- 메이지라는 생쥐 이야기로 보드북과 팝업북이 있어요. 자극적이지 않은 영상으로 아주 어린 아이들에게도 보여주기 좋은 책이에요.
- 호기심 많은 장난꾸러기 스팟이라는 강아지가 장난치고 어지르고 몰래 숨기는 재미난 에피소드들을 담은 책이에요. 따뜻한 색감과 그림체로 오랫동안 사랑받는 보드북이에요.
- 우리나라에서도 오래전부터 인기 높은 그림책 시리즈예요. 이 작가의 책 《안 돼, 데이비드》는 칼데콧상을 비롯해 '올해의 뉴욕타임스 베스트 일러스트레이터 북' 상을 수상하기도 했어요.

0~3세 영아들이 보면 좋은 단행본

> Touch & feel farm
> How does baby feel?
> I love you through and through
> Where is baby's mommy?

- 구강기 혹은 구강기가 조금 지나서 아이들이 여러 가지 사물에 대한 호기심이 왕성할 때 보여주기 좋은 촉감 책이에요.
- 큰 글씨의 단순한 문장으로 이루어진 책으로, 아기들의 다양한 감정 표현이 담겨 있어요. 열었다 닫았다 할 수 있는 플랩북으로 되어 있답니다.
- 따뜻한 그림을 보는 것만으로도 엄마의 사랑이 전달될 것 같은 그림책이에요. 'I love you through and through'가 반복적으로 나와서 아이가 잠들기 전에 읽어주면 좋아요.
- 엄마와 숨바꼭질 놀이를 하는 내용이어서 아이들이 흥미로워하고, 다양한 사물들의 이름을 영어로 알려주기 좋아요. 영어 동화책을 처음 읽어주는 단계에 알맞은 책이에요.

| From head to toe
| Machines at work
| No, David
| Hug

- 우리나라에서도 너무나도 유명한 작가 에릭 칼의 작품이에요. 여러 동물들의 행동을 따라 하면서 머리부터 발끝까지 신체 부위 이름과 동작을 익힐 수 있어요.
- 크레인 불도저, 트럭 같은 기계들이 무엇을 하는지 알려주는 책이에요. 간결한 문장과 따듯하면서도 역동적인 그림들이 좋아요.
- 이 책은 우리나라에서 오래전에 번역되어 《안 돼, 데이비드!》로 유명해요. 한글 책을 먼저 읽은 아이들도 익살스러운 데이빗의 표정과 행동에 깔깔 웃으며 본답니다.
- 아기 침팬지 보보가 '허그' 해달라고 달려오는 표지만 봐도 내용이 유추되지요. '엄마, 안아 줘'를 입에 달고 사는 아이들이 정말 좋아하는 책이랍니다.

| Peek-a who?
| No no yes yes
| Chica chica Bum Bum ABC

- 구멍이 뚫린 보드북이라 아이들과 까꿍 놀이를 하기 좋아요. 마지막에 있는 거울에 아이 얼굴을 비추면 또 한 번 까르르 웃게 해주죠.
- 간단한 의성어와 의태어를 담고 있는 책이에요. 책 전체에 'Yes' 또는 'No'가 반복되지만 아이가 일상생활 속에서 겪는 소소한 일들을 담고 있으면서 어린아이가 해야 할 일과 하지 말아야 할 일들을 쉽게 받아들일 수 있게 해주는 인지발달 동화책이에요.
- 알파벳을 재미있게 알려줄 수 있는 책이에요. 생각보다 글이 길긴 하지만 단순한 그림과 화려한 색감으로 아이들이 지루하지 않게 볼 수 있어요.

3단계:
4세부터는 영상물 흘려듣기

흘려듣기는 오직 음원과 책으로만 해주다가 첫째가 4세 조금 넘었을 때 이 정도 연령이면 영상을 통한 흘려듣기를 해도 될 듯해서 시작했어요. 물론 조금씩 천천히 진행했죠.

사실 DVD나 영상을 통한 흘려듣기는 아이들에게 재미와 실력을 쌓을 수 있도록 도움을 줄 수 있는 훌륭한 도구예요. 하지만 부모들은 DVD나 영상 활용에 부담이 늘 있지요. 저도 영상이 아이들의 뇌에 미치는 나쁜 영향력에 대한 걱정과 엄마가 집에 있으면서 아이에게 영상을 보여준다는 죄책감 등으로 영상을 통한 영어 노출은 최대한 늦추려고 노력했던 것 같아요.

그에 반해 둘째는 첫째 때와 달리 에너지가 많이 부족하다 보니 적당히 현실과 타협해서 24개월이 지나면서 영어 영상을 보여주게 되었어요. 첫째보다 훨씬 더 일찍 노출된 셈이지만 첫째 키울 때 내심 걱정하고 두려워하던 영상 중독의 문제는 전혀 없었어요.

처음부터 시간을 미리 정해두고 약속 시간이 되면 영상을 끄는 습관을 들여서인 듯해요. 처음 영상 노출은 워낙 걱정이 많은 상태였던 터라 〈maisy〉처럼 짧은 10~12분짜리 영상을 2편 보는 것으로 시작했어요. 아이에게도 2편의 영상을 보면 그만 보는 거라고 미리 설명해줬죠. 영상에 노출이 거의 된 적이 없던 아이는 2편만 봐도 엄청 즐거워했어요. 그 후 조금씩 시청 시간을 늘려 22~25분 정도 되는 영상을 2편씩 보여주었고, 영상 보기에 어느 정도 익숙해진 후에는 하루 1시간에서 1시간 30분 정도 꾸준하게 영상을 통한 흘려듣기를 하고 있어요.

지금은 거의 유튜브와 넷플릭스를 통해 영상 보기를 진행하고 있지만 처음에는 DVD로 보여주었고, 나중에는 어린이 영어 TV를 활용했어요. 사실 둘째에게 영어 영상 노출을 빨리 열어주었던 것은 순전히 저의 체력 때문이었어요. 하지만 책과 오디오, 엄마와의 간단한 회화만으로 영어를 접했던 첫째와 달리 영어를 더 즐겁게 생각하더라고요. 둘째 덕분에 부모가 적절하게 제어해주면 시청각을 통한 언어 노출도 큰 장점이 있다는 걸 알게 되었어요. 물론 24개월 이후 아이들에게 해당된다는 점도 함께 기억해주세요.

그렇다면, 시청각 자극을 통한 흘려듣기의 한 수단인 DVD는 어떤 점에서 좋을까요?

1. 짧은 시간에 다양한 소리를 들을 수 있다

아이를 대상으로 제작된 대부분의 애니메이션은 다양한 상황 속에서, 다양한 내용을 담은 대사를 들려줘요. 또 아이들을 대상으로 만들었기 때문에 가족 간의 사랑이나 타인과의 관계, 친구 사이의 예절 등 내용도 교육적이죠. 성우들의 정확한 발성과 적절한 속도감이 있는 대사를 집중해서 들을 수 있는 점도 좋아요.

사실 이런 다양한 영어 대화문은 학원이나 과외를 통해서는 들을 수 없다고 생각해요. 심지어 어학연수를 가더라도 짧은 시간 안에 한 가지 주제에 대해 다양한 상황과 표현으로 듣기는 쉽지 않으니까요.

2. 아이의 관심사에 따라 스토리를 고를 수 있다

아이가 좋아하는 주제를 찾아서 영상을 보여줄 수 있어요. 동물과 곤충 그리고 과학 등을 좋아하던 첫째는 동물 소개가 많은 〈Go, Diago, GO〉와 다양한 호기심을 풀어주던 〈Littie Einsteins〉을 자주 보았고, 둘째는 여자아이라서 그런지 공주가 주인공인 〈Sofia〉나 꼬마 여자아이가 주인공으로 나오는 〈Dora〉, 귀여운 캐릭터가 나오는 〈My little Pony〉를 즐겨 보았어요.

영상이 익숙해지자 실사 화면으로 소개되는 많은 다큐멘터리를 보여줬어요. 두 아이 모두 동물을 좋아해서 반복해서 보여줘도 매번 재미있어 하더군요. 이렇게 비슷한 주제의 영상을 보면 주요 용어들이 반복적으로 나오기 때문에 아이들이 어려운 영어 단어나 표현에 익숙해지게 된답니다. 일상보다 더 다양한 환경을 담고 상상 속 이야기까지 다루니, 아이 관심사에 따라 주제를 확장시켜 다양한 영어에 노출시킬 수 있다는 장점이 있어요.

3. 언제든 반복이 가능하다

아이들이 영상을 보다가 재미있는 장면을 다시 보고 싶어 하면, 리모컨으로 손가락만 까딱 해서 되돌릴 수 있어요. 아이가 원하는 장면을 별다른 어려움 없이 정확하게 다시 듣고 볼 수 있지요. 다큐멘터리 종류를 보다가 더 자세하게 천천히 보고 싶어 하면 'slow' 버튼을 누르면 돼요. 방금 본 영상을 원하는 속도로 천천히 감상할 수도 있어요.

가장 좋은 점은 아이가 원하는 시간에 언제든지 반복해서 보여줄 수 있다는 거죠. 학원에서나 과외를 받을 때는 다시 한 번 말해달라고 하기가 쉽지 않겠지만 영상 보기는 무한 반복이 가능하니까요.

4. 정확한 발음을 들으며 모방할 수 있다

아이들 대상 영상은 대부분 정확하고 깨끗한 발음을 들려줘요. 외국에도 각 지역이나 국가마다 독특한 억양이나 발음이 있으니 영상도 영국식, 미국식, 호주식 등의 다양한 억양이 나올 수 있죠. 하지만 어린이들이 보는 영상은 어느 정도 세계 각국에서 통용되는 수준을 기준으로 하기 때문에 아이에게 다양하면서도 선명한 발음을 들려줄 수 있어요. 게다가 아이들 영화를 보면 배우들이 발성할 때의 입 모양을 직접 볼 수 있어 발음하는 데 도움이 되기도 해요.

5. 영어권 문화를 익힐 수 있다

원어로 된 영상을 보다 보면 종종 한국어로 번역하기는 애매한 그 나라만의 유머 코드가 있어요. 원어로 된 영상들을 여러 번 시청하다 보면 의식하지 못하는 사이 자연스럽게 그들의 문화와 정서에 빠져들게 된답니다.

영유아 프로그램에는 많이 볼 수 없지만 미국에서는 친한 사이끼리 'sarcasm(비꼬기, 풍자)'라는 것을 통해 서로를 살짝 깎아내리면서 웃음을 유발하곤 해요. 하지만 우리나라 사람들은 미국 사람들과 대화 나눌 때 이런 문화를 이해하지 못해 당황하거나 기분 나빠하는 경우가 빈번하다고 해요. 이런 문화적 차이는 원어로 된 DVD나 영상을 보면서 많이 좁힐 수 있어요.

즉, 단순히 언어를 배울 뿐 아니라 그들의 문화를 익힐 수 있다는 거예요. 영어를 익히는 중요한 목적 중 하나가 폭넓은 사고와 다양한 국적의 사람들과 문화를 교류하는 것이라면 아이들에게 다양한 영상 매체들을 보여주는 게 좋겠죠. 외국에 나가지 않고도 DVD를 통해 우리 집 거실에서 다른 나라의 문화를 익힐 수 있으니 적극적으로 활용해보자고요.

6. 화면으로 내용을 유추할 수 있다

DVD는 아이들이 영어를 접할 때 심리적 부담이 가장 적다는 장점이 있어요. 영어를 잘 몰라도 영상을 보면서 상황을 파악할 수 있기 때문이죠. 그래서 일찍 영어 DVD를 보아온 아이들은 실생활에서 사용하는 표현을 자연스럽게 습득해 적절히 활용할 수 있게 돼요. 본인도 모르게 상황에 따라 영어 회화를 발화하는 거예요.

반면, 한국어 영상을 많이 본 아이들 중에는 영어 DVD 보기를 거부하는 경우가 종종 있어요. 한국어 버전 영상에 이미 익숙해졌는데 부모가 자꾸 알아듣기 힘든 영어 영상을 틀어주니 아이 입장에선 짜증이 날 수밖에 없는 거죠.

이렇게 거부감이 심한 아이들에게 무조건 영어 영상을 들이밀면 오히려 영어는 싫고 어렵다는 선입견을 갖게 될 수 있어요. 그럴수록 부모의 욕심은 조금 내려놓고, 아이 속도에 맞춰 소리 듣기부터 천천히 접근시키는 게 좋아요.

영어 영상은 무엇이든 유익할까?

물론 제 대답은 '아니오'예요. 영상물이야말로 정말 신경을 많이 써서 선택해 보여줘야 해요. 많은 엄마들이 아이들 책을 고를 때는 엄청난 에너지를 쏟으면서 막상 DVD는 스토리가 재미있어 보이거나 새로 나온 히트작이면 바로 보여주는 경우가 많아요. 하지만 어떤 콘텐츠든 내 아이가 봐도 될 만한지 적합성을 먼저 따져봐야 해요.

가장 흔한 경우가 마블, 픽사, 디즈니에서 나온 애니메이션이에요. 이런 대형 영화사에서 제작된 애니메이션은 재미가 보장된 작품이기는 해요. 하지만 그저 재미로, 시간 때우기로 보는 게 아니라 영어 환경 만들기의 방법 중 하나라면 이야기가 완전히 달라져요.

누구나 한 번은 대형 영화사의 애니메이션의 매력에 빠져본 경험이 있을 거예요. 이런 영화는 대부분 시각적으로 굉장히 화려한 화면에 스토리 전개도 빠르게 진행돼요. 그런 매력이 있기에 영어를 전혀 모르는 성인도 자막 없이 끝까지 흥미진진하게 볼 수 있어요. 이렇게 단순히 영상의 재미에 빠진 아이들을 보면서 어른들은 영어를 어느 정도 알아듣고 있다고 오해와 착각을 하기도 해요.

하지만 현실은 그렇지 못한 경우가 대부분이에요. 물론 언어 감각이 좋은 소수의 아이들은 이런 영상을 보면서 영어 감각을 키울 수 있겠죠. 하지만 우리 아이는 그런 스페셜한 아이가 아니라고 생각해야 해요. 그런 특수한 케이스를 따라가다 보면 몇 걸음 걷지도 못하고 지쳐버리게 되니까요. 왜 그런 아이들처럼 못하냐고 아이를 책망하게 될 수도 있어요.

평범한 아이들은 화려한 영상에 중독되면 막상 귀 기울여 들어야 할 영어 소리는 전혀 듣지 않고, 아예 관심도 기울이지 못하게 돼요. 게다가 이런 대형 영화사가 제작한 애니메이션의 대사는 이제 막 영어를 시작하고 재미를 붙이려고 하는 아이들 수준에 맞지 않는 고급 표현들이 나오는 데다 속도 또한 따라잡기 힘들 정도로 빠르기까지 하죠. 어쩌다 온 가족이 즐겁게 보기 위한 영상으로 고르는 것이라면 모를까, 영어 환경을 만들어주고자 영상을 고른다면 이 같은 애니메이션은 피하는 게 좋을 듯해요. 물론 어렸을 때 영어권에서 자랐거나 아주 일찍부터 영어 노출이 되어온 아이들이라면 소리를 다 들을 수 있고 이해할 수 있는 수준이 되기 때문에 조금 더 일찍 즐겨도 괜찮아요.

　일반적으로 흘려듣기에 좋은 영상은 발음이 정확하고 스토리 전개가 느려서 아이들이 소리에 집중할 수 있어야 해요. 이런 종류는 스토리 또한 가족과 친구 혹은 생활 습관에 관한 건전한 것들이 대부분이라 교육은 물론 인성까지 키워주는 장점이 있어요.

　이처럼 유익한 교육용 영상물을 제대로 활용하고 싶다면 아이 눈앞에 있는 자극적인 것들, 끊임없이 스토리를 연결해서 보여주는 유튜브나 넷플릭스는 미리 알아보고 노출해줘야 해요. 자극적인 영상에 중독된 아이들은 어린이용 영어 영상물이나 DVD를 틀어주면 짜증을 내거나, 안 보겠다고 으름장을 놓기도 해요. 하지만 부모가 아이들의 그런 모습에 흔들려서는 안 돼요. 영어도 영어지만 아이의 좋은 습관과 인성을 잡아주기 위한 것으로 생각하고 차라리 당분간 영상 자체를 금하는 게 좋아요. 그리고 연령에 맞지 않는 영상을 보는 건 절대 안 된다는 마음을 심어주는 것도 중요하답니다.

유튜브(Youtube) 활용하기

저희 아이가 어릴 때는 영상 흘려듣기를 위해 주로 DVD를 구입해서 영상 노출을 시켰지만, 요즘에는 유튜브를 활용해서 아이에게 맞는 영상을 찾아 보여주고 있어요.

　세계 최대의 동영상 공유 사이트인 유튜브의 가치는 요즘 전 세계를 뒤덮고 있는 코로나바이러스 덕분에 더욱 올라가게 된 것 같아요. 학교에 가지 못하고 집에 있는 시간이 상대적으로 많아진 아이들에게 오락거리를 제공하기도 하지만, 유튜브의 순기능은 어마어마한 양의 고급 지식을 원하는 만큼 찾아볼 수 있다는 거예요. 바이러스가 덮치기 전에는 주말마다 박물관이며 과학 전시관을 찾아 직접 눈으로 보고 만지며 체험 학습을 했지만 이제는 모두들 집에서 유튜브를 비롯한 온라인 교육기관을 활용하고 있지요. 아이들이 성장함에 따라 필요한 콘텐츠도 점점 더 많아지고 있는데 수준에 맞는 관심사를 찾아보면 질적, 양적으로 우수한 강의가 넘치게 제공되고 있더라고요.

지식을 위한 온라인 교육기관 중 대표적인 것이 '칸아카데미'예요. 칸아카데미는 온라인 교육기관 중 가장 유명한 곳으로, 미국 현지 학교 수업을 집에서 받는다고 생각하면 이해가 쉬울 듯해요. 미국 현지 초중고등학교 수준까지 연계가 잘되어 있답니다. 미국 학생들이 수학 용어를 어떻게 사용하는지 제대로 알 수 있을뿐더러 역사, 금융, 과학 등 다양한 강의가 무료로 제공되어 아이의 관심 과목을 택해서 들으면 많은 도움이 돼요.

미국의 비영리재단에서 운영하는 'Ted'도 대단히 유용하지요. 사이트에 들어가면 3,000여 건에 달하는 우수한 강연을 무료로 들을 수 있어요. 강연하는 사람들은 모두 한 분야에서 인정받은 전문가이기 때문에 각 주제에 대한 15분 내외의 짧은 강연임에도 알찬 내용이 가득합니다.

아이들에게 들려주기 위해서는 'Ted-ed'가 따로 마련되어 있어요. Ted-ed는 Ted에서 제공하는 교육용 채널로 아이들이 볼만한 다양한 콘텐츠를 제공해요. 영상 시간도 10분 내외로 짧게 제작되어 부담 없이 볼 수 있어요.

교육적인 영상 골라주는 팁

아이들에게 교육적으로 좋은 영상을 골라주고 싶지만 정보가 없어 힘들다면 구글에서 'educational tv shows for'로 검색해보세요. 검색창에 그렇게만 입력해도 수많은 영상 자료가 한꺼번에 뜨는데, 그것들 중에서 아이가 좋아할 만한 것을 고르는 거예요. 안심하고 아이들에게 보여줄 수 있는 영상을 고르는 팁이라 할 수 있지요.

그 외에도 가정에서 아이들에게 영화나 미드, TV쇼 프로그램, 각종 영어 원서 등을 보여주려고 할 때 아이 연령에 적합한 내용인지 궁금할 때는 인터넷 사이트 '커먼센스미디어(www.commonsensemedia.org)'에 접속해보세요. 이 사이트는 주말에 가족이 함께 집에서 재미있는 영화를 한 편 보고자 할 때, 전체 관람가임에도 불구하고 선정적인 장면이 나오는 것을 예방하고 싶을 때에도 활용할 수 있어요.

영화를 보기 전에 검색 한 번만으로 바로 알 수 있어 매우 유용해요. 영상물은 물론 책도 항목별로 세세하게 구분되어 나오고 권장 연령과 간단한 리뷰, 어른과 아이의 후기도 따로 나와서 책 고르기에도 참고할 수 있는 사이트예요. 영상물은 연령을 1세 단위로 알려주고 'violence', 'positive/negative message', 'sexy stuff' 등 카테고리 분류가 다양하게 세분화되어 종합적인 평가를 내려주고 있어서 판단에 큰 도움을 준답니다.

흘려듣기는 반복 노출이 중요하다

영어는 물론 모든 언어는 반복 노출이 가장 중요합니다. 아이가 거부하지 않는다면 DVD와 CD는 반복해서 들려줘도 상관없어요. 아이가 스스로 여러 번 틀어달라고 하면 고마운 일이죠. 하지만 쉽게 싫증을 느끼거나 재미있는 다른 스토리를 요구하면 바로 변경해주는 부모의 센스도 필요해요. 호기심이 많아 새롭고 다양한 것을 좋아하는 아이는 넓은 시야를 가질 수 있다는 장점도 있으니까요. 이때 아이의 요구는 받아들이되 왜 새로운 것을 원하는지 이야기를 나누어보고, 아이의 태도나 행동 패턴을 관찰해보면 아이의 특성을 좀 더 알게 되지요.

뭐든지 한 번으로 끝내고 계속 새로운 것을 요구하는 아이도 있어요. 충분히 재미를 느낄 만한 분야를 아직 못 찾았기 때문일 수도 있으니 이럴 때는 아이의 관심사를 주의 깊게 살펴보는 시간이 필요해요. 기질적으로 유난히 싫증을 잘 내는 아이도 있지요. 이럴 때는 아이에게 기간 제한을 주는 방법이 좋아요. 대화를 통해 일주일 혹은 한 달로 기간을 미리 정하고, 아이가 재미있게 본 DVD나 흥미를 느낀 스토리 등 몇 개를 골라 반복해서 보여주는 거예요. 이렇게 반복된 것들은 비슷한 소재와 주제를 다룬 새로운 것들로 확장해서 들려주고 보여주면 되고요. 그러면 주제는 비슷하지만 엄연히 다른 이야기와 표현이기 때문에 아이가 좋아하는 관심사를 충족시키는 동시에 자연스럽게 다음 단계로 언어를 확장할 수 있어요.

아이의 흥미를 고려하면 DVD 노출이 수월해진다

책을 통한 듣기든 영상을 통한 듣기든 가장 중요한 것은 아이가 재미있어 해야 한다는 거예요. 저희 첫째 아이는 9세 때 책으로 먼저 읽어 관심을 가지게 된 애니메이션 〈이집트 왕자the prince of Egypt〉(1998년)를 정말 좋아해서 지치지도 않고 반복해서 봤어요. 심지어 잠을 잘 때도 오디오를 들으며 잠을 청할 정도였죠. 역사나 성경 이야기에 관심이 많은 아이라 그런지 〈이집트 왕자〉는 아이가 그 어떤 영상보다도 집중해서 보고 듣고 따라 하고 반복하며 대사를 익히더라고요. 지금도 영화에 출연하는 인물들의 목소리와 억양까지 그대로 외워서 따라 할 정도예요.

  이런 반복은 부모가 시켜서 할 수 있는 게 아니죠. 부모가 억지로 반복시켰다면 한두 번 더 보는 것으로 끝났을 거예요. 하지만 아이 스스로 재미를 느껴서 자발적으로 반복하면 지치지도 않고 이야기를 마음속에 간직한답니다. 이런 반응은 영어에만 국한된 반응이 아니에요. 어떤 아이든 자기가 관심 있는 것은 놓치지 않고 관찰하고, 모방하며 어느새 자기 것으로 흡수해요. 부모가 할 일은 아이가 이렇게 흥미를 느끼는 책과 영상을 찾아서 제공해주는 것뿐이에요. 그러니 아이에게 무작정 "책 읽어라! DVD 봐라!"라고 말만 할 게 아니라 아이의 관심사를 항상 관찰하며 따라가야 해요. 그런 과정을 거치다 보면 아이의 말문을 확 열어줄 만한 책과 영상을 찾아줄 수 있을 거예요.

아이가 한글 자막을 원한다면

영어 환경에 제대로 적응이 안 된 초보 아이들이나 모국어가 이미 확실하게 자리 잡은 아이들은 DVD 흘려듣기로 영상을 보여줘도 한글 자막이 없으면 답답해해요. 우리말 영상만 보고 들으며 자란 아이들은 반발이 더 심하기도 하죠. 그러면 엄마들은 아이를 너무 힘들게 하는 거 아닌가 하는 걱정과 어떻게든 영어를 듣게 하고 싶은 욕심에 아이와 잘못된 타협을 하는 경우가 있어요.

예를 들면, 영어 버전으로 한 번 보면 우리말 버전을 세 번 보게 해준다거나, 아이의 고집을 못 꺾어 결국 한글 자막 버전으로 보여주는 거예요. 이때 한글을 못 읽는 아이는 상관없지만 한글을 읽을 줄 아는 아이들은 자막이 눈에 들어오는 순간 절대 영어에 귀를 기울이지 않아요. 그러니 약간의 거부감과 짜증을 보이더라도 단호하게 반응해야 해요. 그래야 아이도 더 이상 짜증을 내거나 한글 자막을 요구하지 않아요.

DVD로 영어를 보여주고 들려주는 흘려듣기를 할 거라면 무조건 영어로 들려주고 보여주면서 언어 상상력을 키워주는 것이 확실히 유리해요. 처음에는 못 알아듣는 말을 들어서 무슨 도움이 될까 싶겠지만 소리 노출이 꾸준히 지속되면 아이들만의 언어 습득 장치가 훌륭하게 작동한답니다. 그저 쉽고 재미있는 상상 가능한 스토리를 들려주고 보여주는 것만으로도 언어 감각을 키워줄 수 있어요.

또, 영어 자막은 어떤가 궁금해하는 분도 많은데요. 사실 속도감 있는 영어 자막을 읽을 정도로 영어 리딩이 익숙한 아이는 의외로 많지 않아요. 그러니 영어 자막을 굳이 가리거나 보지 마라 할 필요가 없어요. 일부 아이들은 영어 자막을 읽으면서 속독하는 습관이 생긴다고도 하니 굳이 막을 일이 아닌 거죠.

제가 얼마 전 구글에서 발견한 자료가 있어요. 자막이 있는 TV쇼를 본 아이들이 어휘력과 읽기 능력에 있어 많은 발전을 보였다는 연구 결과였죠. 영어 자막이 있는 영상을 보는 우리 아이들에게도 긍정적 효과가 있다는 뜻으로 해석할 수 있겠죠. 물론 자막 없는 영상을 보고 내용을 이해하는 아이는 이미 훌륭한 실력을 갖춘 것이니 자막의 유무가 무의미하겠고요.

스마트폰 영상 노출에 대하여

요즘은 정말 아기 때부터 스마트폰에 노출된 경우가 많지요. 식당이나 카페만 가도 스마트폰을 보면서 밥을 먹거나 영상에 눈을 고정한 채 얌전하게 있는 아이를 만나는 일이 비일비재해요. 물론 엄마 아빠도 쉬는 시간, 편하게 밥 먹을 시간이 필요하니까 잠깐씩 아이에게 영상을 보여주는 것은 어쩔 수 없을지도 몰라요. 하지만 아이 손에 스마트폰을 쥐어주는 시간은 늦으면 늦을수록 좋고 적으면 적을수록 좋아요.

요즘은 집 안에 TV를 없애거나 TV가 있어도 안 틀어주는 가정이 많지요. 아무래도 어릴수록 영상 노출이 안 좋다고 생각해서 그럴 거예요. 그런데 TV를 없앨 만큼 영상 노출에 예민한 부모도 손바닥만 한 스마트폰은 오히려 아이들에게 자주 허용하는 경우가 많아요. TV는 보지 않지만 스마트폰을 장시간 보고 있다면 과연 좋은 환경일까요?

스마트폰은 TV보다 아이들에게 더 많은 악영향을 끼친답니다. 너무 작은 화면에 집중하다 보니 시력이 나빠지는 것은 물론, 한참 성장할 시기의 아이들이 구부정한 자세로 스마트폰을 들여다보느라 거북목이나 허리 협착증을 앓기도 하죠.

짧은 시간 스마트폰으로 영상을 보는 것은 별 무리가 없을 거예요. 하지만 영어나 교육용 영상을 시청할 때는 차라리 TV를 이용해주세요. 화면도 크고, 음질도 훨씬 좋고, 편하게 앉아서 볼 수 있으니까 아이들 건강에도 더 낫고, 집중해서 듣기에도 좋아요. 유튜브 영상도 TV에 연결해서 볼 수 있고, 스마트 TV라면 리모컨 작동으로 얼마든지 가능하답니다.

흘려듣기는 언제, 얼마나 하면 좋을까?

흘려듣기는 말 그대로 일상생활을 하면서 무심히 흘려들을 수 있도록 아무 때나 해주면 되지만, 그런 흘려듣기조차 잠시 멈춰야 할 때가 있어요. 바로 아이가 무언가에 집중해야 할 때죠. 예를 들어 과제를 하거나 암기를 해야 할 때, 수학 문제집을 풀고 있을 때 등 집중력이 필요한 시간에는 흘려듣기가 오히려 아이의 몰입을 방해할 수 있어요.

또한 하루에 몇 시간씩 흘려듣기를 하는 게 좋은지 묻는 분들이 많아요. 아이가 태어나 말 한마디 하기까지 대략 1년쯤 시간이 걸려요. 즉 노출된 시간을 하루 8시간 정도를 기준으로 계산했을 때 약 2,920시간이 걸리는 셈이에요. 아이들에게 영어 듣기를 해줄 수 있는 시간을 평균 하루 3시간으로 했을 때, 2~3년 정도가 지나고 나서야 자연스러운 발화가 터질 수 있다는 결론이 나와요.

하지만 어린아이들의 언어뇌는 아주 유연하고 습득력이 좋아서 흘려듣기를 몇 개월만 꾸준하게 해도 효과가 나타날 수 있답니다. 영어를 알아듣는 귀가 트이고, 상황에서 의미를 유추하고 파악하는 힘이 생기고, 무엇보다 들은 만큼 발음이 좋아집니다. 그리고 마침내 자신도 모르게 많은 영어 표현들을 익히고 구사하게 되죠.

아이마다 발화하는 시기가 조금씩 차이가 있다는 것은 분명해요. 하지만 어려서 일찍 시작하는 아이들은 조금 더 여유롭게 접근할 수 있고, 늦게 시작한 아이들은 시간 확보가 조금 어려울 수도 있어요. 초등학교 저학년까지는 그래도 아이의 하루 스케줄에 시간적 여유가 있어서 영어를 위해 시간을 낼 수 있어요. 하지만 초등 고학년으로 올라가면 영어 한 과목에만 3시간을 투자한다는 게 어려워지기도 하죠.

그래서 저는 부모도 아이도 시간적 압박을 받기 전에, 조금이라도 더 여유로울 때 영어 환경을 만들어줘야 한다고 적극 권하고 있어요. 물론 성취 욕구가 강한 아이는 늦게 시작해도 누구보다 빠르게 흡수가 가능할 수도 있어요. 하지만 시간과 성적에 연연하지 않아도 되는 영유아 시기에 영어 노출을 늘리는 게 가장 이상적이랍니다.

Maisy 시리즈
Caillou 시리즈
Barney&friends 시리즈
Thomas&friends 시리즈

• 귀여운 생쥐 메이지가 일상 속에서 겪는 일화를 담고 있어요. 보드북과 팝업북은 물론 DVD도 출시되어 있죠. 자극적이지 않은 따뜻한 영상으로 어린아이들이 보기에 좋아요.
• 세계적으로 유명한 유아물 시리즈예요. 동명의 베스트셀러를 원작으로 제작되었죠. 귀여운 까이유가 아기 때부터 겪는 일들을 비롯해 동생이 태어나면서 벌어지는 다양한 에피소드를 담고 있어요.
• 보라색 공룡 바니가 주인공으로 나오고, 이야기와 노래로 이끌어가는 뮤지컬 형식의 영상물이에요. 노래를 통해 재미있게 영어를 배울 수 있는 교육용 DVD예요.
• 주인공인 토마스를 비롯한 꼬마 기관차 친구들이 소도어 섬에서 겪는 다양한 에피소드를 담고 있어요. 기차를 좋아하는 아이들에게 특히 인기가 많아요.

Max&Ruby 시리즈
Timothy goes to school 시리즈
Bob the builder 시리즈
Little Einsteins 시리즈

- 맥스와 루비라는 토끼 남매 이야기예요. 누나 루비와 동생 맥스가 일으키는 엉뚱한 사건들을 보고 있으면 절로 웃음이 나온답니다. 특히 오프닝 음악은 한 번만 들어도 흥얼흥얼 따라 부를 정도로 중독성이 있어요.
- 유치원에 갈 무렵의 어린아이가 겪는 일화들을 담고 있어요. 친구 사귀기나 유치원에서 겪는 일들을 통해 아이들이 친근하게 영어를 접할 수 있는 영상물이에요.
- 로스앤젤레스타임스에서 '꼭 봐야 하는 어린이 DVD'에 선정된 작품으로, BBC에서 제작되었어요. 아이들이 좋아하는 포크레인, 불도저, 덤프트럭 등 다양한 중장비들을 의인화한 작품이에요.
- 초등학교 입학 전 아이들에게 다양한 감각을 기를 수 있도록 한 교육 애니메이션이에요. 빨간 로켓을 타고 전 세계를 여행하며 음악과 예술을 즐겁고 재미있게 배울 수 있어요.

Peppa Pig 시리즈
BaBar: king of the elephants 시리즈
Wonder pets 시리즈
Barenstain bears 시리즈

- 페파 피그 시리즈는 귀여운 아기 돼지 가족의 따뜻한 이야기로, 아이들이 올바른 생활습관을 기를 수 있도록 도와줘요. DVD는 영국과 미국 버전 두 가지가 있어요.

- 어릴 적 사냥꾼에게 엄마를 잃고 도시로 도망쳐 온 코끼리가 한 부유한 부인을 만나 인간의 생활에 대해 배우는 내용이에요. 성장한 후 다시 고향으로 돌아가 코끼리들에게 인간처럼 사는 법을 가르치고 왕이 돼요. 아이에게 생활 습관을 알려주기 좋아요.
- 위험에 처한 동물들을 돕는 구조대 이야기예요. 초등학교 교실에 사는 기니피그, 거북이, 새끼오리가 전화를 받고 어려움에 빠진 동물들을 구조하러 가죠. 대부분의 대화가 노래로 되어 있어 아이들이 따라 부르기 좋아요.
- 곰 가족이 겪는 에피소드들을 담고 있어요. 우리나라뿐 아니라 전 세계 50여 개국 TV에서 방영되었으며 감동적이고 유쾌하게 가족의 일상을 그려냈어요.

Chloe's closet 시리즈
Little princess 시리즈
Olivia 시리즈
Super why 시리즈

- 호기심 넘치는 소녀 클로이가 요술 옷장을 통해 신비한 세상으로 여행을 떠난다는 내용이에요. 클로이가 예쁜 옷을 입고 변신하는 장면에서 나오는 곡이나 주제곡이 쉬워 아이들이 따라 부르기 좋아요.
- 세계적인 베스트셀러 작가인 토니 로스의 작품을 원작으로 한 애니메이션이에요. 《학교 안 갈 거야》나 《왜요?》 등 이미 번역된 책들을 만날 수 있죠. 따뜻한 색감과 귀여운 주인공으로 아이들이 좋아해요. 호기심이 많아 엉뚱한 생각도 하고, 고집을 피우고 말썽도 부리는 '리틀 프린세스'를 통해 다양한 감정들을 느끼고, 배우는 교육용 영상물이에요.
- 칼데콧 상을 수상한 이안 포크너 작가의 책을 원작으로 만든 애니메이션이에요. 똑똑하고 사랑스러운 꼬마 돼지 올리비아가 보여주는 멋진 상상과 유쾌한 하루가 펼쳐집니다.
- 우리나라를 비롯해 미국, 캐나다 등 국내외 교육 방송에서 인정받은 교육용 애니메이션이에요. 캐릭터 자체가 알파벳 음가를 익히게 해주고, 알파벳 조합으로 단어를 익히게 해주는 등 미취학 아이들이 영어 공부를 시작하기에 정말 좋아요.

Go Diago go! 시리즈
Pororo 시리즈
Charlie and Lola 시리즈
Doc McStuffins 시리즈

- 미국에서 '2008 Parents' Choice Award!'를 받았어요. 주인공 디에고와 누나 알리시아가 동물을 구하는 과정이 재미있게 그려져요. 노래가 따라 부르기 쉽고, 주요 발음을 반복해주기도 해서 영어를 처음 시작하는 아이들에게 보여주기 좋아요.
- 우리나라에서 제작된 뽀로로는 지금까지 방영되고 있어요. 아이들이 흠뻑 빠져드는 뽀로로를 영어로 보여줄 수 있다는 사실이 흐뭇하죠. 아이들이 접하는 일상 속 언어들을 쉬운 문장으로 반복해서 들려주니 교육 효과가 좋아요.
- 《난 토마토 절대 안 먹어》로 유명한 로렌 차일드 작가의 작품을 원작으로 한 애니메이션이에요. 전 세계 120여 개국 TV에서 방영될 정도로 유명한 시리즈랍니다. 상상력이 풍부한 찰리와 롤라 남매의 일상을 통해 영국 현지 아이들이 사용하는 영어를 배울 수 있어요.
- 고장 나서 아파하는 장난감들을 고치는 귀엽고 사랑스러운 꼬마 의사 이야기예요. 아이들이 하나씩은 가지고 있을 장난감들이 등장해 더욱 친근하게 영어를 접할 수 있는 애니메이션이에요.

추천 유튜브 채널

수학/과학 유튜브 채널

Khan Academy Kids

★　엄마표 영어 육아에 유용한 콘텐츠가 풍성하고, 모든 콘텐츠 이용이 무료예요. 중간에 슈퍼심플송도 나오고 문제도 풀 수 있어요. 아이 수준에 맞게 나이만 설정해주면 다양한 놀이를 통해 영어를 익힐 수 있어요.

SciShow Kids

★　과학 관련 무료 유튜브 사이트예요. 한 편당 4~5분가량의 영상물로, 초등 저학년 눈높이에 맞추어 흥미롭게 만들었어요. 생물, 지구과학, 컴퓨터 등 다양한 주제를 다루고 있는 교육 콘텐츠랍니다.

Kurzgesagt
−In a Nutshell

★　전 세계적으로 1,300만 명의 구독자를 자랑하는 과학, 역사 관련 교육 애니메이션이에요. 독일에서 제작하지만 언어는 영어를 사용하고 있어요.

Science Max
Experiments At Large!

★　시즌 13까지 나온 인기 프로그램이에요. 4세 이상의 아이들을 대상으로, 과학 실험을 통해 중력, 탄력성, 마찰 등을 알게 해주는 흥미롭고 유익한 과학 교육 콘텐츠예요.

TheSpanglerEffect

★ 유튜브의 인기 있는 과학 채널이에요. 물리나 화학 관련 실험을 직접 진행하면서 일상생활에서 발견할 수 있는 과학 원리를 알기 쉽게 설명해주는 교육 콘텐츠예요.

National Geographic

★ 많이들 알고 있는 내셔널그래픽을 유튜브로 볼 수 있어요. 우리 주변에서 볼 수 있는 동식물은 물론 색다른 동식물들을 영상으로 볼 수 있어 아이들이 더욱 빠져드는 교육 콘텐츠랍니다.

BBC Documentaries

★ BBC 다큐멘터리는 이미 그 우수성이 널리 알려져 있죠. 오랜 시간 공들여 자료를 수집하고 촬영하여 만든 작품들이니까요. 역사부터 자연, 환경, 사회문제까지 다양한 주제를 폭넓게 다루고 있어요. 홈페이지는 물론 유튜브로도 볼 수 있습니다.

Discovery

★ 미국의 대표적인 다큐멘터리 채널이에요. 현재 국내에도 방영되고 있어 방송으로 시청해도 되고 유튜브로 봐도 돼요. 자연 관찰 관련 주제를 좋아하는 아이들에게 보여주기 좋아요.

동물/곤충 개인 채널

The Turtle Girl

★ 거북이를 키우는 소녀가 직접 콘텐츠를 올리는 유튜브 채널이에요. 거북이를 키우며 흔히 하는 실수부터 거북이를 어떻게 키워야 하는지 등을 알려주어 거북이를 처음 키우는 초보자들이 보면 좋아요. 또 느리지만 귀여운 거북이의 새로운 모습이 많아 아이들이 흥미롭게 봐요.

Planet Fishness

★ 어린 소년이 시장에서 판매되고 있는 물고기들을 구하려면 어떻게 해야 하는지, 물고기를 파는 것이 맞는지 생각하게 하기 위해 만든 유튜브 채널이에요. 병에 걸린 물고기를 어떻게 회복시킬지, 또 작은 물고기들을 위해 어떤 장치들이 필요한지 설명해주고 그 과정을 영상에 담아 올리고 있어요.

Brave Wilderness

★ 야생동물 전문가가 진행하는 유튜브 채널이에요. 총알개미 관련 동영상으로 유명하죠. 말벌, 세계에서 가장 빠른 도마뱀, 타란튤라 등 다양한 곤충과 동물을 만나볼 수 있어요.

Snake Discovery

★ 뱀에 관련된 주제만 전문적으로 다루는 유튜브 채널이에요. 뱀 부화시키기부터 먹이 주는 법, 각 뱀들을 관리하는 방법들에 대해서 나와요.

129

기타

TED-Ed

★　방대한 분야의 지식을 5분 정도의 동영상으로 강의해주는 채널이에요. 애니메이션보다 지식적인 면이 더 많아요. 환경과 지구, 경제, 인문 등 폭넓은 주제에 대해 재미있는 동영상으로 강의를 하고 있어 아이들이 집중력 있게 보기에 좋아요.

TED

★　TED는 미국의 비영리 재단에서 운영하는 강연회예요. 정기적으로 최신 지식이나 디자인, 환경, 경제 등 각종 주제로 강연회를 열어요. 최대 20분의 시간 안에 주제를 담아내기 때문에 집중력 있게 들을 수 있어요. 자신의 관심사에 맞는 강연을 찾아 더욱 효과적으로 영어를 공부할 수 있어요.

어린이 스토리 채널

성경 채널

Listener Kids
– Christian music

★ 귀여운 캐릭터들이 나와 찬송가를 부르는 유튜브 채널이에요. 귀여운 다람쥐와 토끼 캐릭터들이 나와서 성경에 대해 이야기해주거나 찬송가를 불러 줍니다.

The Beginners Bible

★ 어린이가 볼 수 있는 쉬운 영문 성경책으로 많이 알려져 있어요. 유튜브 채널로도 볼 수 있어 더욱 접근이 쉬워졌지요. 성경 내용을 애니메이션으로 만들어 쉽고 재미있게 이해할 수 있어요.

동화 채널

English Fairy Tales

★ 명작동화를 애니메이션으로 보여주는 유튜브 채널이에요. 공주나 요정 관련 내용이 많아요. 〈행복한 왕자〉, 〈장화 신은 고양이〉 등 다양한 고전을 재미있게 영어로 접할 수 있어 유용해요.

Fairy Tales and Stories for Kids

★ 아이들을 위한 다양한 이야기를 애니메이션으로 보여주는 유튜브 채널이에요. 아이들이 좋아할 만한 베드타임 스토리, 유명한 동물에 관련된 이야기, 고전 이야기 등이 있어요.

05

4단계:
집중 듣기

　　들기의 1차 관문인 흘려듣기는 그나마 아이에게도, 부모에게도 심적 부담이 적은 편이에요. 그러나 집중 듣기는 흘려듣기에 비해 아이의 집중력이 많이 필요하고, 부모와 아이 사이에 신경전이 벌어질 수 있어요.

　　그래도 이 단계를 잘 거치면 아이들의 발음이 흘려듣기를 할 때보다 더 명확해지고, 리딩으로 이어지기도 쉬워요. 제가 운영하는 카페에서 함께 엄마표 영어를 진행하고 있는 엄마들도 집중 듣기를 가장 어려워해요. 하지만 그 과정이 지나고 나면 영어 실력이 쑥 자라 있다고 이야기하죠.

　　집중 듣기란 영어 음원을 들으면서 동시에 영어 원서를 눈으로 읽는 것을 말해요. 서서히 영어책 읽을 준비를 하면서 영어 소리 노출에 익숙해지기 위한 과정이죠. 준비물은 듣기를 할 책과 음원, 그리고 오디오 기기예요. 집중 듣기에 익숙하지 않은 아이는 소리를 들으며 딴 생각을 할 여지가 많기에 펜이나 작은 포인터 같은 것으로 짚어 가며 책의 내용을 오디오에 맞춰 듣는 게 효과적이랍니다.

집중 듣기를 하는 동안에는 아이 옆에 엄마도 함께하며 마음을 편하게 해주는 게 좋아요. 음원은 대부분 CD 형식으로 책에 딸려 오지만 챕터북이나 소설은 CD가 없을 때도 있어요. 그럴 때는 유튜브로 책 제목을 검색해보세요. 대부분 다양한 음원이 지원되고 있어 아이에게 들려줄 수 있답니다.

집중 듣기의 목적은 영어 리듬과 억양을 귀로 익히면서 눈으로는 영어 글자와 익숙해지는 거예요. 집중 듣기를 꾸준하게 진행한 아이들은 영어를 영어 자체로 이해하게 됩니다. 영어 언어 감각이 안정적으로 자리 잡기 때문이죠. 영어를 우리말 해석 단계를 거치지 않고 읽는 대로 이해할 수 있게 되는 거예요. 이 과정을 거치면서 아이는 자연스럽게 오디오 도움 없이 영어로 된 책을 읽는, 독립적인 리딩 단계로 넘어가게 돼요.

이렇게 장점이 많은 집중 듣기이지만 익숙해지기 전까지는 아이들이 많이 어려워해요. 흘려듣기는 영상을 보거나 영어 오디오를 듣기만 해도 돼 많은 에너지를 소비하지 않아도 되지만 집중 듣기는 한자리에 앉아 책과 소리에 집중해야 하기 때문이죠. 어린아이들은 집중 듣기를 5분만 해도 굉장히 힘들어합니다.

그렇다면 집중 듣기 과정이 모든 아이들에게 필요할까요? 집중 듣기를 하면 좋지만 어릴 때부터 흘려듣기에 오랜 시간 노출돼서 듣는 귀가 잘 발달된 아이들이라면 집중 듣기를 꼭 하지 않아도 돼요. 굳이 집중 듣기를 하지 않아도 영어가 모국어만큼 들리기 때문에 이 과정이 필요가 없는 거죠. 물론 외국에서 태어났거나 장기간 거주한 아이들도 굳이 집중 듣기 과정을 거치지 않아도 됩니다.

가령, 저희 첫째 우성이는 집중 듣기가 필요 없었어요. 5세를 넘어가면서 짧은 단어를 하나씩 읽더니 어느 순간 스스로 리딩을 하게 되어 집중 듣기 과정 없이 바로 리딩으로 넘어갔어요. 아마도 어릴 때부터 흘려듣기를 차고 넘치게 해왔기 때문이겠죠. 아기 때부터 저와 함께 수많은 그림책을 읽으며 알파벳과 소리를 자연스럽게 익힌 터였고, 매일매일 흘려듣기로 수많은 영어 소리가 쌓여 문장이 머릿속에 입력돼 있었기에 집중 듣기 과정 없이 바로 스스로 책을 읽는 리딩 단계로 넘어갈 수 있었어요.

집중 듣기는 시작이 중요하다

이처럼 집중 듣기를 뛰어넘어 바로 리딩을 해도 되는 아이가 있는가 하면, 집중 듣기를 잠시 유보해야 할 아이도 있어요. 집중력이 약한 초등학교 입학 전의 어린아이들에게 집중 듣기는 너무 힘든 시간이 될 수 있어요.

부모의 잘못된 판단으로 아직 준비가 안 된 어린아이에게 억지로 집중 듣기를 시키려고 하다가 오히려 영어 거부감이 발생하는 경우도 많아요. 그러니 미취학 아동과 초등학교 저학년 아이들에게는 굳이 집중 듣기로 스트레스 주지 마세요.

저희 둘째 승희는 엄마가 책을 읽어주는 것도 좋아하고, 흘려듣기도 매우 좋아했어요. 반면 한글을 비롯해 글자에 대한 감각이 느려서 초등학교에 입학하고 나서야 집중 듣기를 하고 있죠. 아무리 좋은 학습 방법이라도 아이가 받아들일 준비가 되지 않은 상태에서는 역효과를 낼 수 있어요. 천천히 접근시키고, 아이가 스스로 흥미를 보일 때까지 기다리다가 시작하는 게 중요해요.

집중 듣기를 시작했다고 해도 처음부터 무리하지 않는 게 좋아요. 아이마다 특성과 기질이 다르기 때문에 자기 아이에 맞게 시작하는 게 좋아요. 저희 둘째 아이도 오디오를 통한 집중 듣기는 하루 10여 분 정도로 짧게 하고, 엄마나 아빠와 함께 책 읽는 시간을 늘렸어요. 이렇게 조금씩 하고 있는데도 영어 리딩은 생각보다 빠른 속도로 향상되고 있답니다. 이 또한 첫째와 마찬가지로 아기 때부터 흘려듣기로 영어에 노출이 많이 되었기에 가능한 일이겠지요.

시작 시기는 아이마다 다르다

집중 듣기는 보통 초등학교 1학년 이상의 아이들, 즉 책상에 앉아서 지루한 시간을 견딜 수 있고(물론 익숙해지면 오히려 재미있어 해요) 집중 듣기가 왜 필요한지 스스로 이해할 수 있는 시기부터 시작하는 게 수월해요.

하지만 꼭 나이만으로 판단하기에는 무리가 있죠. 한글을 이미 습득했고, 책에 대한 호기심과 궁금증이 많고, 기본적인 영어 어휘를 대충 눈으로 유추할 정도가 된다면 집중 듣기를 도전해도 좋아요. 반면 한글도 어려워하고 책에 관심이 없거나, 영어 노출 경험이 많지 않고 모국어 어휘도 부족한 경우에는 집중 듣기보다 흘려듣기 시간을 더 늘려주세요. 이 모든 과정을 아주 천천히 여유 있게 시작하는 것이 중요합니다.

7분으로 시작해 5분씩 늘려가자

집중 듣기는 한 번에 얼마나 하는 것이 좋을까요? 엉덩이를 붙이고 앉아 있는 습관이 든 아이일지라도 소리에 집중해 눈으로 글자를 따라가는 건 생각보다 상당히 어렵고 피곤한 일이에요. 그렇기에 익숙해질 때까지 시간을 서서히 늘려가는 것이 좋아요.

첫 시작은 7분 정도가 적당해요. 7분을 시작으로 서서히 1~2주일 후 10분, 그다음에는 15분으로 시간을 늘려가세요. 아이가 듣고 보는 게 편안해질 수 있도록 시간을 최대한 주는 것이 아주 중요해요. 처음부터 너무 큰 목표를 가지고 아이와 신경전을 벌이는 것보다 그저 아이가 자리에 앉아서 듣는 시늉을 하는 것만으로도 기특하다는 생각으로 시작하세요. 이런 짧은 시간이 쌓이고 쌓여야 집중 듣기에 익숙해집니다.

이때 부모는 아이가 재미를 느낄 수 있는 책이 무엇일지 고민하는 게 필요해요. 이 시기에 아이들은 정말 다양한 분야의 책을 읽을 수 있기 때문이에요. 무작정 기다리느라, 아이가 잘하고 있는 건가 조바심이 나서 안개 속을 걷는 듯이 답답함을 느낄 때도 있을 거예요. 하지만 그 시간 동안 부모도 인내하며 무한한 신뢰와 사랑을 주면 아이는 해내고 맙니다. 그러니 아이를 믿고 부모가 해줄 수 있는 것이 무엇인지 고민하는 시간을 가져보세요. 아마 세상에서 가장 현명한 부모가 되어 있을 거예요.

챕터북과 이지 리딩북을 활용하자

집중 듣기 도서는 무엇이든 가능하지만 '챕터북'이나 '이지 리딩북'이 효과적이에요. 챕터북은 그림이 거의 없고 글자가 많은 책으로 그림책에서 소설책으로 가는 중간다리 역할을 해요. 이지 리딩북은 책 읽기를 시작하는 아이들을 위한 읽기 연습용 책으로 챕터북보다 글자가 적고 그림도 드문드문 보이는 책을 말해요.

내용이 너무 짧은 도서들, 리딩북 가운데 쉽고 간단한 문장 1~2줄로 구성된 책은 군이 집중 듣기용으로 활용하기보다는 부모가 아이에게 읽어주고 오디오로 흘려듣기 해주는 편이 나아요.

리딩북이나 챕터북 중 조금 더 스토리가 있는 책 중으로 고르되 성우의 목소리가 또렷하게 들리는 것으로 시작하면 좋아요. 영어 소리 자체로만 집중해야 하는데, 내용 외에 다른 효과음들이 많다면 아무래도 집중력이 떨어질 테니까요. 책을 고를 때에는 반드시 부모가 미리 한 번 들어보세요.

반복을 강요할 필요는 없다

집중 듣기와 흘려듣기가 다른 점이 또 하나 있는데, 굳이 반복하려고 하지 않아도 된다는 거예요. 흘려듣기는 영어 소리에 익숙해지게 하기 위한 것으로, 아이가 거부하지 않는 범위 내에서 반복하면 반복할수록 좋아요.

그러나 집중 듣기는 소리를 듣게 함과 더불어 리딩 단계로 가기 전, 다양한 스토리를 듣고 읽게 해서 책에 흥미를 붙이려는 의도도 있기 때문에 아이가 원하지 않는다면 같은 내용을 반복적으로 읽게 할 필요가 없어요. 집중해서 듣는 것 자체로도 에너지 소비가 상당한데, 같은 내용을 반복해서 듣는 것은 지루하고 따분할 수 있기 때문이에요. 아이가 원하지 않는다면 반복을 강요하지 마세요. 반복해서 들었으면 하는 책이나 스토리가 있다면 아이가 집중 듣기를 한 뒤, 들었던 부분을 흘려듣기 해주는 정도로 대체해주시면 돼요.

집중 듣기를 잘하는 아이들은 소설류로 넘어가서 혼자 한두 시간은 훌쩍 집중하는 경우도 있어요. 이런 아이들은 스스로 리딩할 수 있는 실력이 되는 경우가 많아요. 혼자 책을 읽고 싶어 할 때는 그냥 자연스럽게 다음 단계로 넘어가게 해줘도 돼요. 집중 듣기의 목적은 혼자서 원서를 읽는 리딩 단계로 가는 중간다리 역할이니까요.

집중 듣기를 할 때 주의사항

집중 듣기에는 몇 가지 주의사항이 있어요. 사소한 것처럼 보이지만 이를 지키느냐 아니냐에 따라 아이가 집중 듣기를 즐겁게 할 수도, 영어를 포기하게 될 수도 있어요. 그러니 부모가 적정선을 지키는 게 무엇보다 중요해요.

1. 의미나 해석에 신경 쓰지 않기

집중 듣기를 하면서 부모는 습관적으로 아이에게 내용을 해석해주려고 하는 경우가 많아요. 내용을 확실히 알아야 아이의 영어 실력이 늘 것 같다는 강박 때문에요. 하지만 집중 듣기는 글자를 눈으로 보면서 소리의 흐름대로 맞춰 가기만 하면 돼요. 굳이 의미나 내용에 신경 쓰지 않고 눈과 귀가 협응해 독서하도록 놔두면 되는 거예요. 아는 단어만 찾을 필요도 없고 모르는 단어가 있다고 신경 쓰지 않아도 돼요. 그저 소리의 흐름대로 눈으로 따라가서 읽기만 하면 된다는 것을 잊지 마세요.

2. 반복 학습 강요하지 않기

반복해서 들려주면 아이가 문장을 외울까 하는 욕심에 아이가 원하지 않고 지루해하는데도 반복적으로 노출시키지 마세요. 집중 듣기의 목적은 문장 외우기가 아니에요. 집중 듣기를 할 때 반복은 아이가 원할 때만 해주시고, 듣고 있는 동안 최대한 재미있게 들을 수 있도록 도와주세요.

3. 리딩 레벨에 연연하지 않기

아이에게 내용을 다 이해시키려는 욕심으로 매번 쉬운 것만 골라 듣게 하는 것보다 아이가 좋아하는 주제나 아이의 정서에 맞는 책을 골라 들려주세요.

반대로 아이의 취향과 나이는 고려하지 않고 무조건 어려운 책을 고르는 것도 좋지 않아요. 리딩 레벨이나 또래들이 보는 유행 도서와 상관없이 아이가 좋아하는 주제에 맞춰서 듣게 해주세요.

4. 너무 긴 시간 시키지 않기

집중 듣기는 아이가 스스로 더 듣고 싶어 하는 경우를 제외하고 30~40분 정도가 적당해요. 특히 저학년 아이들은 재미가 있더라도 30분을 집중하기 어려워요. 만약 잘해낸다면 집중력이 매우 높은 거예요. 그러니 너무 긴 시간 집중 듣기를 계속 시키지 마세요. 영어 자체를 지루해하고 흥미를 잃는 역효과를 낼 수도 있답니다.

영어 듣기를 안 하던 집은 쉽고 간단하게 보이는 영어 CD를 활용하는 것에도 부담을
느끼기도 해요. 아이가 과연 들을 수는 있을까? 혹은 언제 듣기를 해줘야 하는지 타이
밍에 대한 감도 전혀 못 잡는 경우가 있죠. 뭐부터 해야 할지, 언제 해야 할지 몰라 헤매
는 누군가를 위해 흘려듣기에 대한 아주 간단한 팁을 줄까 해요.

● **기상 시간과 취침 시간을 적극 활용하세요**

최고 쉬운 팁은 바로 아침에 눈 뜨자마자 영어 소리를 들을 수 있도록 하고, 영어를 들으며
잠들 수 있도록 하는 거예요. 일반적으로 기상 시간 즈음에는 외부 자극이 별로 없기 때문에
조용하게 영어 오디오 혹은 영어 영상을 틀어놔도 아이들이 별다른 반응 없이 아침마다 하
던 일상 활동(아침 먹기, 양치하기, 옷 갈아입기 등)을 하게 돼요.

그리고 밤에는 베드타임 스토리로 한글 책과 영어책을 읽어준 후 잠자리에 들 때 불을 끄고
오디오로 30~40분 정도 들려주면 좋아요. 이때 스토리는 잔잔한 것이 좋고, 마더구스처럼
조용하고 포근한 영어 동요도 좋아요. 아이가 무방비 상태인 아침과 밤 시간을 활용해 영어
노출에 익숙해지게 만드는 거예요.

● **8세 이상이라면 노출 시간을 늘리는 데 집중하세요**

아이가 8세 이상인데 유치원이나 기관에서 접한 기본 영어 외에는 이제껏 영어를 안 해왔고
다른 노출은 없었다고 한다면 이것조차 힘들 수가 있어요. 게다가 영어를 제대로 배워본 적
도 없으면서 지레짐작 싫어하거나 어려워하는 아이도 있을 수 있죠. 이런 아이들에게는 간단
한 미션을 주는 게 좋아요. 그 미션은 바로 '많이 듣기'죠. 무엇을 배우거나 하는 것에 무조건
심리적 부담을 느끼는 아이들이라면 엄마가 자세히 설명해주어야 해요.

엄마의 욕심은 뒤로 하고 아이와 많은 이야기를 나눠보세요. 아이에게 영어의 필요성을 잘
설명해주고 "영어를 아예 안 할 수는 없으니 그나마 제일 부담이 없는 것을 골라서 해보자"
라고 다독여주세요. 집에서 엄마와 함께하는 것이지만 규칙은 있고, 가끔 지치기도 하겠지만
믿고 따라와 달라고 말해주시고요. 또한 다른 일들은 조금 미루더라도 매일 반드시 해야 할
것이 '영어 듣기'라는 것을 강조해서 알려주고, 조금씩 꾸준하게 영어 소리 쌓기가 되도록 환
경을 만들어주면 됩니다.

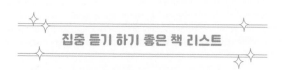

집중 듣기 하기 좋은 책 리스트

집중 듣기는 오디오에 맞춰 눈으로 따라가며 읽는 적응 기간이 필요해요. 그림책으로 시작하는 경우도 있지만 짧고 얇은 리더스북으로 시작해 챕터북, 그리고 두꺼운 소설로 넘어가는 것이 보편적인 순서랍니다.

Learn to Read-level 1~2
Step into Reading-step 1~3
Scholastic Hello Reader-level 1~3
Oxford Reading Tree-level 1~6

- 단순한 문장을 반복해줘요. 레벨 1, 2만 해도 아이들의 영어 읽기에 큰 도움을 주는 책이에요. 활동지, 리딩 차트까지 있어서 아이들과 진도를 맞춰서 읽기를 할 수 있어요.
- 아이들이 좋아할 다양한 캐릭터가 등장하고, 실생활에서 많이 사용하는 영어가 나와요. 한 권의 분량이 아이들이 싫증내지 않고 읽기 적당하고, 스토리가 흥미진진해 재미있게 읽을 수 있어요.
- 픽처북 느낌이 나는 책들이에요. 책 읽기를 막 시작하는 아이들을 위한 첫 단계이기 때문에 단어나 문장이 쉬워서 아이들이 문장을 읽는 데 도움이 돼요. 책과 오디오 CD, 워크북이 함께 있어 읽기, 쓰기, 말하기를 자연스럽게 읽힐 수 있어요.
- 책과 오디오 CD가 함께 구성되어 있어요. 읽기를 시작하는 아이들에게 수준별 학습이 가능한 시리즈로 우리나라에도 'Oxford Reading Tree'의 약자 'ORT'로도 잘 알려져 있어요. 홈페이지에 들어가면 연령별 수준에 맞는 책을 고를 수 있고, 워크시트도 출력해서 활용할 수 있어요.

An I Can Read Book - level 1~2   Arthur adventure 시리즈
Berenstain Bears 시리즈   Frog and Toad 시리즈

- 'An I Can Read 시리즈'는 칼데콧 등의 상을 받은 작가들의 글과 그림이 돋보이는 책들이에요. 모험, 추리, 역사, 소설 등 다양한 주제와 내용을 담고 있어요. 체계적으로 단계가 나뉘어 있어 아이의 수준별 영어 학습이 가능하답니다.
- 미국의 동화작가인 마크 브라운의 작품으로 'Arthur'라는 캐릭터가 일상생활 속에서 친구와 갈등을 겪고, 모험하는 이야기를 담은 책이에요. 미국에서만 6,500만 권 이상의 책이 팔렸고, TV 프로그램은 80여 개국에서 방영될 정도로 인기를 누린 시리즈예요.
- 칼데콧 상을 받은 작품을 비롯해 많은 유명 작가들의 작품으로 구성되어 있죠. 아이들에게 친근한 이미지인 베렌스타인 곰 가족이 겪는 다양한 일상생활 속에서 겪는 에피소드들을 담고 있어 아이들이 좋아해요.
- 조금은 오래된 책이지만 지금 읽어도 내용이 유익하고 재미있어요. 엉뚱하지만 사랑스러운 두꺼비와 개구리의 우정을 그린 이야기로, 읽으면 마음이 따뜻해진답니다.

Mercy Watson 시리즈   Oxford Reading Tree - level 7~11
Nate the Great 시리즈   Magic tree house 시리즈
Ivy+Bean 시리즈

- 시리즈가 총 6권으로 얼리 챕터북으로 읽기 좋은 책이에요. 먹는 것에만 관심 있는 귀여운 돼지가 돼지를 싫어하는 이웃 아주머니를 도와 도둑을 잡는 등 좌충우돌 유쾌한 에피소드들로 이루어져 있어요. 색감이 화려하고 깨끗해서 아이들이 좋아해요.

- 수준이 높아진 단계로 복문도 나오고 시제도 다양하게 나와요. 역사적인 이야기는 물론 위기 상황이 발생했을 때의 대처법, 상상력이 풍부해지는 이야기 등 아이들 수준이 높아질수록 책 수준도 높아지고 주제도 다양해져요.
- 리더스북에서 챕터북으로 넘어가는 시기에 많이 읽는 시리즈로 스토리가 꽤 길어요. 하지만 문장이 반복되어 나오기 때문에 읽다 보면 스토리에 푹 빠지게 된답니다. 'Nate'라는 남자아이가 자신을 탐정이라고 생각하며 주변에서 일어나는 일들을 해결하기 위해 동분서주하는 과정을 그린 탐정물이에요.
- 마법의 시간 여행을 주제로 한 책이 예요. 집 근처 숲에서 우연히 'tree house'를 발견하고 그곳에 펼쳐져 있는 책을 통해 시간 탐험을 하면서 'Magic tree house'의 비밀을 밝힌다는 내용이에요.
- 성격과 취향이 다른 두 친구 이야기예요. 장난기 많고 활발한 Bean과 내성적이고 조용한 Ivy가 친해지는 과정, Bean이 4살 차이 나는 언니 Nancy와 서로 싸우는 내용 등 또래의 아이라면 감정 이입하며 재미있게 읽을 수 있는 시리즈예요.

Junie B. Jones 시리즈
Franny K. Stein 시리즈
Geronimo Stilton 시리즈

Judy Moody 시리즈
The Zack Flies 시리즈

- 한 명랑한 소녀가 유치원에서부터 초등학교에 입학하면서 겪는 다양한 에피소드를 담고 있어요. 주인공이 쾌활하고 털털한 성격이라 남자아이들도 재미있게 빠져들어요.
- 전 세계 20여 개국에서 출간될 정도로 유명한 책이에요. 사춘기 무렵의 소녀에 대한 이야기로, 변덕이 심한 주인공이 겪는 에피소드를 담고 있어요. 솔직한 주인공이 일상생활 속에서 겪는 감정과 생각들이 자세하게 묘사되어 아이들과 공감대를 형성해요.
- 표지만 봐도 괴짜처럼 보이는 소녀 이야기라는 것을 짐작할 수 있죠. 천재 과학자인 'Franny'가 유쾌하고 조금은 위험한 듯한 상상력으로 실험을 하면서 겪는 에피소드들을 담고 있어요.
- 미국 선생님들이 선정한 필독서이자, 현지 아이들이 가장 많이 읽는 챕터북 중 하나예요. 주인공이 겪는 기상천외한 이야기를 통해 다양한 어휘들을 습득할 수 있어요. 그림이 익살

스럽고 남자아이들이 좋아할 만한 내용들이 가득해요.
- 이탈리아 작품인데 영어를 비롯해 전 세계 42개국에서 번역되고 TV 애니메이션으로도 제작되어 100여 개 나라에서 방영되고 있는 인기 시리즈예요. 신문 편집장인 제로니모가 펼치는 신나는 모험 이야기죠. 세계의 다양한 문화를 비롯해 세계 7대 불가사의 등 흥미진진한 이야기가 가득한 챕터북이랍니다.

Captain Underpants 시리즈
Wayside School 시리즈
Diary of a Wimpy Kid 시리즈
Percy Jackson and the Olympians 시리즈
Harry Potter 시리즈

- 스콜라스틱 출판사에서 출간된 유명한 시리즈로, 팬티만 입은 채 윗옷으로 망토를 만들어 걸친 주인공이 겪는 모험과 스릴을 담고 있어요.
- 뉴베리 수상작인 《Holes》, 《Redpost》를 쓴 작가 루이스 새커의 작품이에요. 일상에서 벌어지는 소소한 이야기이면서도 기괴하고 특이한 학교 에피소드를 담고 있어요.
- 주인공이 가족과 친구들 사이에서 겪는 별의별 이야기들을 익살스럽게 일기 형식으로 풀어놓은 시리즈예요. 주인공의 다양한 감정을 비롯해 일상에서 자주 사용하는 표현들이 많이 나와요.
- 그리스 신화를 바탕으로 한 판타지예요. 우리나라에도 《퍼시 잭슨과 올림포스의 신》이라는 제목으로 번역 출간되어 있어요. 해리포터 느낌으로 자신의 진정한 자아를 깨달으면서 새로운 세계에 가게 되고, 그곳에서 만난 또래 아이들과 교감을 나누며 결국 자신의 세계를 구한다는 내용이에요.
- 이 시리즈를 모르는 사람이 있을까요? 조앤 롤링이라는 무명 작가를 일약 스타덤에 올려준 작품이죠. 한 소년이 성장하면서 겪게 되는 다양한 일들을 '마법 학교'라는 판타지 세계에서 펼쳐지는 모험과 우정, 배신, 사랑으로 그려내고 있어요. 아이도 어른도 빠져들게 하는 매력 넘치는 작품이랍니다.

Part 4

★

영어 활용의 시작:
말하기

★

0
1
대화는
부모에게 배운다

아이들에게 영어 소리를 꾸준히 들려주다 보면 어느 순간 아이들이 영어로 말을 하는 순간이 찾아와요. 물론 아이들이 듣기를 얼마나 했느냐에 따라 그 시기가 달라지죠.

가장 좋은 발화는 귀가 익숙해져서 자연스럽게 입이 열리는 거예요. 아기 때부터 가정에서 늘 영어를 듣다가 한두 단어로 말하기 시작하는 게 제일 바람직하죠. 이때 아이에게 영어를 들려주는 사람은 아이와 가장 밀착된 시간을 보내는 부모예요. 대부분 주 양육자인 엄마가 아이의 첫 영어 대화 상대가 돼요.

이렇게 말씀드리면 거의 모든 부모가 스스로 영어를 잘 못한다고 생각하기 때문에 표정이 어두워지기 마련이에요. 그리고 영어로 입 한 번 떼는 게 얼마나 힘든데 아기에게 시키다니, 단번에 '난 못해!'

라고 생각했다는 분도 꽤 많았어요. 그런데 그렇게까지 걱정하지 않아도 돼요. 아이에게 현지인들이 구사하는 유창한 영어로 말을 걸라는 의미가 아니까요. 단지 'Hi'나 'Hello'처럼 쉬운 표현들을 아이들에게 반복해서 말해주라는 거예요.

저 또한 머릿속에 조각조각 맴도는 영어 단어를 입 밖으로 꺼내기가 너무 부담스러웠어요. 남편도 입시와 취업을 위해 영어를 공부한 사람이라 영어 시험 성적은 좋았지만 말을 하는 건 피하고 싶어 하더라고요. 그래도 남편은 아이와 대화하기 위해 많이 노력했어요. 아빠가 계속 어설프고 틀린 문장으로 말하니까 아이가 아빠 입을 막으며 "Stop talking in English, please."라고 속삭이더라고요. 아이의 진지한 표정에 우리는 웃음을 터뜨리고 말았죠. 영어 육아 초보 시절, 우리의 현실 영어 수준이 그랬답니다.

그러나 아이에게 영어 환경을 만들어주고, 영어를 언어로 인식시키기 위해 쉬운 유아 영어를 연습해서 매일 반복적으로 들려주었어요. 제가 어색한 발음으로 기초 영어를 사용하며 아이에게 꾸준히 말을 건 이유는, 영어가 '의사소통의 수단' 중 하나라는 사실을 자연스럽게 받아들이게 하기 위해서였어요.

영어를 못한다면 짧게 말하자

아이와 간단한 영어로 대화하기 위해 가장 먼저 한 일은 매일 하는 말들을 모아본 거예요. 장소와 상황 혹은 시간대에 따라 자주 하는 말들을 정리해 보니 150여 개 문장이 나오더군요. 숫자만 따지면 엄청 많아 보이지만 아이와 집에서 나누는 대화라 어렵고 복잡한 문장은 아니었어요.

"밥 먹자."   →   "Let's eat."

"맛있니?"   →   "Is it delicious?"

"씻자."   →   "Let's wash up."

"양치질하자."   →   "Let's brush your teeth."

"같이 놀까?"   →   "Shall we play together?"

이처럼 아주 일상적이고 단순한 말들이었어요. 다른 깊은 대화는 당연히 우리말로 했고요. 마음속 깊은 말들은 모국어로 섬세하게 나눠야 한다고 생각해요. 어차피 제가 아이와 영어로 대화하는 수준도 딱 거기까지였고요. 핵심은 일상적으로 활용할 수 있는 언어가 한국어 외에도 있다는 것을 어렸을 때부터 알게 해주고, 영어를 자유롭게 활용하는 환경을 만들어주는 것이니까요.

아마 제가 설정한 수준이 낮았기 때문에 부담 없이 단순한 문장 위주로 스스로 익히고 아이에게 말을 걸 수 있었던 것 같아요. 아이 역시 하고 싶은 말을 영어로도 할 수 있다는 사실을 알면 되었으니 매우 편하게 받아들였고요.

만약 제가 영어를 원어민처럼 하기를 바랐다면 어땠을까요? 아이는 발달상 자연스럽게 사회적 사인을 읽을 수 있어요. 태어난 직후에는 자기밖에 모르지만 어느 정도 자라면 '눈치'를 통해 세상을 배우죠. 겁도 없이 새로운 것을 냉큼 집어 들어 입에 넣기부터 하던 아이가, 어느 순간에는 과연 만져도 되는 물건인지 부모 눈치를 살피고 표정이 자연스러울 때 집어 들게 돼요.

언어 역시 마찬가지예요. 부모가 영어로 말을 걸면서 왠지 어려워하거나 부끄러워하면 아이도 '영어로 말하는 건 좀 부끄러운 건가?', '다른 사람 앞에서 영어로 말하는 건 조심해야 할 일인가?' 하고 생각할 수 있어요. 부모는 영어가 어색하고 힘들지 몰라도, 아이는 영어에 대한 편견이 없어요. 그러니 아이 앞에서만큼은 당당하게 말하려고 노력했죠. 저도 처음부터 쉽게 된 건 아니었지만, 3~4개월쯤 지나자 짧은 문장은 영어로 편하게 대화할 수 있게 되었어요.

단순한 표현으로 충분하다

부모가 사용하는 표현들이 너무 간단하거나 제한적이라 해도 너무 걱정하고 안달복달하지 않아도 돼. 아이들의 어휘력을 확장시켜주는 역할은 훌륭한 영어 원서가 할 테니까요. 또 실생활에서 부모와 아이가 나누는 단어나 문장은 한정적이지만, 영어 그림책을 반복해서 읽어주다 보면 다양한 상황에서 복합적인 표현들이 나와요. 그 과정에서 자연스럽게 부모는 물론 아이의 어휘도 늘게 되죠. 그러니 '영어를 잘 못하는데 어떻게 대화를 하지?' 하는 걱정은 하지 않으셔도 된답니다.

0
2

1단계:
영어 동요

태어난 지 얼마 안 돼 옹알이도 시작하지 않은 아이에게는 과연 어떤 말부터 해야 할까요? 아주 쉬운 영어라도 말을 걸어야 할까요? 처음에는 아무리 대화를 시도하려고 해도 마음처럼 되지 않을 거예요. 말을 하지 못하는 아이에게 혼자 하는 말은 한국어로도 쉽지 않으니까요.

그나마 연습해놓은 인사말, 날씨에 관한 말, 기분에 대한 몇 문장 이외에는 할 말이 별로 없을 거예요. 누워 있는 아기에게 무슨 말을 얼마나 많이 할 수 있겠어요. 혼자서도 아이에게 다양한 말을 해주는 엄마도 있겠지만 말수 적은 엄마들에겐 정말 힘든 일일 거예요.

저는 그래서 동요를 많이 활용했어요. 영어 동요는 듣기와 말하기를 동시에 만족시켜줄 수 있어요. 동요의 멜로디는 그 자체로 아이의

153

정서 안정에도 좋고, 영어 동요는 다양한 표현을 들려줄 수 있어 유용한 소통의 도구가 된답니다.

자장가부터 시작하자

저는 임신했을 때부터 영어 동요 40곡이 담긴 CD를 구입했어요. 그리고 태교로 매일 클래식과 함께 번갈아 듣곤 했죠. 그렇게 노래가 익숙해지자, 가사를 정확히 알아야겠다는 생각이 들어 CD에 들어 있던 가사를 짚어가며 따라 불렀어요. 그러다 보니 첫째 아이 우성이가 태어날 즈음엔 자연스럽게 입으로 흥얼거릴 정도가 되었죠.

영어 동요를 일부러 외운 건 아니었지만 우성이가 태어나서 자장가를 불러줄 일이 많았는데, 이렇게 알아둔 동요를 유용하게 써먹을 수 있었어요. 그냥 외우면 지루할 문장들을 노래로 익힌 우성이는 말문이 트인 후 익숙한 동요가 나오면 자연스럽게 따라 부르게 되었어요.

노래 가사 바꿔 부르기로 응용력 UP!

선뜻 말하기 어려운 문장도 노래로 자주 하다 보면 점점 쉬워져요. 또 아이들은 재미있는 걸 좋아하기 때문에, 노랫말을 살짝 바꿔 불러주면 깔깔거리며 아주 즐거워해요. 개사 또한 어렵지 않아요.

'반짝반짝 작은 별(Twinkle Twinkle Little Star)' 대신 '반짝반짝 작은 우성(Twinkle Twinkle Little 우성)'으로 바꾸는 정도만 해도 자기 이

름이 들어가서인지 아이는 정말 좋아했어요. 그런 걸 몇 번 반복하다 보면 어느 순간 아이도 스스로 영어 가사를 바꿔서 자기만의 동요를 만들어 부르게 돼요.

특히 영어 동요 가사 바꿔 부르기는 장난꾸러기 둘째가 아주 좋아하는 놀이였어요. 가족 여행 중 차 속에서 영어 동요 가사 바꿔 부르기를 하면 아이는 승부욕에 불타서 자기가 알고 있는 어휘를 적극적으로 활용해 노래를 부르곤 했어요.

대표적인 영어 동요인 〈Rain rain go away〉를 예로 들어볼게요.

Rain rain go away.
Come again another day.
Little baby wants to play.
Rain rain go away.

아이들은 원래 가사대로 동요를 부르다가, Rain 대신 wind나 storm 등 날씨를 변경해서 불렀어요. baby 대신 자기 이름을 넣기도 하고, mommy, daddy, brother, sister 등 사람을 가리키는 대명사를 넣기도 했어요. 몇 곡의 동요를 이렇게 바꿔 부르다 보면 한 시간 정도는 금세 흐를 정도로 아이들이 즐거워한답니다.

03
2단계:
1세까지 간단하게 질문하기

아기에게 말을 걸어주는 데 특정 시기는 없어요. 그저 틈나는 대로 자주 해주면 돼요.

"누워만 있고 들어도 이해를 못하는 갓난아기에게까지 영어로 말할 필요가 있나요?"
"영어랑 한국어를 같이 쓰면 결국 아무것도 제대로 못 하는 것 아닌가요?"

첫째 아이가 갓난아기일 때 영어로 말을 걸거나 영어 동화책을 읽어주고 있으면 이런 질문을 많이 들었어요. 맞아요. 아기는 한국어든 영어든 그저 저와 눈을 맞추며 방긋방긋 웃을 뿐 별 반응이 없어요.

과연 아이는 두 가지 언어를 받아들였을까요? 뇌에 두 가지 언어를 차곡차곡 제대로 정리하고 있었을까요?

제가 꽤 오랫동안 영어를 들려주었지만 당시에는 아기가 어떤 반응도 하지 않았어요. 하지만 아이가 조금 크자 자연스럽게 효과가 나타났죠. 6개월 즈음부터 '엄마'와 '마마'를 섞어서 옹알거리더니 돌 무렵에는 거실에서 놀다가 갑자기 벽을 가리키며 "끌락. 끌락" 하더라고요.

그 후 거실에 깔려 있던 카펫에 찍힌 컵 모양의 동그라미를 보며 '뗘클, 뗘클(circle)' 하는 것을 시작으로 신생아 때부터 제가 항상 들려주었던 주변 사물들을 모국어와 영어로 줄줄이 뱉어내기 시작했어요. 둘째도 비슷한 시기에 발화를 시작했고 제가 하는 쉬운 말들을 금방 따라 하며 습득했어요.

처음부터 '엄마'라고 말할 수 있는 아기는 없어요. '엄마'라는 말을 듣는 시간이 쌓여 어느 날 우연히 내뱉고, 기뻐하며 반응하는 엄마를 보면서 '엄마'라는 단어를 활용할 수 있게 되는 거죠. 영어도 크게 다르지 않아요.

그렇다면 일상생활 속에서 아이에게 영어로 어떻게 말을 걸면 될까요? 한국어랑 비슷하게 사용하면 돼요. 저는 아기가 인형을 흔들고 있으면 "What is it? oh, it's a doll. Do you like it?" 정도로 말해주었어요. 더 유창하게 말할 수 있는 분은 더 많이 해주세요. 나중에 아이는 더 크게 반응할 거예요.

한국어 해석은 필요 없다

저는 제 수준에서 가능한 영어를 썼어요. 해석이나 부연 설명을 따로 하지 않고 영어만 썼어요. 영어만 하고 한국어는 안 했냐고요? 물론 그건 아니에요. 나머지 더 구체적이고 어려운 말은 한국어를 사용했 어요.

어떤 분은 "영어랑 한국어를 같이 쓰면 결국 두 언어 모두 제대로 익히지 못하는 건 아닌가요?" 하고 걱정하기도 해요. 하지만 우리가 한국에 사는 한 한국어는 잘할 수밖에 없어요. 반대로 아무리 제가 집에서 영어 환경을 만들기 위해 노력한다고 하더라도 영어 노출 시 간은 절대적으로 부족할 수밖에 없고요.

'아기가 영어만 들으면 어떻게 하나요?' 이런 걱정은 정말 안 해도 됩니다. 꾸준히 영어를 들으면서 자란 아기는 말문이 트일 때 1년 정 도 부모 입을 통해 들은 것들을 차곡차곡 뱉어내요. 정말 신기한 건 한국어와 영어를 함께 사용한다는 거예요. 물론 돌 전후 아이가 한국 어며 영어 실력이 대단하면 얼마나 대단하겠어요. 단어로 의사를 표 현하죠. 그럼에도 불구하고 아이는 적절하게 영어와 한국어를 활용 해요.

저는 아이에게 영어'만' 노출하고, 영어로'만' 말하기를 바라는 게 아니었어요. 일상생활 속에서 영어를 쉽게 하는 것, 그 정도 수준을 바랐답니다.

주의! 한국어 문장 중간에 영어 쓰지 않기

간혹, 영어를 최대한 노출하고 싶은 의욕이 앞서 한국어 중간에 영어 단어를 섞어 쓰는 분이 있어요. 예를 들면 "날씨가 hot한데 cold water 마실래?" 같은 거죠.

이런 식의 표현은 절대 하지 마세요. 한국어와 영어를 제대로 구분하지 못한 상태의 아기에게 이런 부자연스러운 표현을 사용하는 건 혼란만 가중시킬 수 있어요. 한국어 문장은 한국어로만, 영어 문장은 영어로만 사용해야 아기도 두 언어를 분리해서 인식한답니다.

 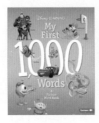  

First Words(A very first book with 20press-out flash cards) -Priddy Books
Disney My First Picture Wordbook
1000 Animal Stickers
DK My first Dictionary

- 아이들이 재미있게 영어 단어를 익힐 수 있도록 해주는 책이에요. 퍼즐과 이미지를 맞추면서 핵심 어휘를 배울 수 있어요.
- 하드커버로 된 영어 사전이에요. 사전의 단어들은 디즈니 애니메이션에 나오는 캐릭터 액션에 따라 라벨링되어 있어요.
- 말 그대로 1,000마리의 동물 스티커로 단어를 익힐 수 있는 책이에요. 앞서 나온 《First Words》 저자인 로저 프리디가 만든 재미있는 액티비티 책이랍니다. 색칠도 할 수 있고, 스티커를 붙이는 페이지가 따로 있어 아이들이 좋아해요.
- 하드커버로 된 사전으로 1,000단어를 담고 있어요. 다양한 이미지와 함께 단어의 정의를 알 수 있기 때문에 호기심 많은 아이들에게 인기가 많아요.

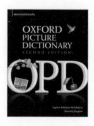  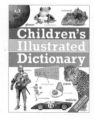 

Oxford Picture Dictionary
DK English for everyone JUNIOR
DK Children's Illustrated Dictionary
National Geographic Dinosaurs

- 글자를 모르는 아이도 그림을 보고 단어를 찾을 수 있는 장점이 있어요. 단어들이 모두 일상생활 속에서 사용하는 것들이라 활용하기 좋아요.
- 영어를 막 시작한 아이들이 보기 좋아요. 간단한 운동과 생생한 오디오로 500개 이상의 단어를 쉽게 익힐 수 있어요. 어휘는 물론 문법까지 친절히 알려주고 있답니다.
- 2014년 처음 출간된 이후 새로운 사진과 단어들이 지속적으로 업데이트되는 사전이에요. 현대적인 어휘 수천 개가 담겨 있고, 뛰어난 색감의 사진과 일러스트가 재미를 더해줘요.
- 모든 종류의 공룡의 발견을 추적하고, 아이들이 좋아하는 생물들에 대한 최신 정보를 알려줘요. 최근 과학 이론과 논문, 다양한 지도와 그림, 사진 등이 가득해요.

0
4

3단계:
2세부터는 놀이 영어

아이가 영어 단어 정도는 이야기하게 되었다면, 좀 더 다양한 표현을 들려주는 게 좋아요. 사실 평범한 일상에서는 할 말이 대략 정해져 있죠. "밥 먹자!", "맛있니?", "씻고, 양치질해!" 정도로요. 아이에게 그보다 확장된 표현을 들려주고 싶다면 놀이를 활용해보세요. 아이와 함께 놀이하면서 대화하면 더 다양한 표현이 가능해요.

'일상 회화도 어려운데 영어로 놀이라니!' 겁이 날 수도 있어요. 하지만 걱정하지 마세요. 이번에도 간단하고 쉬운 기초 표현부터 익힌 다음 조금씩 어휘를 늘리면서 말을 걸어주면 돼요.

저희 첫째 아이는 남자아이라서 그런지 소꿉놀이 같은 상황극보다 블록이나 퍼즐 맞추기를 좋아했어요. 그래서 저는 그때 사용할 영어 문장을 미리 외워두었다가 놀이할 때마다 들려주었어요.

Let's play puzzles. 퍼즐 맞추기 하자.

Let's put these pieces together. 조각들을 함께 맞춰보자.

Start with this. 이것부터 시작해.

This could go here. 이건 여기 맞을 거 같아.

Wow, you are a puzzle king. 와! 퍼즐 잘하네.

You are really good at playing puzzles. 너 정말 퍼즐 잘 맞춘다.

이렇게 간단한 표현을 몇 문장 외워서 퍼즐 놀이할 때마다 들려주니 아이도 금세 익히더라고요.

둘째 승희는 퍼즐보다 역할놀이를 좋아했어요. 역할놀이야말로 상황별 영어를 다양하게 들려줄 수 있죠. 인형 몇 개와 소품만 있으면 병원놀이부터 마트놀이, 소꿉장난 등 상황을 바꾸며 다양한 표현을 할 수 있으니까요. 엄마의 약간 과장된 목소리와 익살스러운 표정만 있으면 아이들은 시간 가는 줄 모르고 깔깔거리며 놀이에 빠져들어요.

재미가 붙은 아이들은 상황에 맞춰 자신이 아는 모든 영어 표현을 쏟아내죠. 소꿉놀이 전체를 유창한 영어로 해야 한다는 부담감만 버리면 일상적인 놀이 안에서 영어 환경을 만들어낼 수 있어요.

가끔 헷갈리거나 모르는 표현은 스마트폰 영어 사전 앱이나 번역 앱을 활용해 외워두었어요. 외워둔 문장을 다음에 놀이할 때 아이에게 들려주었죠. 단어를 바꿔 응용도 하면서요. 그러면서 저도 계속해서 새로운 표현을 연습하게 되었답니다.

영어 동화책 읽어줄 때 단어 바꾸기

아이들에게 영어책을 읽어줄 때에는 책 속의 문장을 응용해서 자주 말놀이를 했어요. 원문 그대로 읽어주다가 여러 번 반복될 때 슬쩍 문장을 바꿔 읽으면 아이들은 새롭다는 듯 귀를 기울이더라고요.

예를 들어, 아이들 영어책에는 동물들이 주인공으로 등장하는 경우가 많아요. 처음에는 동화책을 그대로 읽어주고 반복할 때는 아이가 좋아하는 다른 동물로 바꿔 들려줘요.

책은 대부분 원서로 구입했어요. 아이들이 어렸을 때는 국내 출판사에서 나온 저렴하면서도 물거나 빨아도 튼튼한 보드북 전집을 많이 활용했죠. 돌 즈음 됐을 때는 이제 절판되어 나오지 않는 '딩동댕 잉글리시'라는 20권짜리 보드북 전집을 읽어주었어요. 이 책들에는 소, 돼지, 오리 등 다양한 동물들이 등장하고 그에 맞는 의성어가 나와요. 책을 읽을 때 동물 흉내를 내며 재미있게 해주자 아이도 재미있어 하면서 금방 따라 했어요. 예를 들어 책에 "Good morning, mommy!"라는 문장이 나오면, "Good morning, daddy!" 혹은 "Good afternoon, mommy!"로 바꿔서 확장해줄 수도 있었죠.

둘째는 코코몽 생활동화를 많이 읽었는데, 코코몽 대신 오빠 이름으로 바꿔 읽으면 꺄르르 웃으며 좋아했어요. 공주 책을 읽을 때는 공주 이름 대신 둘째 이름으로 바꿔 읽어주었죠. 그러면 훨씬 더 집중해서 잘 듣더라고요.

아이가 잘 알고 있는 사물이나 동물 등으로 바꿔서 영어로 반복적으로 표현해주면 아이가 문장 패턴을 이해하고, 스스로 활용하는 모습을 볼 수 있어요.

책을 읽은 뒤 즉시 사용할 수 있는 상황 만들어주기

아이들 영어책은 내용이 단순하고 문장이 반복되기 때문에 바로 일상생활에서 응용하기 좋아요. 책 내용과 비슷한 상황을 만들어 아이가 책에서 나왔던 표현을 사용할 수 있게 유도해주는 거예요.

예를 들어, 목욕 관련 책을 읽었다면 바로 인형 목욕 놀이를 하거나, 아이들을 실제로 목욕시키는 거예요.

"It's time to take a bath."

"Wash your hands."

"Wash your hair."

목욕하면서 씻기는 부위마다 명칭을 바꿔가며 책에 나온 표현을 그대로 이용해 몸으로 익힐 수 있게 했어요. 이렇게 하면 씻기에 관한 여러 표현을 어렵지 않게 익힐 수 있죠. 또 아이들은 음식에 관한 책을 읽을 때 가장 반응을 잘해요. 책에 나온 것을 먹고 싶어 하면 직접 가져와 맛을 보게 해주었어요. 그러면 아이들은 과일과 채소 등의 각종 명사는 물론 맛을 표현하는 형용사까지 자연스레 확장해갔어요.

"I'm hungry. Let's have some snacks,"

"How does it taste? Is it yummy or yucky?"

제가 장난처럼 물으면 아이들은 아주 맛있게 먹으면서도 항상 똑

같은 대답을 했어요.

"It's yucky!"

영어 동화책을 활용한 역할놀이

부모가 마음의 준비가 전혀 되지 않아 놀이가 어렵다면, 영어 동화책을 한 권 읽고 난 뒤 역할놀이를 하면 좋아요. 요즘 영어책에는 연극을 하는 것처럼 캐릭터별로 대사가 나온 책들이 많아요.

영어 동화책을 아이와 재미있게 읽은 뒤, 책의 대사를 서로 활용해보세요. 물론 아이들이 처음부터 대사를 외워서 줄줄 말하지는 않아요. 간혹 헷갈려하거나 생각이 안 나서 우물쭈물할 때도 있어요. 그럴 때는 부모가 대사를 슬쩍 말해주세요. 아이는 언제 그랬냐는 듯이 문장에 감정을 넣어 따라 하게 돼요. 그러면 역할놀이의 흐름이 끊기지 않아 재미있으면서 길게 할 수 있어요. 아이들이 지루해하면 어떻게 하냐고요? 웬걸요! 부모의 말을 따라 하는 단순한 놀이에도 아이들은 엄청 즐거워하니 조금도 걱정하지 마세요.

이런 단순 대사 따라 하기가 익숙해지면 저는 책에 나오는 대사 말고, 다른 단어를 넣어 응용하는 법을 보여주었어요. 문장 응용력은 그렇게 키우기로 한 거죠.

하지만 아이가 엄마 뜻대로 영어로만 놀이를 하는 건 아니에요. 영어로 잘 주고받다가도 갑자기 우리말을 줄줄 내뱉기도 하거든요. 이

때 왜 한국어로 말하느냐고 타박하지 마세요. 한국어로 놀이를 이어가도 신경 쓰지 않는 게 무엇보다 중요해요. 영어보다 엄마와 하는 놀이의 즐거움이 우선이니까요. 아이가 놀이에 집중하다 보면 자연스럽게 영어로 말하기도 하니까요. 그러니 부모는 아이가 하자는 대로 역할놀이에만 충실하면 돼요. 영어든 한국어든 아이에게는 엄마와 놀이하는 소통 도구인 건 마찬가지니까요.

좋아하는 책이 있다면 미완성 문장 만들기 놀이

아이들은 보통 좋아하는 책을 반복해서 읽는 걸 좋아해요. 아이가 좋아하는 책이 있다면 미완성 문장 만들기 놀이도 재미있어요. 아이들은 반복해서 읽은 책은 어느 정도 흐름을 알거나 문장이나 단어를 외우고 있는 경우가 많아요.

책을 여러 번 읽어주었다면 마지막 즈음 문장이 마무리되기 전에 읽기를 멈춰보세요. 아이가 이미 알고 있는 단어나 숙어를 자신 있게 말할 수 있도록 기회를 주는 거예요. 책을 읽다가 중간에 잠시 멈춰서 아이에게 대신 단어를 말하게 해도 좋아요. 핵심 단어를 일부러 빠뜨리고 읽는 실수를 하는 것도 아주 좋아요.

부모는 아이의 발화를 유도하기 위해 잠시 멈추거나 단어를 빠뜨린 것이지만, 아이는 엄마가 실수한 줄 알고 의기양양하며 가르쳐줘요. 이러한 과정에서 아이는 '나는 영어를 잘하나 봐!' 하며 자신감을 갖게 되고, 부모는 지루한 책 읽기를 탈피할 수 있답니다.

단어 말하기 놀이

아이들과 차에서 자주 했던 놀이예요. 준비물은 필요 없어요. 어떤 종류의 단어를 말할 건지 정하고 온 가족이 차례로 돌아가며 단어를 말하는 간단한 놀이예요. '동물', '식물', '음식' 등 종류를 정한 뒤 관련된 단어를 이야기하다가 누군가 앞에 말한 단어를 반복해서 말하면 지는 게임이에요. 우리가 흔히 알고 있는 '아이엠그라운드 동물 이름 대기' 같은 게임이지요. 아이들은 가끔 엄마, 아빠를 이기고 싶어서 지고도 우길 때가 있어요. 그럴 땐 결국 재미를 위한 것이니 기꺼이 져주는 게 현명하겠죠.

Let's play word game. 단어 게임하자.
Today, let's say 'things in a house'. 오늘은 집에 있는 물건 말하기로 하자.
Who wants to go first? 누가 먼저 할래?
Me, me, me first! 저요, 저요, 제가 먼저 할래요!
Okay, you go first. 그래 먼저 시작해.

단어 맞추기 게임

단어 말하기 게임이 모두 수월해지면 스무고개 같은 'Guessing game'을 할 수 있어요. 가족 중 한 명이 단어 하나를 생각하면 나머지 가족들이 질문해서 답을 맞히는 게임이에요. 아이들은 어떻게든 본인들이 답을 맞히려고 치열하게 질문해요. 답을 많이 맞히는 사람이 게임의 승자가 되죠.
여행 중에 게임을 하면 차 안에서 승자가 된 사람이 다음 휴게소에서 가족이 함께 먹을 간식의 종류를 선택할 권리를 주기도 했어요. 이렇게 작게라도 상이 걸리면 아이들은 훨씬 더 집중해서 빠져든답니다.

Q: Is it a plant?
A: No.

Q: Is it an animal?

A: Yes.

Q: Can it move well?

A: Yes.

Q: Is it a sea animal?

A: Yes.

Q: Is it small?

A: No.

Q: Is it a big sea animal?

A: Yes. very big.

Q: Is it a mammal?

A: Yes.

Q: Oh, That's very easy. The answer is a whale. Am I right?

A: Yes. That's the right answer. Good job!

동물의 의성어와 의태어

Dog – Bow wow, wuff, arf

Cat – Meow

Bird – Chirp chirp

Lion, Tiger – Roar

Mouse – Squeak squeak

Frog – Ribbit ribbit

Snake – Hissssss

Horse – Neigh neigh

Goat – Maa maa

Sheep – Baa baa

Rooster – Cock-a-doodle-doo

Hen – Cluck cluck cluck

Chick – Beep beep

Duck – Quack quack

Monkey – Eee Eee Eee Eee Eee

Mo Willems 그림책

아이들이 푹 빠져 읽는 재미를 느끼게 해주는 책을 쓰기로 유명한 작가입니다. 재미도 있고 내용도 쉽게 나와서 아이들은 물론 엄마가 영어 말하기를 익힐 때도 도움이 됩니다. 많은 시리즈가 사랑을 받고 있고 대표적인 〈Pigeon〉 시리즈와 〈Elephant and Piggie〉 시리즈가 유명합니다.

Don't let the pigeon drive the bus
The Pigeon HAS to Go to School!
The Pigeon Has Feelings, Too!
Don't Let The Pigeon Stay Up Late!
The Pigeon Wants a Puppy

Mo Willems 홈페이지

Robert Munch 그림책

작가 특유의 유머가 살아 있어 문장이 길어도 전혀 지루하지 않아요. 작가가 직접 그림책을 읽어주는 채널은 듣기 부분에 QR코드가 있으니 아이와 함께 들어보세요.

The Paper Bag Princess
Stephanie's Ponytail
Mortimer
Munschworks
Thomas' Snowsuit

영어 문장 익히기 좋은 국내 전집

잉글리시 타이거
(ENGLISH TIGER)

★　　30여 권으로 구성된 영어 전집이에요. 그림이 균일하게 깔끔하고 내용도 간결해서 바로 회화로 연결이 됩니다. (삼성출판사)

씽씽 영어

★　　아이들이 좋아할 만한 플레이북이에요. 쉬운 패턴의 문장으로 이루어져 있고, 아이와 엄마가 신나게 부르며 익힐 수 있는 챈트와 노래가 있습니다. (한국헤르만헤세)

샤방샤방 그림책(영어)

★ 가성비 최고의 EBS 방영 생활 창작 그림 보드 북으로, 영유아가 보기 적합해요. 일상생활에서 있을 법한 일들을 친근한 동물들이 등장해 재미있는 이야기로 풀어내어 아이들이 좋아합니다. 반복적인 문장이 리듬감이 있어 아이들이 금방 외울 수 있어요. (별똥별)

톡 톡 플레이타임 인 잉글리쉬
(Talk Talk Playtime in English)

★ 우리나라 정서에도 잘 맞고, 어려운 단어가 없어서 쉽고 재미있게 읽을 수 있어요. 쉬운 그림책으로 회화 표현이 잘 되어 있어 누구나 편하게 볼 수 있는 전집이에요. (글뿌리 출판사)

05

4단계:
뮤지컬 영상과 애니메이션

간단한 문장을 말하는 게 익숙해지면 애니메이션 OST나 뮤지컬 음악을 들려주는 것도 좋아요. 저희 아이들은 흥이 많은 데다 제가 음악을 좋아해서 자주 틀어둔 덕에 어릴 때부터 클래식, 팝송, 영화 음악 등을 다양하게 꾸준히 들었어요. 그러다 보니 비틀스나 롤링 스톤스 같은 50~60년대 뮤지션들의 음악을 흥얼거리며 따라 부르는 것이 일상이 되었어요.

3~6세 정도에는 짧은 동요나 챈트 외에 대부분 제가 선곡해주는 음악을 들으며 크게 부르기보다 흥얼거리는 정도의 소극적인 말하기와 듣기 형태였어요. 하지만 점점 연령이 높아지며 보고 듣는 것이 누적되자 6세 이후에는 스스로 노래를 고르고 들으면서 긴 노래도 크게 따라 부르는 적극적인 듣기와 말하기가 되더라고요.

요즘은 유튜브나 넷플릭스만 검색해도 유명한 공연을 집에서 쉽게 즐길 수 있어요. 저는 주로 고전 뮤지컬 영화를 즐겨보는데 배우들의 연기를 보는 재미와 더불어 스토리와 음악이 훌륭해서인지 아이들도 무척 좋아했어요.

노래를 게임으로 활용하는 아이들

아이들은 그냥 보고 듣는 게 아니라 주인공처럼 그 속에 몰입하게 돼요. 첫째가 9살, 둘째가 5살 무렵에는 〈오페라의 유령The Phantom of the Opera〉에 한참 빠져서 보고 또 보더니 서로 배역을 맡아 노래를 부르며 놀곤 했어요. 자연스레 노래와 연결되는 대사를 외워 연기도 하고, 더 나아가서는 실생활에서 가사를 응용해 농담도 꽤 잘하게 됐죠.

뮤지컬이나 뮤지컬 영화를 통한 말하기 연습은 지금도 진행 중이에요. 유명한 디즈니 애니메이션 〈겨울왕국Frozen〉, 〈모아나Moana〉, 〈이집트 왕자The Prince of Egypt〉부터 최근에는 실사 영화 〈알라딘Aladdin〉까지 완전히 빠져서 영화에 나오는 전 곡을 달달 외울 정도로 듣고 있어요.

둘째는 특히 〈알라딘〉 속 재스민 공주가 부르는 〈Speechless(침묵하지 않아)〉를 한껏 감정을 담아 부르며 완창을 해요. 하루는 제 아이폰에 입을 대고 뭔가 하고 있기에 가만히 지켜보았어요. 아이는 스마트폰에 있는 음성 인식 기능을 켜고 〈Speechless〉를 부르고 있었어요. 한 곡을 신나게 완창하고 저에게 전화기를 건네기에 화면을 보았더니 아이가 부른 노래 가사가 음성 인식 기능 덕에 영어로 적혀 있더라구요. 훑어보니 가사 중 한두 곳을 제외하면 거의 정확하게 적혀 있었어요.

처음에는 흘려듣기 차원에서 뮤지컬 영상과 영화 OST를 접하게 해주었을 뿐, 외우게 한 적은 단 한 번도 없었어요. 그런데도 좋아하는 노래를 듣고 또 듣다 보니 아이들은 그저 즐겁게 음악과 노래에 빠져 긴 가사를 외우고, 가수들을 흉내 내며 부르더라고요. 아기 때부터 영어 동요로 시작한 흘려듣기가 점점 깊이 있게 발전하고 뻗어가는 거예요.

가요를 생각해 보면 그 원리를 쉽게 이해할 수 있을 것 같아요. 아무리 어렵고 긴 가사라도 리듬에 맞춰 따라 부르다 보면 어느새 따라 부르게 되죠. 영어도 마찬가지예요. 특히 뮤지컬이나 애니메이션 음악은 가사에 감정까지 담겨 있어 내용에 푹 빠질 수 있어요. 유튜브나 IPTV 등으로 아이가 좋아하는 영상을 활용해보세요. 부모는 훨씬 쉽게, 아이는 훨씬 즐겁게 영어와 친해질 수 있답니다.

온 가족이 함께 보기 좋은 영화와 애니메이션

Moana(2017)

★ 행복했던 모투누이 섬에 저주가 걸리자 족장의 딸이자, 바다가 선택한 모아나가 부족을 구하기 위해 모험을 떠난다는 내용이에요. 흥미진진한 내용으로 아이들이 푹 빠져듭니다.

Aladdin(2019)

★ 머나먼 사막 속 신비의 아그라바 왕국의 시대를 배경으로 펼쳐지는 알라딘의 모험을 그린 영화예요. 디즈니 원작의 애니메이션을 바탕으로 한 실사 영화로, 신나는 노래와 춤이 어우러진 뮤지컬 영화예요.

The Lion King(2019)

★ 프라이드랜드의 왕인 아버지 무사파를 죽인 삼촌 스카의 음모로 왕국에서 쫓겨난 후 자신의 왕국을 찾는 과정을 웅장하면서도 박진감 있게 그려낸 영화예요. 디즈니에서 1994년에 만든 애니메이션의 실사 버전이지요.

Frozen1, 2(2014, 2019)

★ 우리나라에서도 '겨울왕국'으로 개봉해 큰 인기를 끌었던 영화죠. 모든 것을 얼려버리는 힘을 가진 엘사와 그 동생 안나의 이야기가 신비롭고도 흥미진진합니다.

The Little Mermaid(1989)

★ 월드디즈니에서 안데르센의 동화로 애니메이션을 만들었죠. 인어공주가 물거품이 되어버리는 원작과 달리 사람으로 변해 왕자와 행복하게 산다는 결말로 아이들이 엄청 좋아하는 애니메이션 중 하나입니다.

The Prince Of Egypt(1998)

★ 성경 내용을 바탕으로 만든 작품이에요. 이집트 왕 세트가 히브리인 예언자의 출현을 막기 위해 새로 태어난 남자아이를 모두 죽이라는 명령을 내리면서 이야기가 시작되고, 주인공 모세가 하나님의 계시를 받고 활약하는 내용을 담고 있어요.

Beauty and the beast(2017)

★　1992년 디즈니사에서 제작된 애니메이션의 실사판이에요. 아름다운 소녀 벨이 아버지를 대신해 마법에 걸린 성에 갇혀 야수와 함께 지내며 진정한 사랑을 하게 된다는 내용이지요.

Coco(2018)

★　음악가를 꿈꾸는 소년 미구엘이 전설적인 가수 에르네스토의 기타에 손을 댔다가 '죽은 자들의 세상'에 들어가게 되는 내용이에요. 기발한 상상력 속에 가족의 소중함을 느낄 수 있어요.

Mulan(1998)

★　디즈니사에서 제작된 최초의 동양 여전사에 관련된 애니메이션이에요. 최악의 상황에서 가족과 동료를 구하기 위해 활약하는 멋진 여전사를 만날 수 있어요.

Rapunzel(2011)

★　마녀의 저주를 받아 탑에 갇혀 자라게 된 소녀 라푼젤의 이야기예요. 어느 날 우연히 찾아든 좀도둑으로 인해 자신의 처지를 알게 되고, 세상 밖으로 나가 모험을 하며 결국 자신의 진짜 부모를 찾게 되지요.

Marry Poppins(1964)

★　1964년에 제작된 판타지 영화예요. 중절모를 눌러쓴 메리 포핀스가 어느 날 체리트리 가 17번지에 유모로 들어가면서 겪게 되는 환상적인 모험 이야기죠. 어른 아이 할 것 없이 빠져드는 영화랍니다.

Sound of music(1969)

★　음악을 사랑하는 견습 수녀 마리아가 해군 명문 집안인 폰 트랩가의 가정 교사가 되면서 벌어지는 에피소드를 담고 있어요. 이미 수십 년 전에 제작된 뮤지컬 영화지만 지금 봐도 아기자기한 재미와 감동이 있어요.

0
6

말하기가 유창해지면
미디어 활용하기

말하기는 대화 상대가 필요해요. 아이의 첫 말하기 상대는 대부분 부모가 되겠죠. 영어 육아를 하면서 동화책과 동요 등을 통해 끊임없이 자극을 주는 상대니까요. 아이와 쉬운 대화를 계속 주고받는 것은 좋아요. 하지만 아이들의 영어 수준이 어느 순간 부모를 뛰어넘는 때가 와요. 제가 운영하는 카페에서도 이제 겨우 6~9세 어린 아이인데 엄마보다 유창하게 말하는 경우가 많더라고요. 영어 환경을 만들어주었을 때 아이들이 얼마나 놀랍게 성장하는지를 보여주는 생생한 사례들이죠.

아이들은 보통 부모와 나누는 간단한 대화를 바탕으로 영상과 책을 통해 어휘를 확장하고 스피킹을 배워요. 아이마다 영어 발화 시기도 다르고 표현하는 방법도 달라요. 하지만 영어 환경 만들기를 통해 아이 스스로 더 적극적인 소통을 원한다면 화상 영어나 온라인을 통한 멀티미디어 활용은 얼마든지 좋은 대안이 될 수 있어요. 꼭 부모가 모든 것을 감당해야 한다고는 생각하지 마세요.

화상 영어가 적당한 시기

화상 영어가 적당한 시기는 아이마다 달라요. 화상 영어를 시작하기 위해서는 우선 영어로 듣고 이해하는 능력이 어느 정도 갖추어져 있어야 해요. 단순히 말하기만 유창하다고 화상 영어가 가능한 건 아니에요. 다양한 책이나 영상을 통해 기초 지식이 쌓인 상태여야 대화가 길게 이어지기 때문이에요. 그렇지 않다면 어떤 대화를 해도 단답형으로 말할 뿐 긴 대화를 유지하기는 어려워요.

그러나 성향 자체가 외향적이고 새로운 걸 좋아하는 아이, 실패를 두려워하지 않고 타인과의 대화를 좋아하는 적극적인 아이인 경우에는 영어 실력 유무를 떠나 대화 자체가 영어를 잘하고 싶어 하는 동기부여가 되기 때문에 조금 일찍 시작해도 좋아요. 물론 반대 성향이라면 영어 거부감이 오히려 커질 수 있기 때문에 너무 빨리 시작하지 않는 게 좋겠죠.

그런데 중요한 것은 대부분의 아이들이 화상 영어를 해본 적이 없다는 거예요. 주변에서 화상 영어에 대한 많은 고민과 상담을 해오고, 제가 생각해도 아이들에게 말하기 욕구를 충족시킬 수도 있는 좋은 대안이 될 수 있다는 생각에 화상 영어를 열심히 알아본 적이 있었어요. 하지만 이런 엄마의 마음과 달리 아이들은 전혀 관심을 보이지 않았어요. 아이들이 흥미를 갖지 않는 것을 알게 되니 저도 마음을 접을 수밖에 없었고요.

전화 영어는 사실 영어가 어느 정도 유창해지고 나서 해야 할 제일 마지막 프로그램이라고 생각해요. 스크린을 통해 얼굴을 보며 대화하는 화상 영어는 표정이나 행동 등 비언어적인 요소로도 전체적인 흐름을 파악하며 소통이 가능하지만 전화 영어는 오직 음성을 통해서만 대화해야 해요. 그러다 보니 영어가 아직 어색한 아이라면 스트레스를 받을 수도 있어요. 되도록 영어 노출을 많이 시킨 후 하는 것이 좋아요.

멀티미디어 사이트 활용

아이가 아직 어리다면 화상 영어나 전화 영어는 부담이 되겠죠. 이 시기엔 어른과 대화하는 것 자체가 어려울 수 있어요. 이때는 접근이 쉬운 CD나 영어 교육 프로그램 등 멀티미디어 영어도 충분한 자극이 될 수 있어요. 저희 둘째 아이는 멀티미디어 사이트를 통해 리딩서를 읽고 있어요. 다독을 해야 하는 리더스북 과정을 더 간편하게 수준별 단계별 다양한 리딩서를 공급받아 읽을 수 있어 만족하고 있죠.

아이에게 영상을 보여주는 것을 꺼리는 부모들이 있기도 해요. 하지만 잘만 활용하면 멀티미디어 동화 사이트 같은 경우 다양한 책을 쉽게 접할 수 있고, 영어에 대한 흥미를 끌어내기 쉽다는 장점이 있어요. 다만, 아이들이 종이책에 대한 관심이 적어질 수 있으니 부모가 항상 관심을 가지고 곁에서 지켜봐야 해요.

이런 사이트에는 영어 문장 따라 말하기, 단어 발음 따라 하기 등 재미있는 프로그램이 올라와 있어 아이들이 쉽게 도전해볼 수 있어요. 그 과정에서 성취감도 느끼죠. 무엇보다 대부분 아이가 접근하기 쉽고 재미있어, 시키지 않아도 스스로 하게끔 유도해줘요.

요즘은 컴퓨터 CD롬을 열지 않고도 스마트폰이나 태블릿PC 앱을 통해 더 간단히 영어 동화 읽기와 게임을 즐길 수 있답니다.

스마트폰 음성 인식 서비스는 영어로 설정하자

요즘 스마트폰에는 음성 인식 서비스가 다 있어요. 아이폰은 '시리', 갤럭시는 '빅스비'죠. 그 밖에 AI 스피커도 많이 보급되었죠. 이런 음성 인식 서비스에는 언어 설정 옵션이 있어요. 기본 설정을 영어로 해놓으면 영어로 말해야 인식하죠. 발음을 미국식, 영국식 등으로 선택할 수 있고 남자 목소리, 여자 목소리도 선택할 수 있어요.

우리 집 아이들은 스마트폰 음성 인식 서비스를 거의 친구처럼 부르면서 영어로 대화해요. 음성 인식 서비스로 대화하려면 발음에 꽤 신경 써야 해요. 그래서 아이들이 발음에 특히 주의하며 말을 걸더라고요. 음성 인식 서비스가 아이들의 웃기는 대화에도 재치 있게 답변해줘서인지 지금도 유용하게 사용하고 있답니다.

시간과 장소에 구애받지 않고 할 수 있기에 은행이나 병원에서 대기할 때나 차로 이동할 때 아이들에게 소소한 즐거움을 주고 있어요. 스마트폰만 있으면 쉽게 접근할 수 있는 것도 큰 장점인 것 같아요.

그 외에 스마트폰을 이용한 다양한 앱 활용도 좋은 대안이 될 수 있어요.

에듀메이트(edu-mate)

★   필리핀 일로일로 교육의 도시에서 한 곳에서만 오랜 기간 직접 교육센터를 운영하는 몇 안 되는 사이트예요. 교육센터 내에 초고속 기업용 인터넷과 백업용 인터넷, 발전기를 모두 구축하고 있어 수업 중 문제가 발생해 중단되는 일이 없도록 하고 있어요. 비교적 저렴한 가격으로 화상 영어를 이용할 수 있다는 장점이 있죠.

이티폰(ET-PHONE)

★   이티폰 콘텐츠 개발팀이 영어과 교수진과 함께 전화 영어와 화상 영어에 맞춤식 교재를 개발해 개인 수준과 목적에 맞는 교육 과정을 운영해요. 고가의 광랜 인터넷 전용선을 사용하고 있어 수업 시 끊김이 없어요. 또 화상 교육에 최적화된 화상 전용 프로그램을 사용하고 자동 녹화 서비스를 제공해요.

토크스테이션(Talkstation)

★   초등 전문 화상 영어 '토크스테이션'은 초등학생에게 맞는 콘텐츠 개발 연구에 많은 투자를 하고 있어요. 4,000권의 원서 수업 및 북 퀴즈, 미국 교과서, 영상 디베이트 과정 및 기초 회화 등 초등학생에게 적합한 콘텐츠를 제공하고 있어요.

라즈키즈

★ 전 세계에서 사용되는 프로그램이며, 다양한 영어 원서가 e-book 형식으로 담겨 있습니다. 기본에 충실하고 연 구독비 33,000원이라는 저렴한 금액으로 사용해볼 수 있어 가성비가 좋은 편이랍니다.

리딩게이트

★ 세계 유명 원서를 e-Book과 Movie Book, pBook Quiz를 통해 학습할 수 있는 온라인 영어 독서 프로그램이에요. 리딩게이트에서 제공하는 레벨 테스트를 통해 학습자의 리딩 수준을 진단해볼 수도 있답니다.

리틀팍스

★ 애니메이션과 e-Book으로 영어 동화를 보고 읽으며 영어를 학습할 수 있는 사이트입니다. 소리로 듣고 눈으로 보며 아이들이 좀 더 재미있게 영어를 배울 수 있어요.

로제타스톤

★ 단순히 단어와 문장을 암기하는 것이 아니라 이미지를 통해 의미를 자연스럽게 익히게 해줘요. 실생활과 밀접한 사진 자료를 보며 원어민의 음성을 듣고 따라 하도록 구성되어 있어요.

신기한 스쿨버스
(Magic School Bus)

★ 　초등학생이 보기 좋은 교육용 애니메이션이에요. 스토리가 탄탄하고 아이들이 흥미를 느낄 다양한 주제로 구성되어 있어요. 아이들이 매직 스쿨버스를 타고 인체 탐험을 하거나 우주 괴물, 곤충들 세계를 여행하듯 탐험하는 형식으로 이야기가 진행됩니다. 러닝타임은 26분이에요.

넥톤 패밀리 심해 원정대
(The Deep)

★ 　바다 밑에 가라앉은 도시를 배경으로 남매가 주인공으로 활약하는 호주 애니메이션이에요. 바다세계의 숨겨진 비밀을 밝히기 위해 떠나는 심해 원정대 넥톤 가족이 주인공이죠. 온 가족이 즐길 수 있는 애니메이션이에요. 러닝타임은 22분이에요.

후 워즈? 쇼(THE WHO WAS? SHOW): 롤모델을 찾아라

★ 　베스트셀러인 'Who Was~?' 시리즈를 원작으로 한 TV 프로그램이에요. 아인슈타인을 비롯해프리다 칼로, 마리 앙투아네트, 뉴턴, 셰익스피어 등역사 속에 등장하는 위인들을 만나볼 수 있어요. 코미디 장르여서 아이들이 깔깔 웃으며 볼 수 있어요. 역사 인물에 대해서도 배우고, 영어도 접할 수 있는프로그램이에요. 러닝타임은 25분을 넘지 않아요.

마이 리틀 포니(My Little Pony)

★ 　유니콘 트와일라잇 스파클과 친구들이 마법의 땅 이퀘스트리아에서 친구 사귀기, 속임수에 대처하기, 스스로 씻고 정리하기 등을 익히는 과정을 통해 아이들이 사회성과 우정을 배우게 해줘요. 재미와감동, 인성 교육까지 가능한 애니메이션이에요. 러닝타임은 22분~23분이에요.

스파이 키드
(Spy Kids)

★　2001년 미국에서 제작된 SF영화를 원작으로 한 애니메이션이에요. 주니와 카르멘 남매가 스파이 키드가 되어 악의 무리 스윔프에 맞선다는 내용이에요. 흥미진진한 모험과 악당에 맞서는 용감한 주인공들을 통해 대리만족을 느낄 수 있어요. 러닝타임은 24~26분이에요.

드래곤 프린스
(The Dragon Prince)

★　태양, 달, 별, 지구, 하늘과 바다인 6원소에서 나오는 마법의 기운을 가진 제다이 대륙을 배경으로 하고, 게임적인 요소가 가미되어 누구나 흥미롭게 볼 수 있어요. 영어와 쉽게 친해지지 못하는 초등학생이나 영어를 늦게 시작하는 초등 고학년 이상의 아이들에게 적극 추천해요. 러닝타임은 25분~26분이에요.

오드 스쿼드
(Odd squad)

★　마을에서 이상한 일들이 벌어지자 꼬마 첩보원 올리브와 친구들이 나서서 사건을 해결한다는 캐나다 TV쇼 프로그램이에요. 웃음이 저절로 나올 정도로 재미있고 영어 발음도 명확한 편이라서 적극 추천해요. 러닝타임은 22분이에요.

카르멘 산디에고
(Carmen Sasndiego)

★　1987년 최초의 교육용 게임으로 등장한 시리즈를 원작으로 한 애니메이션이에요. 마음먹은 것은 무엇이든 훔칠 수 있는 도둑 카르멘 산디에고가 자신의 능력을 좋은 곳에 쓰면서 겪는 에피소드들을 재미있게 담고 있어요. 러닝타임은 24분이에요.

행복한 퍼핀 가족
(Puffin Rock)

★　영어를 막 시작하는 아이들이 흘려듣기 하기 좋은 애니메이션이에요. 퍼핀 락이라는 곳에 사는 귀여운 펭귄들 이야기로, 쉬운 단어를 이용한 대화 속에 자연의 소중함과 우정, 가족의 사랑을 담은 인성교육 애니메이션이에요. 러닝타임은 20분 남짓으로 영유아기에 보여주어도 좋아요.

드래곤 길들이기
(How To Train Your Dragon)

★　2010년에 개봉한 영화에요. 바이킹 족장의 아들이지만 겁이 많은 주인공 히컵이 전사로서의 자질을 입증하기 위해 용을 죽여야 하는데 마음이 약해 실행하지 못하고 결국 드래곤과 친구가 된다는 재미있는 내용이에요. 러닝타임은 1시간 39분이에요.

출동! 파자마 삼총사
(PJ Masks)

★　낮에는 평범한 어린이지만 해가 지면 용감한 영웅으로 변신하는 세 아이에 대한 이야기에요. 올빼미아, 도마뱀미, 캣보이 등 귀여운 잠옷을 입은 아이들이 주인공이에요. 악당들도 포악하기보다는 귀여운 꾸러기 느낌이에요. 과격한 내용이 싫지만 액티비티한 분위기를 좋아한다면 파자마 삼총사가 딱이랍니다. 러닝타임은 23분이에요.

힐다
(Hilda)

★　시골에서 살다가 사정이 생겨 도시로 이사 오게 된 힐다가 새로운 친구들을 만나 적응하는 과정을 그린 애니메이션이에요. 자유로운 영혼을 가진 힐다가 겪는 신비로운 모험과 성장 과정을 그리고 있어요. 러닝타임은 24분이에요.

보스 베이비
(The Boss Baby: Back in Business)

★　전체관람가 영화라 연령 불문하고 함께 볼 수 있어요. 넷플릭스에 현재 시즌 3까지 제공하고 있으며, 영화와 별도로 제작된 단편 애니메이션이라 러닝타임도 24분으로 부담 없어요.

프린스는 교환학생
(Prince of Peoria)

★　초등학생들이 보기에 좋을 드라마예요. 가족 코미디로 평범한 감동과 웃음이 있는 시트콤이죠. 브로니아 왕국의 호기심 많은 에밀 왕자가 평범한 소년의 삶을 살고 싶어 신분을 숨기고 전학을 가면서 벌어지는 에피소드를 담고 있어요. 러닝타임은 26~28분 정도로 시즌 2까지 공개되어 있어요.

베스트 탐정단
(The Investigators)

★　기계 천재 에즈라, 만능 천재 에바, 사건 해결사 모디, 스포츠 천재 카일, 이 네 명의 아이들이 사건을 해결하는 설정이에요. 마을에서 벌어지는 미스터리를 함께 풀어가면서 우정도 쌓는다는 내용의 TV 프로그램이에요. 저마다 다른 개성과 특징을 갖고 있는 아이들에게 감정이입하며 재미있게 볼 수 있어요.

꼬마 탐정 토비&테리
(Treehouse Detectives)

★　토비와 테리라는 곰돌이가 주인공인 유아 TV 프로그램이에요. 도토리 마을을 배경으로 숲속 친구들에게 도움이 필요할 때 짠! 하고 나타나 해결해주는 귀여운 명탐정 남매 이야기로 어린아이들이 좋아해요.

파피 아카데미
(Puppy Academy)

★   전체관람가인 TV 프로그램이에요. 귀여운 강아지들이 주인공으로, 특별한 강아지 학교에 가거나 인간 친구를 소개하는 등 개의 시각으로 인간 세계를 그려내고 있어요. 동물을 좋아하는 아이라면 더욱 빠져들 거예요. 러닝타임은 첫회와 마지막회만 47분 정도이고, 나머지는 24분 남짓이에요.

찰리의 컬러폼 시티
(Charlie Colorforms City)

★   사랑스럽고 유쾌한 친구 찰리와 상상의 세계로 모험을 떠나는 내용의 유아 대상 TV 시리즈예요. 삼각형 모자와 반원 얼굴, 네모 몸 등 찰리 자체가 아이들에게 도형을 암시해요. 도형을 합치고, 색깔을 입히면 새로운 세계가 열린다는 설정이죠. 러닝타임은 25분이에요.

스플래시 앤 버블스
(Splash and Bubbles)

★   스플래시, 버블스, 덩크, 리플 등 바다에 사는 친구들의 즐겁고 신나는 일상생활을 담고 있어요. 다양한 해양 생물들의 특징은 물론 생명에 대한 소중함도 배우고 신나는 노래로 영어도 배울 수 있어요. 러닝타임은 24분이에요.

바다 탐험대 옥토넛
(The Octonauts)

★   전체관람가로 바다 세계를 지키는 바다 탐험대 옥토넛 이야기예요. 콰지, 바나클, 페이소, 튜닙 등 귀여운 캐릭터들이 등장해 위기에 빠진 바다 생물들을 도와주죠. 유아 대상으로 제작되어 반복되는 어휘와 문장이 많아 처음 영어를 접하는 아이들에게 좋아요. 러닝타임은 23분이에요.

브레인차일드
(Brainchild)

★　'이런 것도 과학이야?' 하고 반문할 정도로 미생물부터 감정, 소셜 미디어는 물론 우주까지 우리의 일상과 관련된 모든 것을 과학적인 시각으로 탐색해보는 유쾌하고 참신한 과학 쇼예요. 10대 소녀가 진행해서 아이들이 더욱 친근감 있게 볼 수 있어요.

꼴찌 마녀 밀드레드
(The Worst Witch)

★　동명의 책도 있는데 《해리포터》 작가인 조앤 K. 롤링이 영감을 받았다고 할 정도로 유명해요. 우연히 집 앞에 떨어진 빗자루를 타고 마법학교로 가게 된 밀드레드. 처음에는 사고와 실수가 끊이지 않지만 점차 자신의 능력을 알게 되며 성장한다는 내용이에요. 러닝타임은 첫회만 60분, 나머지는 30분 남짓이에요.

빨강머리 앤
(Anne With an E)

★　몽고메리의 《빨강머리 앤》을 원작으로 제작된 미국 드라마에요. 1979년에 제작된 애니메이션이 지금까지 인기를 끌고 있죠. 각종 시련을 겪으면서도 자신의 정체성을 잃지 않는 소녀 앤을 통해 아이들이 내면적 성장을 할 수 있을 거예요. 러닝타임은 첫회 89분, 나머지는 44분이에요.

프로젝트Mc²
(Project Mc²)

★　소녀 스파이 맥케일라가 동급생 중에 영재 3명을 뽑아 최강의 팀을 결성해 과학 지식을 활용해 왕자의 우주비행을 방해하는 악당에 맞선다는 내용이에요. 네 소녀의 과학적인 지식과 용기를 통해 다양한 문제를 해결하는 과정을 그리고 있어요.

● **Cake**

저와 아이들 모두 좋아하는 앱이에요. 유튜브에서 필요한 표현만 잘라, 비슷한 상황/표현으로 묶어서 생생한 영어를 보여줘요. 실제 원어민과 대화하는 느낌이 나서 유용해요. 말하기 연습 후 녹음하면서 발음도 들을 수 있고, 무엇보다 하루 한 번 가볍게 문장을 외울 수 있어 좋아요. 무료 앱이에요.

● **Beelingapp**

영어로 책을 읽어주는 앱이에요. 북 리스트에서 관심 있는 책이 있으면 바로 클릭해서 다운로드 받을 수 있어요. 오디오로 바로 들으면서 책을 읽을 수 있고, 원하면 동시에 한국어 버전도 볼 수 있어 해석이 필요한 부분을 쉽게 이해하면서 보고 들을 수 있다는 게 가장 큰 장점이에요. 단, 유료예요.

● **Drops**

영국 발음을 들을 수 있는 앱이에요. 유료로 하면 무제한 이용이 가능한데 무료로 하면 한 번에 5분 사용 가능해요. 무료로 조금 더 이용하고 싶을 때는 광고를 들으면 돼요. 유료로 가입해서 한 번에 길게 듣는 것보다 무료로 5분씩 자주 듣는 것을 추천해요. 단어를 하나씩 따라 할 수도 있고 스펠링 맞히기 등으로 게임처럼 즐길 수 있어요.

07 아이의 유튜브 채널 개설하기

첫째 아이 우성이는 유튜브를 통해 곤충과 동물에 대한 내용을 세계의 여러 사람들과 교류하고 싶다고 해서 10살에 영어로 첫 영상을 찍고 채널을 만들었어요. 초반에는 구상과 소재에 관한 것 이외에는 아빠가 유튜브에 대한 공부를 해가며 영상을 찍어주었죠. 그런데 4학년부터는 아빠에게 물어가며 하나씩 배우더니 이제 모든 것을 혼자 해내고 있어요.

어리게만 보였는데 아이가 올린 영상을 보면 생각보다 완성도가 높은 것에 가끔 놀라기도 해요. 꾸준하게 영상을 올리다 보니 전 세계 곤충과 동물 유튜버들과 교류하고 서로 코멘트를 주고받으며 정보를 교환하고 있어요.

유튜브 특성상 말로 자신을 표현해야 하고 글로 코멘트를 남겨야 해서 어려울 것 같은데, 자신의 관심사를 따라 가는 것이라 재미가 있나 봐요. 매일매일 부담 없이 영어에 대한 경험치를 견고하고 두껍게 쌓아가고 있는 것 같아요. 그저 호기심과 재미를 위해 시작한 것인데 영어를 확장하는 데 큰 도움을 받고 있는 셈이에요. 이런 시간들이 앞으로 어떻게 아이의 성장을 도와줄지 요즘은 정말 궁금해진답니다.

어떻게 시작할까?

저희 아이들은 정말 부담 없이 유튜브를 시작했어요. 아는 것이 없으니 용감할 수 있었던 것 같기도 해요. 아무 준비 없이 아빠의 아이폰 하나로 시작한 우성이의 유튜브 채널은 엄청 어설프고 엉성하기만 했어요. 그런데 몇 번 하다가 그만두겠지 했던 제 생각과 달리 아이는 지금도 매주 금요일마다 꾸준히 영상을 찍어 올리더라고요.

영상은 어느새 100여 개가 넘었고 아이 혼자 떠들고 찍은 거라 화면도 소박해요. 하지만 세계 여러 곳에서 곤충을 좋아하는 소위 '덕후'들이 대한민국의 초등 남자아이가 하는 채널을 찾아와 댓글을 달아주고 질문도 하면서 서로 교류하는 것을 보면서 유튜브의 힘을 새삼 느끼고 있어요.

물론 우성이가 소위 말하는 잘나가는 유튜버는 아니에요. 하지만 미국, 영국, 캐나다, 싱가폴, 필리핀, 프랑스 등 아이의 채널을 찾는 사람들의 국적은 정말 다양하죠. 중요한 것은 그렇게 다양한 국가에서 찾아오는 사람들이 사용하는 언어가 영어 하나라는 점이에요. 우성이가 영어로 유튜브에 영상을 올리기 때문에 전 세계 사람들과 공통된 관심사 하나로 교류할 수 있게 된 거죠.

저는 처음에 유튜브 채널 개설에 그다지 긍정적이지 않았어요. 하지만 요즘에는 아이가 유튜브를 통해 많은 것이 보고 들으며 성장해 가는 것을 느껴요. 아이 역시 전 세계에 퍼져 있는 구독자들에게 정확한 정보를 알려주기 위해 더 많이 찾아보고 습득하면서 배워나가고 있지요. 또한 유튜브에 올릴 영상을 만들다 보니 스피킹은 당연히 늘 수밖에 없어요. 다양한 국적의 사람들과 댓글로 질문과 정보를 나누다 보니 작문 실력도 좋아지게 됐죠.

만약 아이가 영어를 한다면 유튜브 채널을 개설해주세요. 어떤 주제로 해야 할지 모르겠다면 아이들이 노는 시간을 자세히 관찰해보세요. 자유로운 시간 동안 아이들이 하는 활동은 모두 달라요. 운동을 좋아하는 아이는 아빠 손을 잡고 나가 근처 공원에서 축구나 야구를 할 것이고, 또 다른 아이는 가족을 위해 쿠키를 구울 수도 있어요. 그렇게 여유로운 시간에 하는 무엇인가를 중심으로 아이는 행동하게 될 거예요.

아이의 관심사를 잘 살펴본 후 그에 따라 채널을 만들어주세요. 그리고 관련 영상을 보여주세요. 영어를 잘하기 위해 억지로 단어를 외우거나 학습서를 풀어가는 공부를 하는 게 아니라 관심 있고 좋아하는 것을 보게 되니 아이들이 더 완벽하게 몰입하게 되더라고요. 말그대로 그 주제에 빠져들어 더 많이 알고 싶어 하고 궁금해하게 돼요. 아이가 좋아하는 것을 자연스럽게 따라간 것뿐인데 어느 순간 영어를 언어로 받아들이고, 소통의 도구로도 사용하게 되는 기적을 볼 수 있을 거예요.

유튜브 채널을 개설하는 데에는 특별한 준비도 필요 없어요. 영상을 찍을 수 있는 엄마나 아빠의 스마트폰 하나만 있으면 돼요. 엄마나 아빠의 스마트폰으로 촬영하고 주말이나 밤에 여유로울 때 부모가 아이와 함께 편집하면 되니 유튜브를 한다고 해서 아이만의 스마트폰이 따로 있어야 하는 것도 아니랍니다.

아이와 영어를 도구화해서 발전하고 싶고 세계의 친구들과 교류하고 싶다면 유튜브 채널을 만들어주세요. 이런 유튜브는 나중에 아이의 상급학교 진학 시 좋은 포트폴리오가 될 수 있어요. 좋아하는 것들을 차곡차곡 정리해 아이만의 히스토리가 쌓인 것이니 이보다 더 확실한 자료가 어디 있을까요. 이러한 자료들이 작은 등불이 되어 아이의 인생에서 또 다른 길로 안내하는 어떤 역할을 해줄지는 아무도 모른답니다.

스피킹에 도움을 주는 유튜브 채널

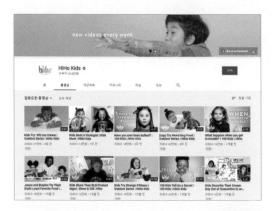

HiHo Kids

★ 　귀여운 원어민 아이들의 다양한 표현을 들을 수 있는 채널이에요. 각 영상마다 한 가지 주제에 대해 질문을 하고 여러 명의 아이들이 대답하는 형식이라서 영상 시청 후 집에서 아이들과 같은 주제로 질문하고 대답하며 말놀이 연습을 할 수 있어요.

'Shadow Reading(그림자처럼 소리 내어 따라 읽기)'을 보통 '쉐도잉'이라고 해요. 책 속의 문장을 원어민이 읽는 것을 들으면서 거의 동시에 소리를 뒤쫓으며 그림자(Shadow)처럼 똑같이 따라 읽는 것을 말해요.

똑같이 따라 한다는 것은 원어민의 악센트, 발음, 리딩 속도, 억양 등을 똑같이 하는 것이죠. 소리의 의미를 알아야 하는 것은 아니고 들리는 소리를 그대로 따라 하는 거예요. 쉐도잉은 영어책 읽기를 통해 입을 열게 해주고 아웃풋을 터지게 하는 핵심이 되는 중요한 과정이에요.

언뜻 생각하면 낭독과 별로 다를 바 없어 보이지만 낭독은 글을 보면서 소리 내어 읽는 과정이고, 쉐도잉은 오직 오디오에서 나오는 소리에만 의존해서 따라 말하는 거예요. 낭독보다 한층 더 깊은 집중력이 필요하지요.

단지 따라 말하는 것뿐인데 발화하게 만든다니 고개를 가우뚱할 수도 있어요. 하지만 쉐도잉을 통해 영어책을 여러 번 반복하고 원어민의 소리를 그림자처럼 따라 말하다 보면 머릿속에 문장들이 저장돼요. 그 과정을 거친 후 소위 말하는 '아웃풋'이 되는 거예요.

쉐도잉을 계속 하면 원어민의 악센트와 발음, 표현된 문법과 숙어 구문이 반복돼요. 그러다 보니 자연스럽게 청취력도 같이 발달하게 돼요. 저희 첫째 아이는 쉐도잉을 비문학으로 하고 있는데 주제 하나를 다룬 3~4분 정도의 유닛(unit)을 한 번에 3개씩 연결해서 하고 있어요. 대개는 쉐도잉을 하기 전에 하루 할 만큼의 유닛을 가볍게 반복해서 읽은 후 책을 덮고 소리로만 따라서 10~12분 정도 해요.

이렇게 하루에 3개 유닛을 묶어서 하는 쉐도잉을 3일 정도 같은 내용으로 진행하고 나서 다음 내용으로 넘어가는 방식으로 하고 있는데, 3일 정도 되면 보통 책 속의 내용을 어느 정도 습득하게 되더라고요. 본인이 좋아하는 주제라면 말 그대로 다음 문장이 바로 나올 정도가 되기도 해요.

낭독이나 쉐도잉을 같은 책으로 해도 되고, 아이의 성향에 따라 다른 책으로 진행해도 돼요. 낭독은 본인의 리딩 실력에 맞는 책으로 하는 게 좋고, 쉐도잉은 한 가지 주제를 다루는 비문학이나 독해 문제집 유닛으로 해도 내용을 받아들일 수 있어요. 반드시 한 가지 방법으로 하지 않아도 돼요. 아이의 성향과 취향을 충분히 반영해서 잘 따라올 수 있도록 해주는 것이 가장 중요해요. 다만 어느정도 실력이 되는 초등 고학년 때부터 하는 것이 좋습니다.

쉐도잉 효과

1. 리딩 시 호흡 안정
2~3줄의 짧은 문장을 읽을 때는 못 느끼지만 조금 긴 문장으로 이루어진 영어책을 읽다 보면 어딘가 호흡이 딸리는 것을 느낄 수 있어요. 한국어 책은 어디에서 쉬고 읽어야 할지를 가늠하는 것이 쉽지만 영어책은 그런 구분이 어렵기 때문이에요. 그래서 연음을 요령 있게 발음하지 못하면 중간에 멈추지를 못해 호흡이 꼬일 수 있어요. 영어는 한국어보다 더 많은 호흡이 필요한 언어예요. 다양한 발음들을 쳐내기 위해, 그리고 고저의 음폭과 끊이지 않는 흐름을 소화하기 위해 원어민들은 발성과 호흡이 달라요.

그러니 긴 영어책 읽기는 호흡 조절에 달려 있다고 해도 과언이 아니에요. 이런 호흡을 연습시켜주는 것이 바로 쉐도잉이에요. 원어민의 발음을 철저하게 따라 하는 훈련을 꾸준히 하면 긴 문장을 읽거나 말할 때도 당황하지 않고 자연스럽게 호흡할 수 있어요.

2. 입 근육 훈련
흔하게 발음되는 'girl'을 한 번 볼까요? 'gi' 다음에 'r'과 'l'이 함께 있는 단어를 발음할 때는 혀와 목젖을 자연스럽게 움직여야 해요. 그런데 한국어에 익숙한 사람은 성대와 입 근육을 실제로 움직여 연습하지 않으면 자연스러운 발음을 내기가 쉽지 않아요. 쉐도잉 과정은 우리가 잘 쓰지 않는 입 근육을 통해 영어에 익숙한 발성을 할 수 있게 도와준답니다.

3. 자연스러운 억양(Intonation)
영어는 똑같은 문장이라도 억양에 따라 의미가 전혀 달라지는 언어예요. 한국어에도 물론 언어의 억양이 있지만 영어는 억양의 고저가 상대적으로 한국어보다 훨씬 커요. 그 음의 높낮이에 빠지는 단어 소리는 약화되거나 사라지는 경향이 있어요. 그런 부분을 들으면 한국인 대부분이 놓치게 되죠. 그래서 외국인이 단어를 말했을 때, 분명 아는 단어임에도 불구하고 한국인 귀에는 낯설게 들리는 거예요. 내가 말한 발음을 원어민이 못 알아듣는 경우도 생기고요. 익숙하지 않은 음폭과 억양에 따라 달라지는 미묘한 뉘앙스의 차이를 잘 구분하려면 원어민의 억양을 들리는 속도대로 따라 하는 훈련이 필요해요. 그 과정이 바로 쉐도잉이라고 생각하면 쉐도잉의 중요성을 새삼 깨닫게 될 거예요.

4. 발음 개선
듣기를 꾸준히 한 아이들은 쉐도잉을 몇 번 연습하면 쉽게 따라 해요. 옆에서 보고 있으면 쉬워 보여 막상 엄마가 하려고 하면 생각보다 발음하지 못하는 경우가 정말 많아질 거예요. 저도 아이들이 집에 없을 때 몇 번 시도해 봤는데, 잘 안 들리는 발음을 따라 입을 움직이려고 하니 정신없고 어려워서 중간에 포기할 정도였어요.

소리만 따라 간다고 하지만 듣기 훈련이 안 되어 있기도 하고 영어에 대한 예전 습성이 남아 여전히 단어 하나하나의 소리에 연연해하다 보니 긴 문장을 연속으로 따라 하는 것이 어려웠던 거예요. 하지만 아이들은 쉐도잉을 시키면 신기하게 원어민의 발음을 아주 그대로 따라 해요. 그래서 엄마가 아이에게 영어책을 읽어줄 때 "터치 유어 이어스"라고 발음했어도 CD를 통해 나오는 "터치 유어r 이어rs"라는 발음을 원어민 발음대로 듣고 스스로 교정하게 되는 거예요.

쉐도잉은 모든 감각이 예민한 아이들이 듣고 스스로 발음을 교정하는 시간인 셈이라 꼭 필요한 과정이죠. 하지만 만약 아이가 쉐도잉을 어려워한다거나 거부한다면 아이의 의견을 존중해주세요. 쉐도잉이 어려우면 낭독으로 대신해도 되고, 그마저도 어렵다면 많은 영어 소리 노출을 반복시켜주는 것만으로도 아이는 영어 아웃풋을 자주 하게 될 거예요.

Part   5

★

세상을
넓혀주는 문:
읽기

★

읽기는 언어를 배우는
유일한 방법이다

이번에는 그야말로 영어 육아의 '꽃'을 소개하려고 해요. '듣기'와 '말하기'가 어느 정도 영어의 궤도에 오르게 하는 것이라면, 이제 소개할 과정은 영어 전 과정을 깊이 있게 해주며 '쓰기'까지 아우르게 하는 힘을 지닌 책 육아예요. 영어 육아의 핵심이기도하죠.

책으로 하는 영어 육아는 아이와 교감하면서 언어를 배우는 아름다운 여정이기도 해요. 그래서 이 책의 전체 내용을 좌우한다고 해도 과언이 아닐 정도죠. 그렇기에 다른 과정보다 길고 자세한 설명을 하려고 해요.

우선, 영어책을 꾸준히 읽어주는 것만으로도 생각보다 큰 힘을 발휘하는 것을 보고 놀라게 될 거예요. 끈기를 가지고 차분하게 아이에게 영어책을 읽어주다 보면 아이가 어느 순간 영어를 어렵지 않게 받아들이거든요. 스토리에 따라 약간의 변화를 주면서 차분하게 혹은 장난스럽게 육성으로 이야기책을 읽어주기만 하면 되니 정말 쉽지요.

영어책 읽기 과정을 통해 간단하고 재미있게 자연스러운 영어 환경을 제공할 수 있어요. 어렵게 접근하기 시작하면 가장 어려울 수도 있는 과정이지만 시간을 투자한 만큼 효과는 '무엇보다' 확실해요. 영어책을 읽어주면서 아이에게 사랑도, 재미도 같이 줄 수 있답니다.

부모가 영어 능통자가 아니라면 책을 읽어주자

가족 중에 한 사람이라도 영어를 모국어로 한다면 정말 아무 걱정 없이 아이와 대화를 하고 영어 능력을 키울 수 있을 거예요. 하지만 이미 밝혔듯이 저는 영어를 공부로 배운 사람이라 말하기에 능숙한 사람이 아니었어요. 우성이에게 간단한 인사 같은 말은 건넬 수 있지만 영어로 일상적인 대화를 능숙하게 할 실력은 안 된다는 뜻이죠.

그래서 저는 우성이가 아기 때부터 영어를 언어 자체로 인식시켜 주고 싶었고, 동요 듣기와 간단 영어 대화를 넘어서 고급 언어를 접하게 할 수 방법으로 영어 그림책을 활용했어요.

아무리 짧고 단순한 영어책도 동화책은 문장과 스토리에 더욱 신경을 써서 만들어 놓았어요. 문법적인 면에서도 완성도가 높고, 아이 수준에 맞는 단어들로 이루어져 있죠.

또 아이들은 좋아하는 책을 반복해서 읽는 것을 좋아하기 때문에 자주 읽어주고 노출시켜주면 자연스럽게 문장들을 익힐 수 있을 거라 생각했어요. 전체적인 내용을 완벽하게 받아들이지 못하더라도 그림을 보면서 뉘앙스를 통해 반이라도 알면 좋을 것 같았어요. 또 영어 실력이 쌓이지는 않더라도 꾸준히 책 읽는 습관을 만들어줄 수 도 있으니 여튼 시작해보자는 마음이었죠.

한글 책 읽기도 5세는 되어야 가능하다

아이가 한글 책을 읽듯이 영어책을 재미있게 봤으면 했고, 우리말 방송을 보듯이 영어 방송을 보고 깔깔거렸으면 하고 바랐어요. 영어만 잘하는 아이가 되길 바란 건 아니었고, 그저 영어가 말하는 수단 중 하나라는 것을 깨달았으면 좋겠다고 생각했던 거예요.

노암 촘스키Avram Noam Chomsky와 에릭 레너버그Eric Lenneberg 등 세계적인 언어학자들이 주장하는 결정적 언어 시기론(critical period)에 의하면 우리 뇌의 언어 습득 장치는 0세에 열려서 12세(만10세)까지 고도로 작동한다고 해요. 이때까지 외국어를 자연스럽게 접하면 모국어처럼 습득하는 것이고, 그 이후에는 부모 세대처럼 학습으로 익히게 된다는 이론이죠. 많은 뇌과학자들의 발표에 의하면 출생 후부터 36개월까지가 뇌 활동이 가장 활발하여 언어와 정서 발달에 최고의 시기라고 해요. 당연히 이 시기를 놓치지 않는 게 바람직하겠지요.

또한 학자들의 연구에 따르면 영어권으로 유학 간 유학생이나 이민자가 영어로 의사소통에 불편함이 없을 정도로 영어를 배우고 익히는 데 걸리는 시간은 평균 2년이라고 해요. 원어민과 학습하려면 이보다 더 긴 5~7년여의 시간이 걸린다고 하네요. 물론 이것도 대단한 노력과 에너지가 필요하겠죠. 결국 영어권 국가에서 태어나지 않는 이상 고급 영어를 구사하기 위해서는 이 이상의 시간과 노력이 필요하다는 사실을 알 수 있어요

5~7년이 너무 길다고 느껴지나요? 5~7년은 사실 아이가 태어나 어느 정도 확실하게 의사표현을 하고 학습도 시작할 수 있게 되기까지 걸리는 시간과 비슷해요. 주위 아이들을 보더라도 아이가 한글 동화책을 혼자 읽으려면 빨라야 5세는 되어야 하죠. 그렇게 생각하니 모국어도 아닌 영어를 듣고 말할 수 있게 하기 위해 노력하는 시간이 길지 않다고 생각되었어요. 그 후로 어지간해서는 지치지 않고 영어책을 읽어줄 수 있었고, '이렇게까지 해주었는데 왜 우리 아이는 아직 영어로 말하지 못할까?' 하는 생각도 하지 않게 되었어요.

독서의 놀라운 효과

최근에 한국을 방문한 유명한 언어학자 스티븐 크라센Stephen Krashen 교수의 인터뷰를 본 적이 있어요. 어쩜 그렇게 제 생각을 그대로 옮겨 놓은 듯한 이론을 말하는지 정말 신기했어요. 그는 다음과 같은 말을 했어요.

"읽기는 언어를 배우는 최상의 방법이 아니다. 그것은 유일한 방법이다."

이 말은 많은 사람들의 공감을 얻었죠. 수많은 언어 공부법이 있지만 결국 '독서가 가장 중요하다'로 마무리되는 셈이에요. 어릴 때부터 독서 습관을 들이는 것은 교육적인 효과뿐 아니라 정서적인 면에서도 긍정적인 영향을 줘요. 책에는 좋은 이야기, 교훈적인 이야기가 담겼을 뿐 아니라, 그 나라의 문화도 녹아 있죠. 오랜 세월 구전되어 온 동화들은 그 자체가 지혜이자 지식이기도 해요. 좀 더 자세히 이야기해볼게요.

1. 지식 통합

저는 어릴 때 할리우드 영화를 좋아하던 아빠의 영향으로 찰리 채플린이 나오는 아주 클래식한 영화부터 시작해서 다양한 영화를 접할 수 있었어요. 그러다 보니 할리우드 무비스타에 대한 동경심을 갖게 되었어요. 학창 시절 유명했던 해리슨 포드 같은 배우의 인터뷰가 실린 외국 잡지를 살 정도였으니까요. 배우들 사진을 보려고 샀지만 어떤 내용이 실려 있는지 알고 싶어 제대로 읽어본 적도 있어요. 하지만 문장 한 줄 넘어가기도 어려웠어요. 그때는 영어 실력이 부족해서 그런가 보다 하고 넘어갔죠. 한두 문장 읽는 데도 왜 그렇게 시간이 많이 걸렸는지 몰랐던 거예요.

아이러니하게도 그 이유를 무려 아이가 초등학교에 들어가고 나서야 깨닫게 되었어요.

먼저, 아이의 수학 문제집을 보면서 예전과 교육이 완전히 달라졌다는 것을 알게 됐어요. 예전에는 수학 문제를 풀기 위해 공식을 외위야 했어요. 하지만 요즘에는 어휘력과 분석력, 계산력까지 갖추어야 해요. 수학 문제 하나를 푸는 데에도 다양한 지식을 활용해서 문제를 이해하고 논리적으로 풀이하는 과정이 필요한 거예요. 소위 말해 '스토리텔링 수학'으로 교육 과정이 바뀐 거죠. 이런 교육을 융합교육이라고 해요.

산업혁명 이후 지식을 잘게 쪼개 각 분야의 전문가를 양성하는 방향으로 교육이 진행되었다면, 현재는 다시 전 분야를 아우르는 통합 사고적인 인재를 키우기 위한 과정으로 바뀐 거예요.

영어 또한 이와 다르지 않아요. 시험 성적을 높게 받기 위한 수단이 아닌 언어로서의 기능을 살리기 위해 교육 과정이 바뀐 셈이에요. 영어를 언어로 바로 인식했는지를 평가하는 문제들이기 때문에 문맥을 이해해야 하고, 그러기 위해서는 배경지식의 스펙트럼을 넓혀 활용할 줄 알아야 해요.

이렇게 바뀐 교육 과정을 보면서 제가 어릴 때 영어 잡지 한두 문장 읽는 게 왜 그렇게 어려웠는지를 알게 되었어요. 영어를 언어로 받아들이지 못하고 시험 보듯이 단어 하나하나의 뜻을 대입해서 해석하려고 했기 때문이었죠. 게다가 호기심에 비해 외국의 역사와 문화, 할리우드 영화와 배우를 둘러싼 배경지식이 턱없이 부족했으니 문장을 제대로 해석했더라도 그 의미를 정확하게 알 수 없었다는 결론을 얻게 되었어요.

그러니 영어를 언어로 인식하고 활용하기 위해서는 무엇보다 다양한 문화를 익혀야 해요. 이를 위해서는 영어 그림책을 많이 읽는 게 중요하죠. 스토리의 흐름을 따라 여러 사람들 혹은 다른 민족들의 경험과 문화, 어렵게 말하면 인문과 철학을 간접적으로 배울 수 있기 때문이에요. 영어책 읽기만 잘해도 요즘 교육현장에서 추구하는 융합 교육이 자연스럽게 이루어지는 셈이죠. 책을 통해 서로 다른 분야의 지식을 통합하여 응용하는 능력, 다양함, 깊은 사고력과 통찰력까지 아우르는 진정한 융합 교육이 가능합니다.

2. 어휘력 확장

우리가 일상에서 아이와 대화하며 사용하는 어휘량은 생각보다 많지 않고 수준이 높지도 않아요. 어휘를 늘리려면 책을 많이 읽어야 하죠. 여러 전문가들의 손길을 거쳐 다듬어진 책 속에는 일상생활의 단어부터 고급 단어까지 다양한 어휘가 폭넓게 등장해요.

물론 아직 영어로 입도 떼지 못하는 아이에게 고급 단어들이 무슨 도움이 될까 싶기도 할 거예요. 하지만 아이들이 영어로 일상 대화는 물론 책이나 논문을 쉽게 흡수하고 현지인들과 세계적 이슈에 대해 거침없이 토론할 수 있길 바란다면, 어릴 때부터 책을 통해 다양한 어휘들을 경험하는 것이 필요해요. 평소 고급 어휘들을 많이 접해야 드문드문이라도 사용할 수 있을 테니까요. 이는 영어뿐 아니라 국어도 마찬가지라는 사실을 꼭 기억해주세요.

또한 어휘력이 풍부한 아이는 그만큼 깊이 사고할 수 있어요. 사고력이 깊은 아이는 수능처럼 사고력을 중요하게 보는 시험에 유리해요. 수학능력시험은 단순 암기보다 문제의 핵심을 파악하고 해결하는 사고 능력을 얼마나 갖추었는지 평가하는 게 목적이에요. 당연히 책으로 무장한 아이들이 뛰어난 성과를 낼 수 있겠죠.

저희 첫째 아이는 30개월부터 '영어 신동' 혹은 '영어 영재'라는 타이틀로 여러 방송에 출연했었어요. 그중 초등학교 3학년 겨울방학 때 KBS 〈생생 정보〉라는 프로그램의 아이들을 위한 겨울방학 특집에 영어 영재로 잠시 출연한 적이 있어요. 그때 방송작가님이 아이의 실력을 객관적으로 검증하기 위해 성인용 TOEIC 시험을 한번 치러 보면 어떻겠냐고 제안했죠. 겨우 초등학교 3학년 개구쟁이고, 시험용 영어는 물론이거니와 TOEIC 같은 문제는 본 적도 없었던지라 잠시 고민하다가 아이 의견을 물었어요.

아이는 영어 시험에 대해 아는 것이 없어서 더 용기를 냈는지 몰라도 흔쾌히 그러겠다고 했죠. 결국 어른들과 함께 시험을 치렀고, 820점이라는 점수를 받았어요. 틀린 문항을 보니 경제나 시사 문제들이었고, 리스닝에서는 좋은 점수를 받았어요. PD님과 토익 강사님은 성인도 꽤 공부를 해야 나오는 점수라며 크게 칭찬해주셨죠. 다른 것보다, 아이가 책 읽기만으로도 견고한 영어 실력을 쌓을 수 있다는 사실을 알게 해준 값진 경험이었어요.

3. 새로운 문화와 세계 경험

영어 그림책과 원서를 읽으면, 해외의 다양한 정보와 지식을 습득함과 동시에 영미권의 문화를 간접적으로 접할 수 있어요. 자연스럽게 영어권 아이들을 이해하고, 친근하게 받아들 수 있죠.

예를 들어, 책을 통해 할로윈, 밸런타인데이 등 외국에서 시작된 문화를 현지에서 경험하는 것처럼 접할 수 있어요. 또 우리나라에 '어버이날'이 있다면 미국에는 'mother's day', 'father's day'가 각각 있다는 것도 자연스레 알게 되죠. 동화책에 간식으로 자주 등장하는 '진저브래드맨Gingerbread man'이 서양에서 즐겨 먹는 사람 모양의 생강 쿠키라는 것을 알게 되기도 해요.

이처럼 책을 통해 문화를 간접 경험하는 것은 영상을 통해 접하는 것과 또 다른 장점이 있어요. 바로 느리게 생각하고 상상하며 더 깊이 받아들이게 된다는 거예요. 게다가 책은 아주 어릴 때부터 읽어줘도 되죠. 책이 한 권씩 쌓일 때마다 아이에게는 세상에 대한 경험이 쌓여가는 것이나 마찬가지니 많이 읽어주세요.

4. 저비용 고효율

책을 통한 영어 환경 만들기에는 많은 돈이 들지 않아요. 물론 아이의 취향에 맞는 책을 구매하는 것에는 비용이 들겠지만 고가의 영어 유치원이나 재미없는 문제집, 학습지로 소비되는 비용을 생각한다면 극히 미비한 수준이에요.

예전에 어느 신문에서 100만 명이 넘는 미국 수험생 중 미국대학 입시(SAT)에서 만점을 받은 아이에 관한 기사를 읽은 적 있어요. 주인공은 켄터키주의 아주 작은 시골 출신이었죠. 시골 소년의 SAT 만점기는 미국 내에서 매우 뜨거운 관심을 불러일으켰어요. 기자들은 부모에게 아이를 어떻게 교육시켰는지 질문했고 부모들은 이렇게 답했습니다.

"특별한 수업을 받은 적도 과외를 받은 적도 없어요. 다만 아기 때부터
청소년이 될 때까지 매일 밤 30분씩 책을 읽어줬답니다."

부모의 말을 증명이라도 하듯 소년의 집에는 책들이 가득했다는
기사였어요. 언뜻 미국은 대입을 위한 과외나 사교육이 없을 거라고
생각하지만 그렇지 않아요. 자녀들을 좋은 대학으로 보내기 위해 더
많은 것을 일찍부터 준비시킨다고 해요.

그러니 우리 아이들을 일찍부터 차별화시키기 위해서는 무엇을 해
야 할까요? 비결은 역시 책을 읽는 것이에요. 학원 뺑뺑이나 고액 과
외로 아이의 시간을 허비하고 부모 등골 휘지 않게 하면서도 가능한
방법이기도 하죠. 아이에게 꾸준히 책을 읽어주세요. 아마 시골 출신
소년이 SAT 만점을 받은 것처럼 우리 아이도 좋은 결과를 얻게 될
거예요.

1단계:
그림책 읽어주기

　　그림책은 말 그대로 그림이 위주가 되는 이야기책을 말해
요. 유아기 아이들이 가장 흔하게 보는 책이고, 각 페이지는 그림을
중심으로 그에 맞는 짧은 문장을 곁들이며 구성되어 있어요. 유아는
물론 영어를 처음 시작하는 아이들 혹은 성인들이 부담 없이 보기 좋
아요.

　영어 그림책은 원어민 작가들이 만들어 우리나라에 수입되어 들어
온 것이 대부분이에요. 그림과 짧은 문장으로 구성되어 단순해 보이
지만, 동사와 주어가 도치되거나 생략된 표현이 많아요. 그렇기 때문
에 영어를 많이 접하지 않은 엄마들이 읽으면 전혀 감을 잡지 못하는
경우도 많아요.

　저 또한 아이에게 그림책을 읽어주면서 이해가 안 되는 단어들이

나와서 당황한 경우가 종종 있었어요. 난해한 표현도 있고, 일상에서 잘 쓰지 않는 의성어나 의태어가 등장하기도 하죠. 하지만 영어책을 맨 처음 접하는 아이에게는 오히려 한국식 표현이 아닌 원어민들의 언어적 감성과 표현, 그리고 문화적인 것을 간접적으로 느낄 수 있어 큰 도움이 돼요.

영어 그림책은 한 단어 혹은 한 문장으로 되어 있거나 같은 문장이 반복되는 책이 많아 누구나 부담없이 즐길 수 있지요. 우리나라 엄마들이 많이 좋아하는 '노부영(노래 부르는 영어 동화의 줄임말)'도 대표적 영어 그림책 시리즈 중 하나지요. 노부영 시리즈를 비롯한 수많은 그림책들은 또래에 비해 영어를 늦게 시작했거나 영어를 두려워하는 아이들이 비교적 쉽게 받아들일 수 있으니 많이 활용해보세요.

그림책, 언제부터 읽어주면 될까?

그림책을 언제부터 읽어줘야 할지, 아기에게 영어로 말을 어떻게 해줘야 할지, 너무 막막하다는 말을 많이 들어요. 갓난아기 때로 돌아가서 한번 생각해볼까요?

그저 누워서 옹알이만 해도 사랑스러운 시기에 양육자는 아기에게 단순한 말들을 여러 번 반복해서 건네곤 해요. 이때 모든 것이 낯선 아기에게는 한국어든 영어든 언어일 뿐이에요. 그래서 저는 아기가 배 속에 있을 때부터 태교로 소리 내서 영어책을 읽어주었어요.

그림책을 읽어줄 때는 규칙을 명확히 했어요. 한글 동화책과 영어 동화책을 1:3 비율로 읽어주는 거였죠. 첫째가 태어날 때부터 책 육아를 하기로 결심했었기에 많은 시간을 책 읽어주기에 할애했어요. 그리고 모국어보다 노출 빈도가 적은 영어 그림책에 조금 더 비중을 두어서 읽어주었어요. 나머지는 앞에서 언급한 대로 쉬운 영어로 꾸준히 말을 걸었죠.

그저 단순한 패턴으로 하루도 거르지 않고 영어책을 읽어주었는데, 말 그대로 시간의 힘이 얼마나 대단한 것인지 나중에 알게 되었어요. 우성이가 돌 무렵 영어로 말을 하고, 언어 이해력이 또래보다 크게 앞섰기 때문이에요. 그 경험은 저의 책 육아에 더욱 힘을 실어주었죠. 아이를 키운 지 10년이 훌쩍 넘어가는 지금도 매일 책과 함께 영어 실력이 늘고 있답니다.

10분이라도 매일 꾸준히

"그럼 하루 중 언제 읽어야 하나요?"

이런 질문을 받으면 항상 대답은 거의 비슷해요. "아이가 원할 때는 언제든지" 혹은 "시간만 있으면 바로"라고 말씀드리니까요. 저는 아이가 심심해할 때도, 졸릴 때도, 기분 좋을 때도 한결같이 책을 읽어주었어요. 하지만 모든 부모에게 저처럼 하라고 강요하는 건 아니에요. 각각 상황이 다를 테니 형편에 따라 하시면 됩니다.

아이들은 대부분 하루 생활 패턴이 비슷해요. 가정에 따라 약간의 차이는 있지만 등하교 시간에 맞추는 일상적 흐름은 비슷하죠. 이런 하루 흐름에 맞추어 책 읽기도 매일 규칙적인 시간대를 정하면 좋아요. 정해진 시간에 책을 읽다 보면 습관화되고, 아이들도 매일 기복 없이 책 읽기의 재미에 빠질 수 있답니다.

물론 '아이가 원한다면 언제든지'라는 조건은 항상 유효해요. 다만 규칙적인 시간을 정해놓으면 "오늘은 너무 바빠서 내일 읽자", "지금은 졸리고 피곤하니까 나중에 하자" 하면서 미루거나, 며칠 못 읽은 것들을 몰아쳐서 읽게 하는 실수를 줄일 수 있어요. 읽는 시간이 정해지면 아이도 하루 일과를 예측할 수 있어 좋고, 부모도 미리 마음의 준비를 하고 다른 것들을 신경 쓰느라 분주하지 않아도 되니 서로에게 좋아요.

영어를 자연스럽게 습득시키기 위해 하루 3시간은 노출해줘야 한다고 말하면 '영어책을 1시간 가까이 읽어주고 나머지 2시간은 오디오를 계속해서 집중적으로 들려주는 것'으로 오해하는 경우가 있어요. 하지만 이렇게 3시간 동안 영어에 붙들려 있어야 한다면 어린아이들이 견딜 수 있을까요? 아마 성인들도 대부분 두 손 들고 포기할 거예요.

3시간은 시간 활용 면에서 상징적인 것으로 받아들이면 좋을 듯해요. 꼼짝없이 3시간 동안 영어를 해야 하는 게 아니라, 할 것 다 하면서 듣고 보고 읽는 3시간 영어 노출로 말이지요. 영어책 읽어주기 또한 그렇게 생각하면 편해져요. 길게 읽어주면 좋지만 그렇게 못할 상황이라면 정해놓은 시간에 한두 권이라도, 최소 10~15분이라도 읽어주세요. 책 읽어주기에서 중요한 것은 '긴 시간'이 아니라 '꾸준히'랍니다.

저는 임신 때부터 영어는 단시간에 효과를 볼 수 없다는 것을 알았고, 한 분야에서 일정 수준의 실력을 갖추려면 기본 10년은 잡아야 한다고 생각했어요. 즉 하루 3시간씩 10년을 투자하기로 한 거죠. 대신 생활에서 자연스럽게 노출하기로 했어요. 그러나 영어책 읽어주기를 할 때는 시간보다 집중에 신경을 썼답니다. 집중력이 짧은 영유아 때는 10~15분씩 틈 나는 대로, 유치원 시기에는 15~30분, 초등 저학년 때는 20~40분으로 최소한의 시간을 정해서 책을 읽어주었고, 아이의 컨디션이 좋을 때는 더 읽어주는 것을 기본으로 삼으니 어렵지 않게 실천할 수 있었던 것 같아요.

중요한 것은 '매일' 읽어주는 거예요. 짧은 시간이라도 꾸준하게 실행하면 아이에게 단단한 영어 내공이 쌓이게 됩니다. 또 아이 때문에 영어 환경 만들기를 시작했는데 꾸준히 아이 영어책을 읽고 들으며 몇 년 보내니 제 영어 발음과 실력도 늘었어요.

그러니 3시간 영어 노출에 부담 갖지 마세요. 3시간 중 아이에게 책을 읽어주며 집중해야 하는 시간은 10분에서 시작하니까요. 그저 매일 꾸준하게 지속해 보면 결국엔 알게 될 거예요. 아이마다 속도의 차이는 있지만 결국 같은 지점에 도달하게 된다는 것을 말이에요.

효과 만점인 베드타임 스토리

부부가 모두 일을 해서 아이가 어린이집에서 늦게 하원하는 경우 일정 시간을 일부러라도 확보하지 않으면 정신없이 하루가 끝나버리게 돼요. 그러면 바쁜 하루 중에서도 아이들이 그나마 가장 집중할 수 있는 시간을 찾아 정해서 읽어주세요. 아마도 보통은 밤 시간이 좋을 거예요. 하루 종일 에너지 넘치고 활기찬 아이라도, 저녁을 먹고 샤워하고 나면 낮보다는 조금 에너지가 떨어지기 마련이죠. 주변의 어수선함도 어느 정도 정리가 되기 때문에 책을 읽어주기에 가장 적합한 시간이 될 수 있어요.

유대인들의 'bedtime story'는 이미 널리 알려진 교육 방식이에요. 유대인들은 아기 때부터 침대 머리맡에서 부모가 책 읽어주는 소리를 들으며 하루를 마감한다고 해요. 말을 배우는 시기에 바른 문장을 들으며 자란 아이들은 그렇지 않은 아이들에 비해 단어 이해 능력과 언어 구사력이 더 높다고 하죠. 매일 밤 부모가 들려주는 영어책이 아이의 영어 이해 능력과 영어 구사력을 높여줄 수 있어요.

저는 읽기 독립이 빨랐던 첫째는 7세까지, 둘째는 지금도 여전히 잠자리 전 책 읽어주기를 빼놓지 않고 있어요. 평소에는 아이가 원하는 책 위주로 영어 동화, 성경 등을 골고루 들려주지만, 자기 전에는 지나치게 흥이 오르게 하는 스토리보다 잔잔한 이야기 위주로 골라 읽어주었어요. 낮에 읽어줬던 책을 한 번 더 읽어주면서 자연스럽게 반복해주기도 했고요.

책을 읽어주다 보면 아이들이 잠에 빠져드는데, 잠이 들었다고 바로 책을 덮고 일어나지 마세요. 인간의 의식은 무의식에 비하면 빙산의 일각이라, 무의식 세계에 쌓인 지식들이 어느 순간 의식 세계로 들어와 기능을 발휘하게 된다고 해요. 또 막 잠이 들려는 순간인 가수면 상태에 뇌파가 떨어지면서 잠재의식 속에 지식이 저장되는 것은 물론, 자는 동안에도 지식을 저장한다고 하니 읽던 책은 끝까지 읽어주세요.

이를 방증하듯, 아기 때부터 영어책 소리를 들으며 잠이 들던 저희 아이들은 말문이 트이는 시기가 되면서 영어로 잠꼬대를 하기도 했어요. 한국어로 잠꼬대를 해도 신기할 나이에 영어로 잠꼬대를 하니 아이들에게 목이 쉴 정도로 영어책을 읽어주던 저조차도 놀랄 수밖에 없었어요.

이렇듯 잠자리 독서는 장점이 무척 많지만 가끔은 힘이 들 때가 있어요. 아무리 책을 많이 읽어줘도 아이가 스토리에 너무 집중한 나머지 잠을 잘 생각을 안 하고 계속 책을 읽어달라 조를 때죠. 저는 아이에게 정해진 권수 이상으로는 더 읽을 수 없다고 미리 규칙을 정한 후 읽어주었어요. 그마저도 힘든 날에는 한두 권만 읽어주고 오디오를 틀어주는 날도 있었죠.

첫째 때는 무조건 부모 목소리로 읽어줘야 한다는 원칙을 지키기 위해 애를 썼지만, 둘째가 태어나면서는 저 스스로에게 관대해졌어요. 아이들도 엄마의 마음을 이해해주는 연령이 되어서인지 어느 정도 규칙을 정해주면 고맙게도 잘 따라주었어요. 아이가 집중하여 영어책을 보거나 듣지 않는다면 고민하거나 억지로 시키지 말고 '잠자리 독서'를 시작하라 권하고 싶고, 무엇보다도 시간에 쫓기는 맞벌이 부부들에게는 이 시간만은 놓치지 말라고 전하고 싶어요.

그림책 읽어주는 법

1. 부모가 먼저 소리 내어 읽어보기

부모가 먼저 영어책을 미리 한 번 소리 내서 읽어보세요. 부모가 영어가 익숙하지 않은 경우라면 특히 한 번은 미리 읽어 봐야 아이 앞에서 버벅대지 않고 자연스럽게 읽어줄 수 있어요. 특히 영어 발음을 어색해하는 분은 꼭 먼저 읽어보세요. 이렇게 읽어보면서 전체적인 줄거리도 보고 책 속에서 무슨 대화가 오가고 무슨 표현이 사용되는지 확인해두는 거예요. 아이에게 읽어줄 때 어느 부분을 중점적으로 읽어줘야 할지도 미리 알아보고요. 발음을 잘 모르겠으면 스마트폰의 영어사전으로 확인하고 읽어주면 훨씬 좋아요.

이런 글을 보자마자 이미 귀찮다는 생각부터 들 수 있어요. 혹시라도 그렇게 생각한다면, 진심으로 영어 환경 만들기는 어려울 수도 있어요. 이런 귀찮음을 극복해야 영어 잘하는 아이로 키울 수 있답니다. 세상에 쉽게 이루어지는 것은 없어요.

2. 그림 활용하기

아이들이 보는 책은 그림 혹은 사진이 같이 곁들여져 있는 경우가 대부분이에요. 이렇게 책에 나와 있는 그림을 활용하면 의미를 파악하는 데 큰 도움이 되죠. 아이에게 정성껏 읽어주면서 그림 속의 사물을 핑거 포인팅 해주세요. 그러면 우리말로 해석을 굳이 해주지 않아도 아이는 이해할 수 있어요.

아이들은 어른이 생각하는 것보다 사물을 관찰하는 면에서 훨씬 세밀해요. 그런 관찰력이 책 속의 그림이나 사진을 볼 때도 큰 힘을 발휘하죠. 오히려 책을 여러 번 같이 읽은 부모는 찾아내지 못했던 세세한 것들을 아이가 찾아내기도 하는 건 바로 그런 관찰력 때문이에요.

책을 읽어줄 때는 아이가 이런 관찰력을 마음껏 발휘하게 하고, 책에 나온 단어나 문장을 활용해서 아이와 이야기를 나누어보는 것도 좋아요. 영어로 대화하기 벅차다면 한국어로 이야기하는 것도 괜찮으니, 책에 관해 마음껏 이야기를 해보세요.

3. 해석하지 마세요

많은 부모들이 영어책을 읽어주면서 해석을 해요. 왜 해주냐고 물어보면 영어로만 읽어주면 아이가 무슨 뜻인지 모를 것 같아서라네요. 안 그러셔도 돼요. 부모의 답답함을 아이도 느끼고 있을 것이라는 생각을 아예 머릿속에서 지워버리세요. 쉬운 영어책을 반복해서 읽어주다 보면 아이가 상황을 유추하기 때문에 굳이 우리말 해석을 일일이 해주지 않아도 돼요. 특히 한국어가 완전히 완성이 안 되어 있는 4~5세 미만 아이들이라면 편하게 영어로만 읽어주세요.

하지만 5세 이상의 연령이거나 모국어 습득이 유난히 일찍 자리 잡힌 아이들은 우리말로 무슨 뜻인지 알려달라고 하는 경우가 있어요. 그럴 때면 일일이 손가락으로 짚어가며 한 문장씩 해석하는 것보다 페이지의 긴 문단을 주욱 읽어준 뒤 그림을 보면서 어떤 내용인지 간단히 이야기해주는 게 좋아요. 전체적인 내용 흐름만 알려주는 거예요. 그렇게 하면 아이 스스로 그림을 보고 내용을 유추하는 요령을 터득하게 됩니다.

즉, 영어는 영어로 이해하도록 언어 상상력을 키워준다는 원칙은 유지하되 아이의 질문과 궁금증은 바로 해결해주어서 책이 주는 즐거움과 관심이 지속될 수 있도록 해주세요.

4. 어려운 것은 쉬운 것으로 이해시키기

아이 영어책을 보면 의외로 어른도 모르는 표현이 나오기도 하고, 비슷한데 색다른 표현이 나오기도 해요. 아이도 영어에 익숙하지 않고 부모도 마찬가지라면 쉬운 표현으로 바꿔주는 것이 아이의 이해력을 높이는 데 도움이 돼요.

예를 들어 'She was nowhere to be found at home.' 같은 문장은 아이에게 어떤 의미인지 쉽게 이해되지 않을 수도 있어요. 이런 것은 센스를 발휘해서 'She was not at home.'처럼 쉬운 문장으로 바꿔주세요.

이보다 더 좋은 건 사실 무조건 쉬운 책을 고르는 거예요. 읽다가 문장이 어려우면 흐름이 끊기고 부모도 집중하기 어렵기 때문이에요. 책의 전반적인 내용은 어렵지 않지만 몇몇 문장이 쉽지 않을 경우는 꼭 아이에게 쉬운 영어로 다시 한 번 풀어 읽어주는 것을 잊지 마세요.

5. 생생하게 읽어주기

    책을 한 번 후루룩 읽어주고 그냥 끝내기보다는, 아이와 함께 책의 내용을 따라 하며 대사를 하는 역할놀이를 하면 좋아요. 쉬운 문장 하나라도 아이가 직접 말해보면서 익힐 수 있으니까요. 그 이후 아이에게 책 지문과 그림에 관련된 간단한 질문을 하고, 아이가 불완전하고 서툴더라도 영어로 대답하도록 유도해 주세요. 자기가 아는 단어와 문장을 총동원해서 영어로 대답하는 경험이 쌓이면서 아이의 자존감이 높아지는 데다 책도 더 자세히 볼 수 있어 일거양득이 된답니다.

그림책은 대부분 문장이 짧지만 읽다 보면 꽤 긴 책도 있어요. 문장 길이를 살피기보다 아이와 함께 공감대를 형성하면서 이야기 나눌 수 있는 그림책을 골라 읽어주세요. 제가 추천하는 그림책들은 가족과 주변의 익숙한 동물들을 통해 사랑과 평안함, 안정감을 주며 다양한 어휘를 통해 언어의 재미를 느낄 수 있는 책들이에요.

추천하는 그림책

The Very Hungry Caterpillar
I love you through and through
Where's Spot?
If You Give a Mouse a Cookie If you 시리즈

★ 에릭 칼 작가의 작품으로, 작은 알에서 아름다운 나비가 되어 가는 과정을 선명한 색감으로 아름답게 표현했어요. 마지막 페이지를 펼쳤을 때 나비가 화려한 날개를 펴고 나는 장면을 보면 가슴 뭉클해지는 감동을 받게 돼요.

★ 아이에 대한 사랑을 이보다 더 잘 표현할 수 있을까 하는 생각이 들 정도로, 읽어주는 엄마도 듣고 있는 아이도 함께 행복해지는 책이에요. 영어라는 언어가 가진 리듬감을 잘 살려주는 책이기도 해요.

★ 동글동글 귀여운 강아지 스팟이 숨바꼭질하는 내용으로, 페이지마다 종이를 들춰주면 숨겨져 있는 동물이나 물건이 보이는 플랩북(flapbook) 형식이에요. 호기심과 재미를 동시에 만족시키는 책이랍니다.

★ 그림이 아기자기해요. '만약 ~한다면 다음은 어떻게 될까?'에 대해 아이와 같이 이야기하며 상호작용할 수 있는 유쾌한 책이에요.

  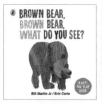

Are You My Mother?
Goodnight Moon
Brown Bear, Brown Bear, What Do You See?
Polar Bear, Polar Bear, What Do You Hear?

★ 아기새가 엄마를 찾아가는 과정을 담고 있어요. 엄마를 그리워하는 마음을 느끼게 해주는 사랑스러운 책이에요.

★ 아이들에게 영어에 대한 운율을 느끼게 해주는 책이에요. 주변의 사물을 익힐 수 있고 그림과 영어의 리듬감으로 포근함이 느껴져요.

★ 동물과 색깔을 함께 실어 시각적으로 표현한 책이에요. 대화식 반복 구조로 아이들이 자연스럽게 뒤에 오는 말을 따라 연결할 수 있어요.

★ 간결한 문장으로 동물들이 내는 특유의 소리는 물론, 다양한 동물 이름도 알 수 있어요.

   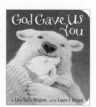

The Giving Tree
I Love You to the Moon and Back
If Animals Kissed Good Night
God Gave Us You

★ 1964년 미국에서 처음 출간된 후로 40년이 훌쩍 넘는 지금까지 사랑받는 베스트셀러예요. 한 소년에게 모든 것을 주고 싶어 하는 나무 한 그루의 이야기를 담고 있어요.

★ '달을 왕복할 만큼 너를 사랑해'라는 제목에서 알 수 있듯이 따스함과 사랑이 넘쳐나는 책이에요.

★ 동물들의 그림이 귀엽고, 밤에 동물들이 인사 나누는 것을 상상해보며 읽을 수 있어요.

★ 아이와 책을 읽으며 아이가 하느님이 주신 소중한 존재라는 것을 느끼게 해주는 책이에요.

Grandma and Me
How Do I Love You?
Max and Ruby
Peppa Pig

★ 포근한 그림과 가족에 대한 주제로 많은 사랑을 받고 있는 작가 캐런 카츠의 책이에요. 할머니의 따뜻한 사
   랑을 느낄 수 있는 플랩북이에요. 캐런 카츠의 다른 책들도 영유아 시기에 읽어주면 좋아요.
★ 뉴베리 수상작가 매리언 데인 바우어의 작품이에요. 아이에 대한 사랑을 자연에 빗대어 표현하고 있어요.
   자기 전에 읽어주면 차분하고 잔잔한 내용이 아이의 마음을 편안하게 해줘요.
★ 그림이 귀엽고 색감이 선명해서 아이들이 좋아해요. 토끼 남매 캐릭터가 일상에서 겪는 일들을 담고 있고,
   연령별로 다양하게 나와 있어 아이 시기에 맞게 골라 읽히면 돼요.
★ 아이들이 싫증 내지 않고 반복적으로 재미있게 보는 책이에요. 시리즈가 다양하게 있어 연령에 맞게 책을
   선택해서 읽을 수 있어요.

노부영 시리즈

'노래 부르는 영어 동화' 시리즈를 줄여서 간단히 '노부영'이라고 해요. 다양한 책 중에서도
노부영 마더구스 시리즈가 유명해요.

- There Was an Old Lady Who Swallowed a Fly _Pam Adams
- Dry Bones _Kate Edmunds
- I Am the Music Man _Debra Potter
- Wheels on the Bus Go Round and Round _Annie Kubler
- Down by the Station _Jess Stockham
- The Ants Go Marching _Dan Crisp
- The Farmer in the Dell _구전
- Here We Go Round the Mulberry Bush _Annie Kubler
- Over in the Meadow _Annie Kubler
- Ten Little Monkeys Jumping on the Bed _Annie Kubler

기타: 누구나 좋아하는 그림책

- Brown Bear, Brown Bear, What Do You See? _Eric Carle
- Big Red Barn _Margaret Wise Brown
- Pete the Cat: Old MacDonald Had a Farm _James Dean
- Where's Spot? _Eric Hill
- Where is Baby's Mommy? _Karen Katz
- Max's Bedtime _Rosemary Wells
- Where Is Maisy? _Lucy Cousins
- Dear Zoo _Rod Campbell
- The Going-To-Bed Book _Sandra Boynton
- Good Night, Gorilla _Peggy Rathmann
- Machines at Work Board Book _Byron Barton
- Love You Forever _Robert Munsch
- Oh, David! _David Shannon
- From Head to Toe _Eric Carle
- Toot _Leslie Patricelli
- I Love You Through And Through _Bernadette Rossetti Shustak
- The Very Hungry Caterpillar _Eric Carle
- Smash! Crash! _David Shannon
- Clifford the Big Red Dog _Norman Bridwell
- Ruby's Cupcakes _Rosemary wells
- Harry the Dirty Dog _Gene Zion
- The Wonderful Things You Will Be _Emily Winfield Martin
- Little Blue Truck _Alice Schertle
- Five Little Monkeys Jumping on the Bed _Eileen Christelow
- Curious George in the Snow _H. A. Rey, Margret Rey
- I just Forgot _Mercer Mayer
- Knuffle Bunny _Mo Willems
- The Napping House _Audrey Wood & Don Wood
- Llama Llama Red Pajama _Anna Dewdney
- Today is Monday _Eric Carle
- Madeline _Ludwig Bemelmans

- No, David! _David Shannon
- Harold and the Purple Crayon _Crockett Johnson
- Lost and Found _Oliver Jeffers
- The Snowman _Raymond Briggs
- The Tiger Who Came to Tea _Judith Kerr
- Duck! Rabbit! _Amy Krouse Rosenthal & Tom Lichtenheld
- Each Peach Pear Plum _Allan Ahlberg & Janet Ahlberg
- Where's My Teddy _Jez Alborough
- Hi! Fly guy _Tedd Arnold
- The Snowy Day _Ezra Jack Keats
- Are You My Mother? _P.D. Eastman
- Don't Let The Pigeon Drive The Bus! _Mo Williams
- The Animal Boogie _Debbie Harter
- Handa's Surprise _Eileen Browne
- Owl Babies _Martin Waddell & Patrick Benson
- How Do Dinosaurs Say Goodnight? _Jane Yolen & Mark Teague
- It's My Birthday _Helen Oxenbury
- Animal Pants _Giles Andreae & Nick Sharratt
- Shh! We Have a Plan _Chris Haughton
- We're Going on a Bear Hun _Helen Oxenbury & Michael Rosen
- Guess How Much I Love You _Sam McBratney(Author)
- Press Here _Herve Tullet
- Rosie's Wal _Pat Hutchins
- Where the Wild Things Are _Maurice Sendak
- I Want My Hat Back _Jon Klassen
- Blue Hat, Green Hat _Sandra Boynton

03 2단계: 알파벳 익히기

꾸준하고 다양한 소리 노출을 통해 영어 소리에 익숙해지고 엄마와 한마디 대화 또는 책을 통해 영어 표현을 충분하게 경험했다면, 이제 조금씩 알파벳을 아이에게 알려주는 것도 좋아요. 이때 중요한 것은 재미를 놓쳐서는 된다는 거예요. 이제껏 생활의 일부로 영어를 부담 없이 받아들였는데, 갑자기 알파벳 문자를 하면서 주입식으로 접하게 할 경우 영어에 대해 부담을 느낄 수도 있으니까요.

그러니 알파벳도 쉽고 다양한 방법으로 노출시키는 것이 중요해요. 또한 처음부터 알파벳과 음가, 사운드를 같이 알려주면 나중에 글을 읽을 때 단어의 첫 글자를 보고 사운드를 추측하며 통문자를 받아들일 수 있어요.

알파벳 익히는 노하우

Aa를 알려줄 때 대문자는 'mommy A', 소문자는 'baby a' 이런 식으로 불러서 대소문자를 구분하게 하며 한 번에 같이 알려주세요. 'a' 사운드와 'a'로 시작하는 단어도 바로 같이 들려주고요.

> a says 애-애-애 apple, ant, airplane!
> b says 브-브-브 bear, baby, bee!

이런 식으로 사운드와 단어를 같이 들려주면 나중에 파닉스 과정을 따로 하지 않아도 글자 읽는 규칙을 쉽게 익힐 수 있어요.

알파벳은 벽에 붙이는 알파벳 차트와 포스터를 활용해도 좋고, 따로 알파벳 책을 같이 보면서 발음과 이름, 단어들을 눈에 보일 때마다 짧고 꾸준하게 나누어 반복, 설명해주면 아이들이 쉽게 기억할 수 있어요.

알파벳은 어른들 눈에는 쉽고 간단하게 보이지만 아이들, 특히 미취학 아동과 초등 저학년 아이들은 의외로 헷갈려하기도 해요. 그래도 아이들 쓰기에는 한글보다 알파벳이 쉬운 편이기에, 초등 저학년에 준비가 되어 있다면 알파벳을 익히게 하는 것이 편해요. 이 정도 연령이 되면 글자와 소리의 관계를 이해하고 알기 때문에 너무 길게 시기를 잡지 않아도 돼요.

다만 좌우의 개념이 없이 모양만으로 알파벳을 익힐 경우 b와 d 또는 p와 q를 혼동할 수 있기에 알파벳을 익히기 전 오른쪽과 왼쪽을

구분하는지 확인해보세요. 좌우 개념은 연령이 오르면 해결되는 것
이지만 더 쉽게 인지시키려면 오른손 손등에 좋아하는 캐릭터 스티
커를 붙여놓거나 손톱에 봉숭아물을 들여놓으면 아이가 자연스럽게
기억할 수 있답니다.

알파벳 학습에 도움을 주는 책

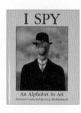

I Spy an alphabet in art

★ 세계에서 가장 위대한 그림 26점 속에 숨어 있는 '숨은 그림 찾기'와 '알파벳 찾기' 등을 할 수 있어요. 아름답고 재미있는 명화들을 보며 게임도 할 수 있는 책이에요.

Dr. Seuss's ABC: An Amazing Alphabet Book!

★ 말 그대로 ABC 순서대로 쓰인 아동 도서예요. 다양한 등장 인물들에 대한 짧은 시 몇 편을 수록하고 있으며 아이들에게 기본적인 알파벳 개념을 알려줄 때 좋아요.

The Alphabet Tree

★ 글자들이 매달려 있던 알파벳 나무에 어느 날 거센 돌풍이 불면서 발생하는 일화를 담고 있어요. 단어 벌레가 와서 글자들을 단어로 만들어주며 서로 뭉쳐 있으면 바람을 이길 수 있다고 알려준 후 알파벳들은 단어를 이루어 살게 된다는 내용이에요.

Alpha tales

★ 26개의 알파벳을 각각의 소리를 사용해 익살스럽고 재미있게 이야기로 꾸민 책이에요. 아이들이 파닉스를 배울 때 많은 도움이 돼요.

Chicka Chicka Boom BOOM

★ 알파벳 소문자들이 장난을 치며 코코넛 나무 위로 올라가고 그 무게 때문에 휘어지게 되면서 모두 떨어지게 돼요. 결국 알파벳 소문자들은 멍이 들거나 이가 흔들리는 등 부상을 입게 되죠. 선명하고 화려한 색상의 알파벳 소문자들을 의인화해서 아이들이 재미있게 알파벳을 익힐 수 있어요.

알파벳 학습 사이트

Lil Fingers

★ 움직이는 사운드북인 'ABC Mommy&Me'로 엄마인 대문자와 아기인 소문자 한 쌍의 움직임과 소리를 통해 자연스럽게 알파벳의 발음 소리와 대소문자의 모양을 익힐 수 있어요.

피셔프라이스

★ 세계적인 장난감 회사인 피셔프라이스의 홈페이지에서 infant와 toddler 대상 게임 중 하나로 귀여운 동물들의 이름을 알파벳순으로 배울 수 있어요.

Starfall

★ 스타폴은 파닉스, 동요, 수학 영역까지 다루고 있어 유용한 영어 학습 사이트입니다. 무료로 사용해보다가 아이가 잘 활용하면 유료로 활용해도 좋아요.

크레욜라

★ 어린이 크레용 회사인 크레욜라의 공식 사이트로, 만들기, 색칠하기, 퍼즐, 스토리북 등 어린이들이 체험하고 활용할 자료들이 많아요.

3단계:
리더스북 읽기

아이가 영어책에 빠지게 하려면 무엇이 가장 중요할까요? 바로 재미예요. 한글 책이든 영어책이든 마찬가지죠. 아이들은 어떤 상황에서도 재미가 있으면 끝까지 책에 집중해요. 아이들이 듣는 것은 영어가 아니라 이야기이기 때문이에요. 그러니 영어 학습이나 공부를 위해서 책을 읽게 하거나 읽어주지 마세요. 무조건 재미있는 책을 골라 아이가 집중할 수 있게 해주세요.

귀한 시간을 쪼개서 아이에게 책을 읽어주는 수고를 마다하지 않는데 아이가 영어에 흥미를 보이면 부모는 좀 더 어려운 책, 좋은 책을 고르고 싶은 욕심을 부리게 돼요. 그러나 아이의 관심을 좀 더 끌어올리려면 영어 문장이 많은 책이 아니라 흥미를 끌 수 있는 주제여야 해요. 이야기가 너무 간단하고 문장이 읽어주기 민망할 정도로 짧더라도 재미만 있으면 아이는 많은 것을 상상할 수 있어요. 아이들은 단순한 동화책도 매번 다르게 보며 전에는 발견하지 못했던 새로운 재미를 잘도 찾아내는 재주가 있으니까요.

아이가 원하는 리더스북을 읽게 하자

'리더스북'은 문자 읽기를 목적으로 만든 책이에요. 그림책으로 영어를 시작해서 읽기로 넘어가려고 할 때 가볍게 훑어보기 좋은 책이죠. 영어 그림책만큼은 아니지만 간결한 그림과 그에 맞는 쉬운 표현이 반복해서 나오기에 영어가 서툰 아이들이나 영어를 늦게 접한 아이들에게도 추천해요. 쉬운 표현들이 반복되어 아이가 문장을 이해하는 데 많은 도움을 줘요. 패턴화된 문장이 많아서 읽다 보면 저절로 외워지며 실생활에서 발화하는 데 도움이 돼요. 선택할 수 있는 주제와 레벨이 다양하기 때문에 영어에 대한 심리적 장벽을 낮추는 데 유용하기도 해요. 반면, 레벨이 다양하기 때문에 섬세하게 골라야 해요.

영어 픽처북은 부모가 아이들에게 읽어주기 좋은 책이고, 리더스북은 아이가 조금씩 '스스로 낭독'하면서 리딩을 연습하고 준비하는 단계의 책이라고 생각하면 돼요. 아이가 아직 취학 전이라면 이런 활동이 버겁게 느껴질 수 있기 때문에 하루에 3~5권 정도로 부담이 안 가는 권수를 정해 부모가 아이에게 직접 읽어주거나 CD를 듣고 페이지를 넘기면서 읽게 해주세요. 아이가 초등학생이라면 매일 읽을 권수를 정해서 부모가 읽어주거나 CD로 들은 뒤 스스로 조금이라도 천천히 읽어보게 해주시고요.

　물론 이렇게 아이에게 책을 낭독하게 할 때는 아이가 어느 정도 자신감을 가지고 있는 상태여야 해요. 틀리더라도 스스로 하고 싶어 하는 아이라면 모를까, 대부분은 한두 번 읽다가 막히면 그다음부터는 읽어보라는 말만 들어도 꼬리를 내리는 경우가 많으니까요. 스스로 낭독할 수 있는 리더스북의 권수가 쌓일수록 아이의 영어 자신감도 같이 상승하니 아이 옆에서 용기를 북돋아주는 게 중요해요.

　리더스북에는 논픽션 리더스북과 픽션 리더스북이 있어요. 많은 아이들이 좋아하는 ORT(Oxford Reading Tree)가 대표적인 픽션 리더스북의 한 종류예요. 이 책은 종류도 많고 단계도 세분화되어 있어요. 영어책을 무엇으로 시작해야 할지 모르는 부모라도 아이의 상황에 맞게 읽히면 큰 도움이 될 거예요. 혹은 그림책으로 영어를 시작하는 것을 유치하다고 생각하는 초등학생들에게 권하기 좋아요. 영어를 쉽게 접할 수 있게 해, 자신감을 갖고 도전해보도록 유도할 수 있답니다.

　논픽션 리더스북은 언어, 수리, 과학, 사회, 네 가지 분야로 나뉘어 있는 'learn to read'와 'JFR(Jy First Readers)', 'hello reader' 등이 대표적인 인기 시리즈예요. 저희 아이들은 리더스북이라면 거의 다 좋아했지만 특히 내용이 잔잔하고 따스한 'Henry and Mudge'를 무척 좋아했어요. 머지라는 커다란 개와 주인공 소년이 함께 만들어가는 스토리가 동물을 유난히 좋아하는 아이들의 감성을 자극해서 푹 빠졌던 것 같아요.

리더스북은 반복이 중요하다

유아기를 벗어나 리더스북으로 영어를 시작할 경우 하루 2~5권 정도 아이의 역량에 맞게 권수를 정해서 매일 꾸준히 듣고 읽고 보는 연습을 시켜줘야 해요. 리더스북은 대부분 내용이 어렵지 않지만 처음 영어를 시작하면 기초를 단단히 채워 넣을 수 있는 단계이기 때문에 가능한 한 반복을 많이 하면 좋아요.

또한 한 시리즈나 전집을 반복해서 읽는 것도 좋지만 비슷한 수준의 쉬운 다른 리더스북을 통해 다양한 표현을 듣고 접하는 것이 더 좋아요. 왜냐하면 아무리 재미있고 좋은 책이어도 한 시리즈에 사용된 어휘와 표현은 한계가 있고, 작가마다 문체의 특징이 있기에 시리즈 한 종류만 읽으면 다양한 표현을 경험하지 못하기 때문이에요. 비슷한 레벨의 리더스북을 다양하게 읽고 듣기에 노출된다면 새롭게 접하는 단어와 표현이 많아지는 것은 당연하겠죠. 리더스북에 나온 표현을 가능한 한 많이 이해하고 습득하게 한다는 목표를 세우면 아이들에게 많은 도움을 줄 수 있어요.

리더스북 과정에서 꼼꼼하게 읽고 들려주는 환경을 만들면 그전에 영어를 안 하던 아이들은 조금 힘이 들 수 있지만 또 가장 간편하게 영어에 노출될 수 있는 기회가 되기도 해요. 그러니 부모가 인내심을 가지고 매일 챙겨주는 정성이 필요해요.

또한 아이가 잘하는 것 같다가 힘들어 한다면 아이의 기본기보다 책 수준이 높기 때문일 거예요. 리더스북은 의외로 범위가 광범위하고 그림책, 챕터북, 소설 외의 책들이 모두 포함이 된다고 봐도 무방

해요. 즉, 우리가 흔히 리더스북이라고 알고 있는, 짧은 문장으로 이루어지고 구문이 반복되어 읽기에 예측 가능하도록 구성된 책들도 많지만 그 이상의 실력을 요구하는 책도 많아요.

이처럼 다양한 내용을 지닌 리더스북은 다음 단계인 챕터북으로 넘어가기 전 긴 지문을 읽어내고 이해할 수 있도록 끌어주는 견인차 역할을 하기 때문에 읽기의 지구력을 키워주기 좋아요. 종류도 굉장히 다양해서 시리즈 하나를 잘 고르기만 하면 꽤 긴 시간을 리더스북의 재미에 빠지게 할 수도 있어요.

그림이 거의 없고 갱지 위에 글이 대부분인 챕터북으로 넘어가는 것이 부담스러운 아이들 같은 경우 이런 시간을 충분히 즐기게 해준 뒤 서서히 글밥을 늘려가며 챕터북으로 진입하게 해주면 돼요. 하지만 아이가 너무 어리고 영어책 페이지나 글밥에 예민한 아이라면 부모의 욕심은 잠시 뒤로 하고 바로 아래 단계를 조금 지속해주는 게 좋아요. 힘들게 끌고 가는 것은 아이에게 스트레스만 줄 뿐이고 영어 거부감이 생길 수도 있어요. 아이의 자신감도 회복시키고 한 번 더 복습한다는 의미로 생각하면 부모님도 계속 단계를 높여야 한다는 강박에서 벗어날 수 있을 거예요.

책 읽기 전 준비 사항

이제 아이가 원하는 책을 읽어주는 단계예요. 영어책 읽어주기를 하려고 한다면 당연히 준비물은 영어책이지요. 그럼 그냥 책 몇 권만 있으면 될까요? 책은 기본적으로 갖춰져 있어야 하고, 그전에 중요한 준비가 더 있어요.

1. 주위 환경

부모들이 꼭 신경 써야 할 것이 바로 주변 환경이에요. 아이들이 스스로 책을 보게 하고 싶다면 아이가 머물러 있는 곳을 책 읽기에 적합한 공간으로 만들어줘야 해요. 주변에 책보다 더 재미있는 장난감 같은 게 널려 있다면 아이는 당연히 다른 것들에 시선과 마음을 뺏길 테니까요.

그렇다고 TV와 장난감을 모조리 없애고 오직 책만으로 거실을 채우는 극단적인 선택을 하라는 것은 아니에요. 아이들에게는 가끔 소소한 재미를 줄 수 있는 것들도 필요하니까요. 다만 어수선한 환경을 정리하고, 책을 아이 눈높이에 맞게, 손이 닿는 곳에 배치하는 등 분위기 조성이 필요하다는 거예요.

특히 요즘 책 읽기의 1등 방해물은 아마 스마트폰일 거예요. 그러니 아이들에게 스마트폰을 먼저 쥐어주면 절대 안 돼요. 당장은 아이가 스마트폰의 세계에 빠져 조용할 수 있지만 두뇌 발달에는 치명적일 수 있으니까요. 말초적인 재미를 제공하는 스마트폰에 빠진 아이가 어떻게 종이를 넘기며 내용을 하나하나 이해해야 하는 책을 읽을 수 있겠어요.

이미 아이가 이런 것들에 빠져 있다고 한다면 단호하게 끊어주세요. 시간을 두고 천천히가 아니라 바로 없애고 보여주지 않는 것이 어린아이들에게 훨씬 유익하답니다. 아이의 주변을 심심하게 해주면 당장은 아이가 짜증을 내기도 하고 무력함을 보일 수도 있어요. 하지만 바로 그때가 아이 스스로 책 읽기 재미에 빠질 수 있는 기회가 되기도 합니다.

2. 다양한 책

책에 집중할 수 있는 분위기가 조성되었다면 아이의 관심을 끌 수 있는 다양한 책을 부지런히 구비해놓아야 해요. 이렇게 정성을 들여도 아이들이 스스로 영어책을 읽게 하기까지는 꽤 시간이 걸릴 수도 있어요. 하지만 이 정도 노력은 기본적으로 부모가 해야 해요.

아이에게 영어책을 읽어주기까지 부모도 마음 준비가 필요한 것처럼 아이들도 영어책의 재미에 빠지기까지 시간이 걸린답니다. 일단 책 한 권이 주는 재미를 느끼기까지 부모는 충분히 기다려주어야 해요. 물론, 마냥 기다리는 게 아니라 환경 만들기 등으로 조금은 적극적으로 개입하면서요. 그러다 보면 오지 않을 것만 같던 시간, 영어책 읽느라 시간 가는 줄 모르는 아이의 뒷모습을 보게 되는 순간이 온답니다.

어떤 책을 고를까?

부모들의 욕심과 고민은 다양하기도 하지만 또 매우 비슷하기도 한데, 그중 하나가 책을 고를 때 어떤 것에 기준을 두어야 할지 모르겠다는 거예요. 이것은 사실 깊이 고민할 문제가 아니랍니다.

1. 아이의 관심사 따라가기

첫 번째, '우리 아이가 좋아할 것인가?'를 중심에 두면 기준이 명확해져요. 너무 당연한 말인데 한글 책이든 영어책이든 일단은 아이가 관심을 보이고 재미있어 할 책을 골라야 해요.

아이를 자세히 관찰하면 아이의 관심 영역이 보여요. 공주인지, 동물인지, 로봇인지, 자기가 좋아하는 소재나 주제가 나오는 책을 읽어주면 아이는 그 책을 좋아할 확률이 높아요. 그렇게 고른 책은 아이가 반복해서 읽지요.

저희 첫째 아이는 동물과 곤충에 빠져 있었고, 둘째는 코코몽이나 도라 같은 캐릭터북을 선호했어요. 둘의 관심사가 다르니 아이에 맞게 책을 골라주었죠. 책을 골고루 읽히는 것도 중요하지만 좋아하는 책을 아이가 만족할 때까지 충분히 읽어주면서 교감하는 것이 더 중요해요. 욕구가 충족되면 아이는 스스로 관심 영역을 넓혀갑니다. 그러니 아이가 어떤 쪽으로 확장시킬지 다시 기다려줘야 해요.

2. 그림과 지문 놓치지 않기

두 번째는 그림으로 스토리를 이해하는 능력이 뛰어난 아이들을 위해 그림과 지문이 얼마나 일치하는가를 중점적으로 봐야 해요. 영어 이해력이 떨어지는 아이라 해도 그림이 지문을 정확하게 설명해 줄 수 있다면 별문제 없이 스토리를 받아들일 수 있어요.

그림을 보면서 책의 스토리를 유추해가는 힘이 생기면 나중에 글밥이 많고 조금 더 어려운 단계로 넘어가 그림의 비중이 줄어들어도 이미 간단한 그림과 문장으로 전체적인 흐름을 파악하는 힘이 생겼기 때문에 큰 어려움 없이 레벨을 향상시킬 수 있어요.

3. 아이의 북 레벨 고려

세 번째, 아이의 영어 노출 단계에 맞는 책을 고르는 것이 좋습니다. 내용의 어려움 혹은 지문의 양이 많고 적음보다는 아이가 영어에 얼마나 노출되어 왔는지를 봐야 해요. 월령별 추천 도서는 크게 중요하지 않아요. 영어에 노출된 시기와 아이의 발달 정도, 관심사나 주제에 따라 선택의 범위가 달라질 수 있기 때문이에요. 가령, 아이가 실제로는 6세일지라도 영어 노출이 첫 시작 단계라면 당연히 가장 쉬운 단계의 책부터 시작해야 해요. 혹은 쉬운 유아 책이지만 3세 때는 관심 없어 하던 책을 뒤늦게 흥미를 가지고 훨씬 뒤에 재미있게 보기도 해요.

이렇듯 아이마다 환경과 특성이 다른 것을 감안한다면 일반적인 연령별 추천 도서는 큰 의미가 없어요. 모국어의 발달 단계에 맞출 수도 있지만 대부분의 아이들은 모국어에 비해 영어 노출량이 훨씬 적기 때문에 이에 대해서는 모국어보다 조금 수준이 낮은 것으로 골라주는 게 좋아요.

결국 아이의 상태를 냉정하고 객관적으로 보는 힘이 필요한데, 매번 아이의 노출 상태보다 높은 책을 선택할 경우 한두 번은 괜찮을지 몰라도 아이가 싫증을 내고 거부할 수 있어요. 영어 노출량에 비해 조금 쉬운 듯한 책을 골라주는 것이 아이가 자신감도 갖고, 책 읽기에 재미를 유지하는 데 도움이 된답니다.

물론 유난히 독서력이 좋은 아이는 예외가 될 수도 있어요. 모국어 책 수준도 높고 영어 노출량도 비슷하게 나아가고 있는 일부 아이들은 내용이 약간 어려워도 흥미를 가지고 끝까지 볼 수 있으니까요. 그러나 대부분의 아이들에게는 쉬운 책으로 영어 환경을 만들어주고 단계에 맞는 책으로 어휘를 확장시키면서 자신감을 심어주는 것이 바람직합니다.

아이들이 좋아하는 리더스북

아이들이 좋아하는 리더스북을 낮은 레벨부터 높은 레벨 순으로 정리한 리스트입니다.
순서대로 읽으면 좋아요.

JY First Readers
Ready To Read Pre-Level: Storytime with Daniel
I can read 1: Biscuit
I can read 1: Dixie

I can read 1: Little Bear
Scholastic: Clifford
Arthur Starter
I can read 1: The syd Hoff

Oxford Reading Tree 4~6
Ready to Read 1: Robin Hill School
Ready to Read 1: Henry and Mudge
Ready to Read 1: Eloise

Ready to Read 1: Olivia
Little Critter Storybook
Usborne First Reading
Sunshine Readers

Arthur Adventure
Scholastic Hello Reader 3
Curious George Storybook
Oxford Reading Tree 7~9

Horrid Henry early reader
Fly Guy
Step into Reading 2: Disney Princess
National Geographic Kids

I can read 2: Flat Stanley
I can read 2: Amelia Bedelia
I can read 2: Frog and Toad

I can read 2: Arthur
Easy-to-Read Spooky Tales
Winnie and Wilber readers book
Mouse and Mole series

'사이트 워드(sight words)'란 'high frequency word'라고도 하는데 문장에서 매우 자주 사용되는 단어들을 말해요. 어린이 영어책 대부분 절반 이상이 사이트 워드로 이루어져 있을 정도예요. 여기에는 아이에게 단어 뜻을 설명하기 어려운 관사(a, an, the), 접속사(and, but 등), 인칭 대명사(I, You, She, He, We, They 등), be동사(am, are, is) 등이 포함되어 있어요.

알파벳 기본 음가와 사이트 워드만 제대로 알고 있으면 따로 파닉스를 하지 않아도 리딩에 쉽게 접근할 수 있어요. 쉽고 간단하고 노출 빈도가 높으니 아이들이 익혀 놓으면 리딩에 도움이 되고 스스로가 영어를 읽고 있다는 생각도 갖게 되지요. 특히 사이트 워드는 파닉스나 알파벳 음가에서 벗어나 발음되는 경우가 대부분이고, 우리말로 해석하기도 애매한 경우가 있기 때문에 시간을 들여 별도로 익히게 하는 것이 좋아요.

미국 원어민 아이들도 저학년 때는 학년에 맞게 사이트 워드를 따로 외운다고 해요. 그만큼 외워두면 읽기 연습을 하는 데 큰 도움이 되기 때문이에요. 사이트 워드는 플래시 카드를 활용해 매일 개수를 정해놓고 놀이처럼 익히게 해도 되고 리더스북 1단계에 나와 있는 대표 사이트 워드를 여러 번 반복해서 읽어도 돼요. 워낙 자주 반복되는 단어들이기에 책을 읽으며 나올 때마다 아이에게 핑거 포인팅으로 유도하면 저절로 익히기도 해요.

사이트 워드는 모든 책에 자주 볼 수 있는 단어이기 때문에 처음부터 올바른 발음을 따라 할수 있도록 신경 써주세요. 초반에 발음 습득이 잘못되면 고치기 힘들기 때문에 틀릴 때마다 정확하게 수정해주는 게 바람직해요. 천천히 엄마의 입을 보고 따라 하거나 스마트폰에 있는 사전을 이용해서 원어민 발음을 따라 하면 좋아요.

사이트 워드 학습 채널

ELF Kids Videos

★ 　사이트워드뿐 아니라, 파닉스, 알파벳 등 다
양한 영어 학습 콘텐츠가 제공되는 채널이에요.

4단계:
아이 스스로 챕터북 골라 읽기

그럼 이제, 리더스북에서 챕터북으로 넘어가는 시기에 대해 생각해볼까요?

챕터북은 그림은 거의 없고 지문이 많아서 일반 소설로 넘어가기 전 중간 단계라고 할 수 있어요. 책 내용이 챕터(Chapter)로 덩어리져 구분된 책을 말하죠. 우리말로 굳이 해석하면 1장, 2장처럼 받아들이면 될 듯해요.

리더스북으로 어느 정도 실력을 다진 아이들이 책 읽기의 재미에 좀 더 빠질 수 있도록 만들어놓은 챕터북은 대부분 70~120페이지 정도로 얇고 빠른 스토리 전개가 특징이에요. 대부분 영어 소설과 비슷한 크기이고, 저렴한 페이퍼백(종이 한 장으로 표지를 꾸민 단순한 형태의 책) 형태가 많아요.

챕터북은 보통 영미권 어린이들을 대상으로 하고, 리더스북에 비해 글밥이 훨씬 많지만 호흡이 긴 소설을 읽기 전에 보기 좋아요. 모험, 추리, 코믹, 학교생활, 판타지 등 아이들이 좋아할 소재가 많아서 취향에 따라 골라 볼 수 있는 범위가 넓어요. 이미 국내에서도 잘 알려진 《Magic tree house》, 《The Zack flies》 같은 책들이 챕터북의 대표작이라고 할 수 있어요.

리딩 레벨을 활용하자

글밥이 많은 것에 비해 영어 표현은 아이들이 무난하게 소화할 수 있도록 간결한 표현이 많고 일상 회화도 많이 습득할 수 있기에 페이지에 가득 찬 글자를 보고 미리 겁을 먹지 않도록 도와주세요. 챕터북은 대부분 시리즈로 나오는데 시리즈 특성상 문장과 스토리의 흐름이 비슷하게 진행이 되기 때문에 초반 몇 권을 읽다 보면 읽는 속도도 빨라질 수 있어요. 그림도 거의 없는 챕터북을 혼자서 다 읽게 되었을 때 아이들의 성취감은 상당히 커요. 이 경험이 다양한 영어 소설의 세계로 안내해주죠.

챕터북은 뒷면에 보면 아이의 읽기에 대한 레벨을 알려주는 RL(reading level)이 적혀 있어요. 대표적인 레벨은 'lexile'과 'AR(accelerated reader)'인데 미국 학생들의 읽기에 대한 수준을 알려주는 것으로 보면 돼요. 예를 들어 'RL2.5'라는 숫자가 적혀 있다면 이 책은 미국 초등학교 수업을 2년 5개월 정도 받은 아이가 읽기에 적합한 수준이라는 뜻이에요. 이 수치는 절대적인 수치가 아니고 평균적인 수치예요. 문장이 어렵지 않아도 책 두께에 따라 지수가 달라지기도 하고, 같은 단계의 책이라도 페이지에 따라 다르기에 책을 고를 때 참고만 하면 됩니다.

무조건 아이가 좋아하는 책으로 선택하자

챕터북은 스토리에 한번 빠지면 계속 읽게 만드는 힘이 있어요. 그러니 첫 책 선정에 신경을 많이 써야 해요. 처음에는 아이의 관심을 끌수 있도록 흥미 위주의 책을 골라 읽기 지구력을 키워주는 게 바람직해요. 지나치게 폭력적이거나 자극적인 것을 제외하더라도 쉽고 재미있는 내용의 챕터북이 많답니다.

저희 첫째 아이는 7살에 도서관에서 제가 볼 생각으로 빌려온 《Magic tree house》를 우연히 읽은 후 완전히 스토리에 빠져서 혼자서도 책을 엄청 보고 듣고 하더라고요. 50여 권이 넘는 긴 시리즈인데 스토리가 워낙 탄탄하거든요. 과거의 시간으로 돌아가 역사적 사실을 돌아보는 내용이 아이의 관심사와 딱 맞아떨어져서 정말 열정적으로 읽더라고요.

그 책을 시작으로 《The Zack Flies》, 《The secrets of Droon》 등한동안 판타지물에 빠져 있었지만 덕분에 챕터북의 세계에 아주 무난히 진입할 수 있었죠. 재미있는 책으로 아이의 읽기 수준이 향상되면 나중에 필요에 따라 다른 분야로 확장될 수가 있으니 일단은 아이의 관심사에 맞는 책을 골라주고 차츰차츰 수준을 올리는 게 중요해요.

어릴 때부터 영어 환경에 꾸준히 노출된 아이들은 책에 딸려온 CD로 흘려듣기만 해줘도 영어 어휘량이 확장되기도 해요. 이런 경우는 부모가 마음의 여유를 가지고 듣기에 집중하게 해주고 리딩은 7세 이후에 시작해도 된답니다.

일반적으로는 챕터북 진입 시 오디오의 도움을 받으며 책의 내용을 같이 읽어 내려가는 집중 듣기를 시작하게 돼요. 집중 듣기는 흘려듣기와 달리 한자리에 앉아 있어야 하기에, 어린 유아들에게는 적합하지 않아요. 초등학생은 어느 정도 지구력과 엉덩이 힘이 있으니 챕터북 집중 듣기도 효과가 좋을 수 있어요.

혼자 읽으라고 하면 아이들이 시작도 하기 전에 질리겠지만, 오디오와 함께 하는 집중 듣기는 앉아서 소리 나는 대로 눈동자를 굴리면서 스토리를 따라가는 것이기에 자신의 레벨보다 조금 높은 단계의 책을 읽어내기도 해요. 챕터북 과정에서 영어책 읽기에 자신감을 얻은 아이들은 그다음 단계인 영어 소설 과정으로 자연스럽게 넘어갈 수 있어요.

챕터북 과정을 잘 건너면 영어 독서에서 가장 큰 산을 넘어갔다 해도 과언이 아니고, 그만큼 부모의 인내력이 가장 크게 필요한 시기이기도 합니다.

리딩 레벨 알아두기

아이들에게 원서를 읽히다 보면 리딩 레벨(reading level)이란 말을 자주 듣고 보게 돼요. 영어 환경을 만들기 위해서는 다양한 책이 필요한데, 아이 수준에 맞는 영어책을 찾아주는 것은 부모 입장에서는 큰 숙제가 아닐 수 없죠. 자녀의 성향이나 독서 능력을 고려해서 책을 고를 때 도움이 되는 것이 바로 책의 수준을 알 수 있는 리딩 레벨이에요. 리딩 레벨이란 말을 쉽게 풀이하면 아이의 읽기 정도나 수준을 나타내는 정도를 표준화해서 단계별로 나누어놓은 거예요.

아이를 위해 여러 번 다양한 책을 고르다 보면 책의 수준을 측정한다는 것이 말이 안 되기도 하고 절대적이지 않다는 것을 알게 되지만, 그래도 원서를 이해하고 책을 고를 때 어느 정도 도움이 되는 것도 사실이에요. 리딩 레벨을 나누는 기준과 이를 표식화한 리딩 레벨 종류도 다양한데 이 중 가장 대표적으로 언급되는 것은 'AR'과 'Lexile'로 한국의 영어 유치원이나 학원 등 대부분의 기관에서 많이 사용하는 리딩 레벨이기도 해요.

1. AR(Accelerated Reader) 지수

www.arbookfind.com

AR은 미국 학생들의 읽기에 대한 학년 수준을 알려주는 것으로 아이들 독서 코칭을 위해 만든 독서 관리 프로그램이에요. 단어, 문장 구성, 글의 양으로 리딩 레벨을 나누어놓았고 100만여 권의 책과 3만여 명의 아이들을 분석해 만들었어요. 미국 학교에서 가장 많이 사용하는 공신력 있는 프로그램이죠. 대부분 책의 겉표지에 AR이 나와 있는데, 표기가 되어 있지 않다면 사이트로 들어가 책 제목을 입력하면 레벨 지수를 쉽게 확인할 수 있어요.

사이트에서 책을 검색할 때는 시리즈 타이틀이 아니라 그중에서 보고 싶은 책의 제목을 검색해야 해요. 예를 들어, 〈Warriors 시리즈〉 1부 중에서 2권 책 리딩 레벨이 궁금하면 'fire and ice'라고 제목을 입력하는 거예요.

유명한 시리즈물 같은 경우 워낙 많은 책들이 있고, 각 권마다 레벨이 다른 경우도 있기 때문에 꼭 이렇게 정확한 제목을 검색해야 해요. 사이트에 들어가 책 제목을 검색하면 IL(Interest Level) 지수와 BL(Book Level) 지수도 같이 볼 수 있어요. IL 지수는 책의 주제나 내용을 바탕으로 아이의 인지 발달에 알맞은 연령대를 표시한 지수예요. LG(lower grades k~3), MG(middle grades, 4~8), MG+(middle grades plus, 6and up), UG(upper grades, 9~12), 4가지로 분류되어 있고, 어느 연령대의 아이들이 흥미를 가질 수 있는 책인지 알 수 있어요.

참고로 앞서 설명한 〈Warriors 시리즈〉 1부 2권인 《fire and ice》 같은 경우 IL 지수가 MG로 나와요. 초등학교 고학년부터 읽으면 좋다는 사실을 참고할 수 있지요. 그리고 바로 옆에 같이 나오는 BL 지수는 5.4로 나오는데, 미국 학생 기준으로 5학년 4개월 정도에 해당하는 아이들이 읽는 책이라는 의미에요.

대부분은 이 BL 지표를 참고로 아이에게 맞는 영어책을 골라주면 돼요. 이렇게만 보면 간단하게 아이의 리딩 레벨을 추측할 수 있는데 AR 리딩 레벨은 약간의 아쉬움이 있기도 해요. AR 리딩 레벨은 다른 회사 리딩 레벨과 달리 삽화를 제외한 텍스트만 기계적으로 계산해서 결과를 산정해요. 그러다 보니 단어의 난이도가 차지하는 비중이 절대적이에요.

예를 들어, 초등학생들이 좋아하는 《Captain underpants》를 보면 리딩 레벨이 4.3~5.3으로 나와요. 작가는 미국 초등 3학년을 대상 독자로 정하고 썼다고 하는데 책 중간중간 삽화가 많이 들어가 있고 시각적으로 재미를 줄 수 있는 만화도 들어가 있어 실제 레벨보다 조금 아래인 아이들도 재미있게 볼 수 있는 책이죠.

즉, AR 리딩 레벨은 단어의 난이도를 잘 보여주는 장점이 있는 반면 책의 전체적인 내용은 고려하지 않아요. 그래서 책을 보고 고를 때 단순하게 BL 지수만 확인할 게 아니라 IL(흥미도) 지수도 꼭 보고 선택해야 해요. BL 지수가 아이 학년에 맞는 듯해서 골랐는데 의외로 고학년 용으로 로맨틱 소설 같은 내용이나 폭력적인 부분이 나올 수도 있기 때문에 주의해야 해요. 그리고 옆에 'AR Pts'라는 것이 같이 뜨는데, AR 리딩 퀴즈가 있는 책의 AR 레벨과 테스트를 통해 얻은 점수로, 학교 선생님들이 아이 수준에 맞는 리딩 지도를 위한 것이라니 신경 쓰지 않아도 돼요.

2. Lexile 지수

www.lexile.com

학생들에게 읽기 자료를 제공하기 위해 개발된 것으로 학생이 이미 알고 있는 어휘의 수로 표시가 돼요. 개인의 독서 능력과 수준에 맞는 책을 골라 읽을 수 있도록 책의 내용과 난이도를 측정한 지수에요. 렉사일 또한 미국 내 많은 주에서 학생들의 읽기 능력을 위해 사용되고 있고 미국 독서 표준 지표로 인정될 정도이니 공신력 있는 지표인 셈이에요.

렉사일은 어휘 수와 더불어 문장 길이도 반영하기 때문에 전체적인 문장이 어렵지 않아도 책이 두꺼우면 렉사일 지수가 높게 나와요. 같은 리딩 레벨이지만 내용이 긴 책의 지수가 높게 나오는 것은 120여 페이지 책을 한 권 읽는 것과 400페이지 책 한 권을 읽는 것은 기본적으로 드는 시간과 노력이 더 배가 되기 때문이겠지요. 미국 학년별 렉사일 지수 역시 홈페이지로 들어가서 책의 제목을 입력하면 확인할 수 있어요.

앞서 설명했던 〈Warriors 시리즈〉 중 《fire and ice》를 검색하면 810L로 나와요. 이는 미국 4~5학년에 해당하는 아이들이 보는 책으로 보면 되죠. 그러니 아이에게 어떤 책을 읽힐지

고민될 때 리딩 레벨을 참고하면 별 무리 없이 선택할 수 있을 거예요.

일반적으로 책을 읽는 아이의 렉사일 지수를 기준으로 −100부터 +50까지의 책을 고르면 돼요. 앞서 말한 〈Warriors〉의 《fire and ice》를 예로 들면 렉사일 지수가 810L이기에 710~860L까지의 책을 고르면 읽기에 편하다는 의미예요. 렉사일에는 7개의 코드가 있는데 각 의미를 알면 편해요.

AD(Adult Directed): 아이 혼자 읽는 것보다 부모 혹은 교사와 같이 읽는 것을 권함

NC(Non-Conforming): 읽기 수준이 높은 어린 연령의 학습자에게 적합

HL(High-Low): 읽기 수준은 높지 않지만 연령은 높은 학습자에게 적합하다는 뜻으로 RL(reading level)과 IL(interest level)에 차이가 있는 경우에 권함

IG(Illustrated Guide): 레퍼런스가 같이 있는 경우가 많은 논픽션

GN(Graphic Novel): 만화 형태로 된 소설

BR(Beginning Reader): 렉사일 지수가 0L 이하인 책

NP(Non-Prose): 시, 연극, 노래, 조리법 등을 다룬 책

3. GRL 지수

폰타스와 핀넬이라는 학자가 만든 것으로 책에 나오는 전체 어휘 수, 한 번 이상 나온 어휘 수, 고빈도 어휘 수, 문장의 길이와 복잡성, 어휘의 반복 정도, 그림의 도움 등을 고려해 읽기 자료의 난이도를 정했어요. 이를 Guided Reading Level(GRL)이라고 하는데, 이 지수는 초등 단계를 A~Z까지 총 26가지로 나누고 있어요. GRL 지수는 개별적인 그림책의 수준을 판별하는 데에도 도움이 되지만 리더스북과 챕터북 등 시리즈 도서의 수준을 볼 때 상당히 유용해요.

렉사일, AR, GRL 지수 비교

학년	렉사일 지수	AR 지수	GRL 지수
K	25		A ~ C
1	50 ~ 325	1.0 ~ 1.9	D ~ J
2	350 ~ 525	2.0 ~ 2.9	K ~ M
3	550 ~ 675	3.0 ~ 3.9	N ~ P
4	700 ~ 775	4.0 ~ 4.9	Q ~ S
5	800 ~ 875	5.0 ~ 5.9	T ~ V
6	900 ~ 950	6.0 ~ 6.9	W ~ Y

아이들이 좋아하는 챕터북을 낮은 레벨부터 높은 레벨 순으로 정리한 리스트예요. 순서 대로 읽으면 좋아요.

| Marvel Super Hero Adventures
| Dragon tales
| Fly Guy Presents
| Mercy Watson

| Owl Diaries
| Sponge Bob chapter book
| Nate the great
| Marvin Redpost

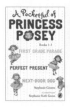  

Princess Posey
Commander Toad
Magic Tree House
Horrid Henry

Judy Moody
Winnie and Wilber Chapter Book
Arthur Chapter Book
Black Lagoon Adventures

The Berenstain Bears
The Tiara Club
Calendar Mysteries
Horrible Harry

The Zack Files
Wayside School
The Magic School Bus chapter book
Geronimo Stilton

The Secrets of droon
A to Z Mysteries
Heroes in Training

Lighthouse Family
Trapped in a Video Game
Cam Jansen Mystery

Captain Underpants
Dork Diariies
Go Girl!
Andrew Lost

Franny K. Stein
Horrible Science

Lunch Lady
The adventures of Tintin
Super Rabbit Boy
The bad Guys

★ 학교 급식을 담당하는 아주머니가 악당을 물리치는 이야기예요. 액션과 히어로를 좋아하는 어린이라면 아주 좋아할 만한 만화책이에요.

★ 한국에서도 《땡땡의 모험》으로 나와서 많이 읽힌 만화예요. 출간된 지 오래되었지만 요즘 아이들도 재미있어 해요.

★ 토끼가 주인공인 만화예요. 게임 같은 그림체로 단순하면서도 재미있어요. 게임을 좋아한다면 푹 빠져서 볼 수 있는 독특한 만화예요.

★ 외모는 악당 같지만 실제로는 착한 아이들 이야기예요. 꽤 두꺼운 것처럼 보이지만 글이 많지 않아 부담 없이 읽을 수 있어요.

Smile, Sisters
Dog Man

★ 《Smile》, 《Sisters》 두 작품 모두 여자아이들에게 인기가 많아요. 영어 원서를 좋아하지 않는 아이, 사춘기가 다가오는 초등학교 고학년 여자아이들도 좋아해요.

★ 《Captain Underpants》를 재미있게 읽은 아이라면 무조건 깔깔거리며 읽게 될 만화책이에요. 악당을 물리치는 도그맨과 고양이, 로봇들이 등장하며, 초등학교 전 학년대의 남자아이들이 특히 좋아해요.

5단계:
다양한 책 스스로 골라 읽기

　　드디어, 영어책 읽기의 대미를 화려하게 장식할 영어 소설 과정에 대해 이야기할 차례가 왔어요. 소설은 《Wonder》 같은 아름다운 내용을 담은 것부터 특히 한국 엄마들이 영어 수준의 지표로 삼는 《Harry Potter》 같은 책을 가리키는 것으로 생각하면 쉽죠. 영어 소설은 영미권 독자들을 대상으로 만들어진 것으로 이를테면 우리가 흔히 원서라고 하는 것들을 말해요.

　　소설류를 무난하게 혼자 읽기 시작하는 아이라면 이미 집중 듣기는 넘어가도 되는 아이일 거예요. 하지만 모든 과정을 다 넘어왔다고 해도 듣기는 여전히 가장 중요한 것이기에 흘려듣기 시간은 지속하는 게 좋아요. 읽고 있는 소설을 오디오를 통해 흘려듣게 해도 되고 아예 DVD나 영상 쪽으로만 흘려듣기를 해도 괜찮아요. 'audible' 사이트는 유료지만 다양한 책이 있어서 좋은데 요즘은 유튜브에서도 무료로 다양한 스토리를 들을 수 있어요. 저희 아이들은 듣고 싶은 궁금한 스토리가 있으면 저에게 찾아달라고 요청해서 시간 날 때마다 듣고 있는데 최근에는 8시간 정도의 《The lost world》에 완전히 빠져서 듣기도 했어요.

취미로 소설 읽기

아이가 영어 소설을 읽는다는 것은 무엇을 의미하는 걸까요? 생각해 보면 모국어로 쓰인 장편소설을 읽는 데도 많은 지구력이 필요해요. 성인들도 300쪽 정도 되는 소설을 읽어 내려가는 게 쉽지 않다는 것은 어느 정도 인정할 거예요. 그런데 어린 아이들이 이런 쪽수의 영어책을 읽는다는 것은 정말 대단하다고 할 수 있어요. 물론 아이들이 모든 단어를 100퍼센트 이해하는 것은 아니에요. 하지만 우리말로 된 소설을 읽어도 이해 안 되는 단어가 가끔 나오잖아요. 그렇다고 매번 사전을 찾아보지는 않죠. 전체적인 흐름을 이해하기 때문에 정확한 의미를 몰라도 계속 읽을 수 있어요. 아이들이 영어 소설을 읽는 것도 이와 비슷하죠.

중요한 것은 이런 소설류를 모국어 소설 읽듯이 읽어 내려간다는 거예요. 성인들은 영어를 외국어로 배우고 단어 하나씩 해석하면서 문장을 이해하는 데 반해 이렇게 어릴 때부터 영어 육아 환경에 접해 있던 아이들은 영어와 한국어의 구분이 없이 그저 재미가 있으면 읽는답니다.

다음 단계로 확장하기

소설 읽기를 무난하게 시작한 아이들은(대개는 초등학교 3학년 이후는 되어야 해요) 서서히 라이팅 쪽으로 힘을 실어주면 좋은 시기가 와요.

이 정도 읽기가 가능한 아이들은 독서를 통해 자기 생각이 쌓이는 연령일 확률이 높기 때문에, 소설 외에도 간단한 전문 지식 책이나 잡지 등을 통해 아이의 관심 분야를 확장해주고 관련 용어를 정리하게 해주면 좋아요. 영어를 도구화해서 순수하게 아이의 시야를 넓혀주고 실질적인 도움을 주는 쪽으로 방향을 잡아주는 거예요.

Classic Novel

이미 영어 소설을 거침없이 읽어온 아이들이라면 페이지나 장르에 연연하지 않고 자신의 취향에 따라 책을 골라 읽어요. 사실 이 정도만 해도 원서 읽기는 마무리에 들어갔다고 해도 과언은 아니죠. 하지만 조금 더 깊이 들어가면 아직 한 고비가 남아 있어요. 바로 고전 문학이에요.

고전 같은 경우는 사실 아무리 지적 수준이 높은 아이라고 해도 정서적인 면과 이해력, 사고력이 어느 정도 확장된 연령이 되어야 제대로 감성을 느끼며 읽을 수 있기 때문에 급하게 서두를 이유가 없는 분야이기도 해요. 물론 내용이 많이 축약된 어린이 문고는 읽을 수는 있겠지만 원본이 주는 감동과 섬세함을 느끼기에는 턱없이 부족할 거예요. 여기에 추천하는 고전 문학 작품들은 지나치게 어렵지 않

263

고 아이들이 천천히 읽다 보면 완벽하게는 아니더라도 재미와 감동을 느낄 수 있는 소설들이랍니다.

그 외의 영어책

코스북(Course Books)

이제까지 소개한 책은 대부분 문학 분야의 책이에요. 내용을 외우지 않아도 되고, 어려운 단어와 어휘를 기억하거나 암기하려는 학습적인 목적 없이 시간 나는 대로 꾸준히 듣고 읽으며 쌓아가는 과정을 위한 책들이지요.

이제 문학 영어책에 익숙한 아이들을 위해 비문학 분야의 학습서에 해당하는 '코스북'을 소개할까 해요. 코스북은 보통 1~6권 정도로 구성된 회화책 시리즈를 말하는데 대부분 회화를 중심으로 파닉스, 문법, 듣기 말하기, 쓰기, 노래까지 골고루 난이도에 따라 체계적인 학습이 가능하도록 만든 책이에요. 언어의 전 영역을 골고루 접하게 하는 역할을 하기에 어학원이나 영어 학원에서도 많이 사용해요.

어린이용 코스북은 보통 유치원부터 초등학교까지 기본 교재로 많이 사용되고 있고, 요즘은 영유아(3~5세)를 위한 책이 나올 정도로 대상이 다양해지고 있어요. 유아 시기 아이들의 특징은 주변 사람들이 하는 말을 주의 깊게 듣고 흉내를 내면서 말을 배워 간다는 거예요. 따라서 이 시기에 하는 코스북은 원어민 발음을 단계별로 흉내 내기

하면서 말할 소재를 주게 되죠. 하지만 아이가 관심 없어 하는 경우도 많으므로 이런 책이 있다는 정도로 참고만 해도 좋아요.

코스북은 적어도 6세 이후, 아이가 슬슬 알파벳도 구분하고 연필 사용에 부담이 없는 연령부터 하면 좋아요. 대형 서점에 가보면 여러 종류의 코스북들이 구비되어 있으니 아이와 함께 가서 엄마가 설명하기 쉬운 책으로 직접 고르면 됩니다. 유난히 이런 코스북 시리즈를 좋아하는 아이들이 있는데 그럴 때는 쉬운 것으로 2~3종을 동시에 번갈아 하는 것도 좋아요.

다른 출판사의 코스북을 번갈아 하면 비슷한 수준에서 같은 주제를 다룬다 해도 다른 내용과 원어민 목소리로 새로운 노래와 챈트 등을 오디오를 통해 반복할 수 있는 장점이 있어요. 저희 첫째 아이는 코스북 종류에 관심이 전혀 없어 해주지 않았지만 둘째는 이런 코스북을 재미있게 듣기도 하고 관심이 많아서, 자주는 아니더라도 한 번씩 같이 보고 있어요. 아직 어리지만 엄마와 함께 자기가 무엇인가를 보고 맞는 것을 골라낸다는 것에서 작게나마 성취감을 느끼는 듯해요. 아이 성향에 따라 노출 정도를 판단하면 될 듯해요.

Let's Go 렛츠고 (옥스포드)
전 세계에서 사랑받는 코스북으로 한눈에 들어오는 문장과 캐릭터들의 상황극을 통해 내용과 어휘를 재미있게 배울 수 있어요.

이퓨처 little hands 코스북 (이퓨처)
유치원 아동들을 대상으로 하며 연령별 특성을 고려하여 신나는 노래와 챈트, 재미있는 스토리로 구성되어 있어요.

학습서와 독해 문제집

학습서는 코스북과 비슷한 듯 조금은 다른 형태예요. 저희 아이들은 독서를 말 그대로 책을 읽는 것으로 채워가고 있지만 첫째 아이는 10세 이후 기본 영어 독서 외에 수학, 과학, 사회, 역사 등을 과목별로 혹은 책 한 권에 유닛(unit)별로 정리가 되어 있는 학습서를 보며 용어를 정리하고 과목별 지식을 채워가고 있어요.

일반적으로 학습서는 스스로 생각하는 레벨보다 한 단계 낮은 레벨로 선택해 영어 독서를 부담 없이 시작하는 게 좋아요. 시작이 쉬워야 아이가 어려움 없이 받아들이고 스트레스 없이 독서 본연의 즐거움과 재미를 느끼면서 영어를 지속할 수 있기 때문이에요. 대부분의 학습서는 교재 본문과 워크북 단어 리스트들을 충분히 반복 학습하며 배경지식을 쌓을 수 있게 되어 있어요. 여러 분야로 소주제가 나뉘기 때문에 교과 배경지식을 영어 표현 그대로 익히며 활용력을 키울 수 있는 장점이 있어요.

게다가 요즘은 원어민 선생님의 강의와 mp3 음원을 따라 하며 듣기 실력을 키우고 발음을 익힐 수 있죠. 이를 통해 자연스러운 발음 교정은 물론 영어 말하기에 대한 준비도 할 수 있답니다. 이처럼 여

266

러 가지 장점이 있는 학습서이지만 아무래도 전통 문학책과 달리 학습적인 부분이 들어가기 때문에 적어도 초등학교 3학년 이후에 시작할 것을 권해요. 그전에는 고학년보다 상대적으로 시간 여유가 있을 때이니 책을 통해 긴 글을 읽는 습관을 들이는 것이 학습서에 집중하는 것보다 훨씬 유리해요.

《Reading juice for kids》
영어를 적어도 2년 이상 해온 아이들에게 적합한 내용으로 다양한 주제를 다루어 논술 감각을 키워줄 때 좋은 교재예요.

《기적의 영어 리딩》
교과 연계 주제의 논픽션 글과 클래식 스토리, 창작 스토리가 다양하게 담겨 있고 교재에 QR코드가 있어 본문 내용에 나오는 영단어를 원어민 목소리로 들을 수 있어요. MP3 파일이 제공되어 공부 습관 잡기에 도움이 돼요.

〈초등영어 리딩이 된다〉 시리즈
초등학교 1학년부터 6학년까지 'start-basic-jump' 단계로 체계적으로 진행할 수 있는 엄마표 영어 교재예요. 하나의 대주제로 교과 과목과 연계해 영어를 배울 수 있어 통합적 사고를 키울 수 있어요. 'Words -Reading -Brain power -Wrap up -workbook -단어장' 순서에 따라 체계적이고 반복적인 학습으로 구성되어 있어요.

〈미국 교과서 읽는 리딩〉 시리즈
사회, 과학, 언어, 수학 등 다양한 주제로 구성되어 있어 실질적인 어휘 습득을 늘리고 배경지식을 확장할 수 있어요.

영어책 고를 때 참고 목록

영어책에 대한 지식이나 정보가 없으면 영어책을 고르기가 참 어렵게 느껴져요. 대부분 다른 선배 엄마들의 추천과 사이트 검색을 통해 책을 구입하게 되죠. 저 또한 그런 과정을 겪으면서 책을 고르고 골라 아이들에게 읽게 해주었고, 아이들의 성장에 맞게 새로운 책을 알아보는 과정은 여전히 진행 중에 있어요.

그림책 수상작 목록

어떤 책을 선택해야 할지 기준이 서지 않을 때 세계적으로 인정받은 책을 고르면 실패 확률이 거의 없기에 이런 종류의 상을 알고 가는 것도 책 고를 때 팁이 돼요. 영어책에 관심을 가지고 보면 어린이 그림책 수상작이 많다는 것을 눈치 채게 되죠.

1. 칼데콧 수상작
칼데콧 메달은 영어책을 몇 번 구입해본 엄마라면 이미 많이 들어봤을 거예요. 미국에서 가장 두드러진 활동을 한 어린이 그림책 미술가에게 미국도서관협회에서 주는 상인데 19세기 영국의 3대 삽화가 중 한 명인 랜돌프 칼데콧(Randolph Caldecott)이라는 작가를 기념해서 제정된 권위 있는 상이에요.
저도 첫째가 어릴 때는 칼데콧 메달이 박혀 있는 그림책을 여러 번 구입했던 기억이 있어요. 칼데콧 상은 기본적으로 그림 작가에게 수여되는 상이기에 상의 기준은 '그림'이에요. 그렇다고 그림만 뛰어나고 스토리가 아름답지 못한 책은 시상 후보에도 들어가지 못하기에 내용도 좋고 권위가 있는 만큼 어떤 책을 구입해 봐도 확실히 인정하게 돼요.
하지만 내용이 어렵고 아이 혼자 읽기 힘든 책을 만날 때도 분명 있어요. 그림 작가에게 주는 상이기에 스토리가 재밌거나 쉽지 않을 수 있다는 점을 꼭 기억해주세요. 유튜브에서 음원을 찾아 아이와 같이 들어보는 것도 도움이 됩니다.

● 비교적 쉽게 읽을 수 있는 칼데콧 수상작

When Sophie Gets Angry Really Really Angry_Molly Bang
Snow_Uri Shulevitz
Sylvester and the Magic Pebble_William Steig
This is Not My Hat_Jon Klassen

Seven Blind Mice_Ed Young
Knuffle Bunny Too: A Case of Mistaken Identity_Mo Willems
Don't Let the Pigeon Drive the Bus!_Mo Willems
No, David!_David Shannon

Owl Moon_Jane Yolen & John Schoenherr
Sam and Dave Dig a Hole_Mac Barnett & Jon Klassen
Wolf in the Snow_Matthew Cordell
Olivia_Ian Falconer

This Is Not My Hat_Jon Klassen
The Red Book_Barbara Lehman
Have You Seen My Duckling?_PNancy Tafuri

2. 뉴베리 상

뉴베리 상은 미국도서관협회가 제정한, 미국에서 가장 오래된 아동 문학상이에요. 역사와 전통이 깊은 상으로, 1922년부터 미국 아동 문학에 공헌한 작품을 선정해서 시상해오고 있어요. 18세기 영국에서 처음으로 아동 도서 전문 출판사를 만들어 작고 저렴하며 대중적으로 읽을 수 있는 챕북이란 것을 발간한 출판인 존 뉴베리를 기념하기 위해 만든 상이랍니다.

뉴베리 수상작은 칼데콧 작품들과 달리 스토리가 탄탄한 책을 선정해요. 그래서 스토리가 길고 영유아 대상보다 초등학교 고학년이나 청소년 대상 도서와 소설류가 많은 것이 특징이에요.

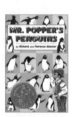

Charlotte's Web_E. B. White & Garth Williams
Holes_Louis Sachar &, Vladimir Radunsky & Bagram Ibatoulline
Flora & Ulysses: The Illuminated Adventures_Kate DiCamillo(Author), K. G. &
                  Campbell
Mr. Popper's Penguins_Richard Atwater & Florence Atwater

One Crazy Summer_Rita Williams-Garcia
El Deafo_Cece Bell & David Lasky
The Egypt Game_Zilpha Keatley Snyder & Alton Raible
Hoot-Carl Hiaasen

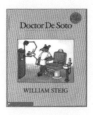   

Doctor de Soto_William Steig
Shiloh_Phyllis Reynolds Naylor
The witch of Blackbird Pond_Elizabeth George Speare
Walk Two Moons_Sharon Creech

A Fine, Fine School_Sharon Creech & Harry Bliss
The Castle Corona_Sharon Creech
Fishing in the Air_Sharon Creech & Chris Raschka

3. 가이젤 상(닥터 수스 상)

수상 기준이 명확하고 글과 그림 두 가지 모두 중요시하기에 개인적으로 제가 제일 좋아하는 상이에요. 책을 읽기 시작하는 아이들(beginning readers)을 지원하고 용기를 주는 영어책을 쓰고 그린 저자와 삽화가에게 주는 상으로, 글과 그림이 모두 평가 기준이니 어느 것 하나 버릴 게 없어요. 읽기를 시작하는 아이들에게 딱 맞는 책을 고를 때 가이젤 상 목록이 상당한 도움이 된답니다.

아이들이 책을 즐기고 재미있게 읽게 하고자 노력했던 유명한 닥터 수스, 즉 테오드르 수스 가이젤 박사의 이름을 따서 2006년부터 만든 상으로 위너(winner) 상과 아너(honor) 상으로 나뉘어 있고 책의 내용과 페이지 수, 그림과 글의 관계, 문장 구조 등 수상 조건이 매우 까다로워요.

• 책을 읽기 시작하는 아이들을 지원하고 용기를 주는 책
• 글은 pre-k(만 4~5세)부터 2학년 아이들 대상
• 그림은 글을 이해하는 main key 역할
• 새로운 단어는 천천히 더해져 아이들이 새 단어를 긍정적으로 스스로 익히도록 할 것
• 어휘를 기억하는 데 도움이 되도록 어휘의 반복 노출
• 단순한 문장
• 책의 전체 페이지 수는 24~96쪽

위와 같이 확실하고 명확한 조건이 있는 책들을 골라 상을 주기 때문에 리딩을 위한 책을 찾는다면 별다른 고민 없이 고를 수 있어요.

 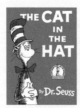   

You are (Not) Small_Anna Kang & Christopher Weyant
The Cat in the Hat_Dr. Seuss
Stop! Bot!_James Yang
Fox the Tiger_Corey R. Tabor
I See a Cat_Paul Meisel

I Broke My Trunk!(An Elephant and Piggie Book)_Mo Willems
The Watermelon Seed_Greg Pizzoli
Supertruck_Stephen Savage
First the Egg_Laura Vaccaro Seeger
Up, Tall and High!_Ethan Long

A Splendid Friend, Indeed(Goose and Bear Stories)_Suzanne Bloom
I Want My Hat Back_Jon Klassen
Waiting_Kevin Henkes
Not a Box_Antoinette Portis
My Kite is Stuck! and Other Stories_Salina Yoon

4. 국제 안데르센 상, 케이트 그리너웨이 상

그 외에 '어린이 책의 노벨상'이라고 불리는 국제 안데르센 상이 있어요. 1956년 아동 문학의
발전을 위해 제정되었으며 세계 여러 나라에서 발표된 책 중에서 수상작을 선정하고 있어요.
이 상은 작품 하나만을 두고 수여하는 것이 아니고 한 작가의 작품을 모두 심사하여 그 작가
에 대해 주는 상이에요. 그래서 더 권위 있고 믿음이 가는 상이기도 하죠. 우리가 잘 알고 있
는 앤서니 브라운과 개인적으로 참 좋아하는 작가인 모리스 센닥 등이 이 상을 받았답니다.
케이트 그리너웨이 상은 영국도서관협회에서 제정한 상으로 영국에서 출간된 그림책을 대상
으로 작품성이 훌륭한 그림책에 주는 상이에요. 유명 작가 앤서니 브라운의 《ZOO》라는 작
품도 이 상을 수상한 바 있어요.

추천 도서 목록

● 미국 초등 교사 추천 도서 목록

영어 환경 만들기에 집중하다 보면 더 나은 원서를 고르는데 많은 에너지를 쏟기 마련이죠. 무엇보다 현지 아이들이 읽고 있는 책을 한국에서도 격차 없이 바로 읽히고 싶은 분들에게 좋은 기준을 제시해줄 수 있는 사이트가 있어요. 바로 전미교육협회 사이트예요. 이곳에는 전미교육협회 교사들이 아이들을 위해 추천한 책 100권이 목록별로 있어요. 전미교육협회는 미국의 교원들을 대표하는 교원단체로 미국에서도 가장 규모가 큰 노동조합이에요. 교사들이 추천한 도서인 만큼 신뢰가 가는 책들이죠. 초등학교 교사 추천인 만큼 너무 어린 연령대의 자녀보다 꾸준하게 영어책 읽기 훈련이 된 아이들에게 적합한 책이 많다는 점을 염두에 두고 참고하면 좋아요.

전미교육협회: www.nea.org

● 뉴욕공공도서관 추천 도서 목록

추천 도서를 찾아보기에는 뉴욕공공도서관 사이트도 유용해요. 뉴욕공공도서관에서 선정한 어린이 영어책 100권 목록을 볼 수 있는데 지난 100년간 꾸준하게 사랑받아온 목록을 정리해놓았어요. 우리가 많이 알고 읽은 스테디셀러도 눈에 띄지요. 책 제목이 알파벳 순서로 되어 있어 찾기도 편하고 PDF 파일을 다운로드 받을 수도 있답니다.

뉴욕공공도서관: www.nypl.org

각종 수상작을 확인할 수 있는 사이트

이렇게 다양한 수상작을 일일이 어떻게 찾을지 미리 걱정하실 분을 위해 확인할 수 있는 사이트 주소도 알려드려요.

http://www.ala.org/alsc

홈페이지에 들어가면 최근 연도부터 상들이 탄생한 연도까지 수상작 리스트가 나오고, 리스트 하단으로 쭉 내려가 보면 PDP 파일로 리스트 다운로드까지 가능합니다.

Matilda
The Get Rich Quick Club

Holes
Charlie and the Chocolate Factory

Diary of a Wimpy Kid
Percy Jackson

The Hunger Games
School for Stars

Warriors
The wild robot

Survivors
The wild robot escapes

The Chronicles of Narnia
How to Train Your Dragon

Seekers
The Giver

Harry Potter
Savvy

The invention of hugo cabret
Maniac Magee

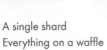

A single shard
Everything on a waffle

Princess academy
Number the stars

추천하는 Classic Novel

The Adventures of Tom Sawyer   The Jungle Book
A Christmas Carol   Oliver Twist

Around the World in Eighty Days
The Great Adventures of Sherlock Holmes
Anne of Green Gables
The Adventures of Robin Hood

Journey to the centre of the earth   The lost world
Little Women   The Secret Garden

0
7

그 외에 리딩할 때 알아두면
좋은 것들

소리 내어 읽는 낭독의 효과

낭독을 영어로 'read aloud'라고 해요. 말 그대로 소리 내어 읽는 거죠. 아이에게 부모가 직접 소리 내어 읽는 모습을 보여준다는 것은 어찌 보면 책 읽기의 모델 역할을 하는 것과 다름없어요. 책 읽기의 시작은 이렇게 부모의 낭독으로 시작해서 점차 아이 스스로 할 수 있는 단계까지 몇 년의 시간이 걸리는 일이에요. 하지만 그만큼 소중한 시간이고 영어를 언어로 받아들이게 하는 데 큰 힘을 발휘해요.

요즘은 주변에 영어를 잘하는 아이들이 많아요. 하지만 자기가 읽은 책의 내용을 이해했다 해도 입으로 소리 내어 정리해보라고 하면 우물쭈물하며 어려워하는 경우가 많아요. 독해는 이른바 선행을 해서 엄청나게 앞서가는데 말하기는 그만큼 따라가지 못한다는 거죠.

수많은 영어책과 영어 지문 속의 아름다운 문장들을 언제든지 입에서 나올 수 있도록 연습하지 못하고 그저 시험용 독해만 하는 경우가 여전히 많기 때문이에요.

언어를 습득하는 데 독해나 듣기에 비해 말하기는 쉽게 터지지 않아요. 머릿속에 많은 어휘가 들어 있다고 해도 아기가 돌 전후로 말을 하기 위해 노력하듯 직접 입을 움직여 말하는 연습은 오랜 시간에 걸쳐서 필요해요. 그렇지 않으면 아는 단어도 입에서 맴돌기만 하고 쉬운 표현조차도 입 밖으로 나오기 어려워요. 영어책 낭독은 이처럼 영어 사용 기회가 적은 아이들에게 영어 사용 시간을 늘려줄 수 있어요.

특히 낭독이 좋은 이유는 남들 앞에서 영어를 발음하거나 말하는 것을 부끄러워하는 아이들에게 좋은 대안이 될 수 있기 때문이에요. 반대로 말하는 것을 좋아하지만 상대가 없거나 말할 거리가 없어 하는 아이에게도 도움이 돼요.

낭독은 대부분 읽기 연습을 충분히 해야 하는 리더스북 시기에 하면 좋아요. 단어나 문장이 길지 않아 크게 소리를 내어 읽는 낭독에 심리적으로 부담이 없거든요. 낭독을 유난히 힘들어하는 아이라면 작은 소리로 중얼중얼 읽는 음독을 추천해요. 입술만 움직이며 읽어도 소리 내어 읽기의 효과는 어느 정도 볼 수 있으니까요.

리딩은 잘하는데 스피킹이 약하거나 반대로 간단한 스피킹은 되는데 깊이 있는 대화도 힘들고 리딩도 약한 아이가 있어요. 이러한 문제를 한 번에 잡을 수 있는 게 낭독이 아닐까 싶어요.

집에서 만만한 영어책을 한 권 들고 큰 소리로 낭독하는 과정을 반복하다 보면 영어도 영어지만 스스로 자신감을 얻을 기회가 많아지기도 해요. 아이가 큰 소리로 읽으며 자신의 목소리를 듣기 때문에 영어 듣기와 스피킹 연습까지 되는 것은 물론, 시간이 지날수록 실력이 느는 것을 직접 느낄 수 있으니 자신감이 생기는 게 당연하겠지요.

낭독은 이미 있는 내용을 크게 소리내어 읽는 행위이기에 스스로 생각해서 내용을 만들어가야 한다는 부담이 없어요. 물론 낭독을 하는 것에는 생각보다 많은 에너지를 필요로 하기 때문에 아직 어린 아이들에게는 부담이 될 수도 있어요. 그럴 때는 엄마가 한 줄 읽고, 그 소리에 맞춰 아이도 읽게 하는 수준에서만 해줘도 돼요. 책은 1~3줄 정도의 얇은 리더스북이면 충분하고 아이가 원하지 않는 날은 낭독을 하지 않고 부모가 읽어줘도 좋아요. 뭐든지 아이가 준비되어 있을 때 해야 효과가 나타나니까요. 아이가 낭독에 별 거부가 없다면 꾸준히 하도록 응원해주고, 가끔 동영상을 찍거나 녹음해서 아이가 낭독한 것을 같이 들어보는 것도 재미있고 도움이 돼요. 특히 영어 소리 쌓기가 많이 되지 않은 아이일수록 낭독이 큰 도움이 된다는 사실을 기억해주세요.

다독과 정독

책이 주는 장점을 많이 알고 있지만 여전히 많은 분들은 정독이 좋은지 다독이 좋은지에 대해 한 가지 답을 확정적으로 듣고 싶어 하는 것 같아요. 그러나 어느 한 방법으로 책 읽기를 결정할 필요는 없어요. 오히려 아이의 성향에 따라, 상황에 따라, 목적에 따라 달라져야 하는 게 맞죠.

그리고 독서의 세계에 조금 더 깊이 들어가 보면 정독과 다독 때로는 속독까지 모두 한 고리 안에 들어 있는 것이나 마찬가지라는 것을 깨닫게 되기도 해요. 그래서 어느 하나만 택해서 독서 방법을 취하는 것은 쉽지 않지 않지만, 일단 요즘 부모들에게 트렌드처럼 되어 가고 있는 다독을 같이 생각해보기로 해요.

다독은 일단 많이 읽는 것이죠. 그렇다면 부모들은 아이들이 얼마나 읽어야 많이 읽었다고 생각할까요?

다독 자체가 독서의 트렌드가 되다 보니 아이가 몇 살에 몇 권을 읽는지가 주요 관심사가 되기도 해요. 읽은 권수에 집착하기도 하고, 어려운 책을 얼마나 일찍 읽었는지도 민감하게 반응하죠. 물론 어릴 때부터 엄마와 영어책을 꾸준하게 '많이 읽고 듣기'가 생활화되어 있는 경우 대부분 다독이 자연스럽게 돼요. 그렇게 되면 영어책 읽는데 심적 부담이 없고 한글 책처럼 거침없이 읽어 나가며 영어 어휘를 습득하고 다양하게 쓰이는 단어의 활용도도 익히게 돼요. 특히 리더스북이나 챕터북을 통해 리딩 연습을 할 때는 스토리 깊이의 유무하고 상관없이 글자 자체를 많이 읽는 훈련이 중요하기 때문에 이때의 다독은 지향하는 방향이 다르다는 것을 짚고 넘어가야 하겠죠. 영어를 잘하기 위해서 혹은 영어 환경을 만들기 위해서 다독은 반드시 필요한 면이 있습니다. 이처럼 장점이 많은 다독이지만 오직 '많은 책' 읽기 자체가 목표가 되는 것은 엄연히 다르죠.

책 읽기를 좋아해서 신나게 많은 책을 읽는 것과, 단순히 많이 읽기 위해 다독하는 것은 아이에게 엄연히 다르게 느껴질 거예요. 다독에 집착해서 아이가 재미를 느끼는지보다 읽은 책의 권수에만 초점을 맞추는 실수를 하지 않도록 신경 써주세요. 이런 경우 아이는 책을 제대로 읽지도 못하고 많이 읽어도 독서의 힘과 즐거움을 느끼기 힘들 수 있어요.

책을 많이 읽었는데도 아이가 자신만의 생각이 약하다거나 이해력이 떨어진다면 그때는 '정독'을 해야겠죠. 정독은 한 자 한 자 뜻을 새겨가며 자세히 읽는 것이니 꽤 높은 독서 수준이 필요합니다. 부모들이 자주 하는 말이 있어요. "우리 아이는 책은 많이 읽는데 전체적인 맥락이나 주요 사항을 파악하지 못해요" 혹은 "영어책 많이 읽었는데 독해력이 떨어져요"라고요.

대부분 정독이 안 되어서 생기는 일이에요. 이유는 여러 가지겠지만 책을 읽을 때 재미를 느끼지 못하고 흥미가 떨어지는 책을 억지로 읽거나 아이의 지적 수준에 맞지 않는 책을 읽었기 때문인 경우가 많아요. 이럴 때는 일단 한글 책을 제대로 읽는 연습부터 하는 게 현실적인 대안이에요. 모국어 책으로 된 내용을 완전히 이해하고 내 것으로 만드는 바탕이 있어야 사고력과 분석력이 길러져요. 그렇지 않은 상태에서 다른 나라 언어인 영어책을 보면 독서력이 길러질 수 없지요.

만약 아이가 성격상 다양하게 책 보는 것을 싫어한다면 간단하게 교과서 정독을 하는 것도 도움이 될 거예요. 학교에 다니면 결국 교과목을 이해하고 내 것으로 만들어야 하는데 다른 책 볼 시간이 부담스럽다 하면 학년에 속하는 교과서를 정독하게 해보세요. 아이가 좋아하는 과목부터 해도 되고 의외로 많은 아이들이 어려워하는 사회나 과학책을 보게 해도 좋아요. 아이가 고른 것을 읽게 하고 주요 부분에 밑줄을 그으며 혼자 생각하게 하는 연습을 하게 하는 거예요.

모국어 정독이 가능해지면 쉬운 영어책으로 시작해서 조금씩 영어 잡지, 수준 높은 그림책, 논픽션 종류의 책을 꼼꼼하게 읽도록 해주세요. 지식을 얻고 사고력을 키우며 중요한 논지와 주제를 파악하고 추론 능력을 키울 수 있도록 쓰기나 말하기를 같이 진행하는 것도 도움이 된답니다.

영어 환경 만들기를 실천하기로 결심했다면 제일 많이 필요한 것이 다양한 영어 원서예요. 아이를 위해 영어 그림책부터 구입하려고 보니 정보도 없고 한두 권 구입으로 끝나는 게 아니기에 처음의 결심 때와 달리 점점 현실적으로 답답할 수도 있어요. 다양한 영어책을 구입하며 정보도 한눈에 알고 싶지만 눈에 쉽게 들어오는 것도 없을 테고요.

또 정보를 찾기 시작하면서 책 보는 눈이 생겨 영어책을 구입하면 할수록 다음 책 목록이 눈에 들어오기 시작하니 경제적으로 부담이 되기도 할 거예요. 그럴 때 취할 수 있는 대안을 소개할까 해요.

1. 지역 도서관

좋다고 하는 책은 모두 구입하고 싶지만 현실적으로 불가능할 때 가장 좋은 대안이 될 수 있는 곳이 도서관이에요. 요즘은 영어 전문 도서관이 아니어도 다양한 영어책이 구비되어 있어요. 도서관 이용 시 최대의 장점은 뭐니 뭐니 해도 비싸서 구입을 망설여야 했던 고가의 영어 전집도 빌려 볼 수 있다는 거예요. 책 구매를 결정하기 전 아이가 좋아할지 아닐지 판단이 서지 않을 때 도서관을 이용해 맛보기용으로 몇 권 빌려 보면 아이의 반응을 살펴볼 수 있고 비슷한 수준의 책들을 직접 보면서 비교할 수도 있지요.

2. 영어책 전문 온라인 서점

책은 직접 보고 구매하는 것이 가장 좋지만 온라인 서점에서 미리 보기를 활용하면 편리해요. 아이와 같이 보고 의견을 물어보면서 책을 구입하길 권하고, 아이가 한 번이라도 재미있게 읽었던 작가의 책이 있다면 기억했다가 그 작가의 다른 책들을 보면서 구입하는 것도 좋은 방법이에요.

• 웬디북 www.wendybook.co.kr

가장 많이 알려진 서점 중 하나예요. 온·오프 서점들과 비교해 가격도 저렴하고 다양한 원서와 운송 중 파손되거나 재고가 넘치는 책들, 신간, 베스트셀러가 많아요. 품절된 책은 입고 요청 시 전화 알람이 오고 국내 온라인 서점 중에서 본문 사진을 가장 많이 올려놓아 구입 전 탐색하기 좋아요.

• 하프프라이스북 www.halfpricebook.co.kr

이름에서 알 수 있듯이 저렴한 가격에 책을 구입할 수 있는 기회가 있는 온라인 서점이에요. 매일 오전 10시와 오후 4시 30분, 하루 2회 신간 입고를 하기에 'super buy' 목록이 뜨면 그 리스트에 있는 책은 아주 저렴하게 구입 가능해요. 신간이 많고 도움이 되는 독자 서평이 많이 있어요.

• 키즈북 세종 www.kidsbooksejong.com

유아교육전에서 따로 부스를 운영할 정도로 규모가 큰 온·오프라인 서점이에요. 그림책 입문자들이 공부하기 좋은 곳으로 연령별, 분야별, 캐릭터별, 수상작별, 작가별로 분류가 잘 되어 있어 한눈에 파악할 수 있어요.

• 동방북스 www.tongbangbooks.com

미국, 영국, 호주 등에서 영어 원서를 직접 구입하는 원서 수입 전문 서점이에요. 회원 가입 시 이메일로 이벤트를 안내해주고 1년에 한 번 창고 개방 세일도 해요.

• 북디파지터리 www.bookdepository.cpm

영국 온라인 서점으로 책 가격은 저렴하지 않지만 한 권을 구입해도 전 세계 무료 배송이 가능해요.

• 북메카 www.abcbooks.co.kr

북메카 북클럽이라는 카페와 블로그를 운영하여 영어 도서에 대한 다양한 정보와 세일 소식을 공유해줘요. 홈페이지 카테고리가 깔끔하게 분류가 되어 있어 첫 방문자도 쉽게 파악하게 되어 있어요.

• 인북스 www.inbooks.co.kr

리더스북의 최강자, 전 세계 아이들이 좋아하는 것으로 유명한 Oxford Reading Tree(ORT)를 수입하는 곳이에요. 다양한 이벤트를 통해 비교적 저렴한 가격으로 ORT를 구입할 수 있어요.

3. 영어책 유료 대여 사이트

책에 대한 아이의 반응이 궁금하거나 당장 구입이 여의치 않을 때 제가 항상 추천하는 방법이에요. 도서관에 가서 미리 빌려 보라고 조언하지만 도서관이 너무 멀 수도 있고, 원하는 책이 없을 수도 있잖아요. 인기 도서는 이미 대여 중인 경우도 많고요. 이처럼 사정이 마땅치 않을 경우 나름 편하게 이용할 수 있는 것이 유료 대여예요. 크게 부담스럽지 않은 선에서 전집을 통으로 대여하거나 원하는 몇 권만 대여해 볼 수 있어요. 대여 기간이 정해 있으니 기간 안에 읽기 위해 책에 더 집중하게 되는 동기부여를 주기도 하죠.

• 리브피아 www.libpia.com
영어책과 한국어 책이 두루 다양하게 있고 낱권, 전집 대여와 DVD 대여까지 가능해요. 체계적으로 분류도 잘 되어 있어요. 대여 기간이 긴 편이라 여유 있게 책을 읽을 수 있고 비용도 부담스럽지 않아요.

• 리틀 코리아 www.littlekorea.kr
한국어 책과 영어책이 연령별로 잘 분류되어 있어요. 낱권, 전집, DVD도 같이 대여 가능하고 기간은 10일이 기본이에요.

• 민키즈 www.minkids.co.kr
어린이 영어 교재 대여 전문점으로 엄마표 영어에 활용하기 좋은 책들이 잘 분류되어 있어요. 한글 책도 대여 가능하고 대여 기간은 기본 10일이에요.

• 북빌 www.bookvill.co.kr
영어책만 구비되어 있고 베스트셀러 위주로 구성되어 있어 흐름을 파악하고 대여하고자 하는 분에게 좋아요. 회원 가입비를 내고 책을 빌리게 되어 있고, 대여 기간은 기본 2주예요.

4. 영어 온·오프라인 중고 서점

아이에게 깨끗한 새 책을 사주고 싶은 마음은 누구나 있지만 가격이 부담스럽다면 중고 서점을 이용하는 것도 방법이에요. 잘 구입한 중고 책은 아이와 재미있게 읽고 나서 좋은 상태로 보관되었을 경우 되팔 수도 있어요. 서울 지하철역 근처, 이태원, 파주 출판도시 등에 가보면 아이들이 볼 만한 좋은 가격대의 영어책들이 많이 나와 있어요. 주말이나 휴일에 나들이 삼아 가서 아이와 함께 책을 구입하는 것도 즐거운 추억이 될 수 있을 거예요.

- 알라딘(온 · 오프라인 서점) www.aladin.com
- 개똥이네(온 · 오프라인 서점) www.littlemom.co.kr
- 예스 24 (중고 책 판매 부문) www.yes24.com
- 네이버 중고나라 https://cafe.naver.com/joonggonara
- 아마존 http://www.amazon.com

아마존은 일단 해외에서 오는 것이기에 시간이 걸리고 회원 가입 후 영문으로 된 사이트를 꼼꼼히 살펴봐야 하는 약간의 불편함이 있어요. 하지만 국내에 없는 다양한 책을 구할 수 있는 장점이 있죠. 이메일과 패스워드 설정만 하면 간단하게 회원 가입이 되고, 원하는 책을 영문으로 검색하면 새 책부터 중고까지 책 목록이 떠요. 마음에 드는 책이 있으면 장바구니에 담고 결제창으로 넘어가 Shipping address와 지불 방법을 적으면 구매가 가능해요. 아마존은 배대지 이용 없이 한국으로 바로 배송 가능하고 주소는 네이버에 영문 변환을 사용하면 쉽게 입력할 수 있어요.

이외에 아마존에는 'Kindle'이 있어요. e-book으로 연결된 태블릿PC로 일반 종이책보다 가격이 훨씬 저렴하고 많은 책을 한 번에 저장해 언제든지 읽을 수 있다는 장점이 있어요. 초기에 태블릿 구입 비용이 들기는 하지만 다양한 책을 비용 지불 후 바로 읽을 수 있으니 배송 기간 없이 빨리 책을 읽고 싶을 때 유용해요.

Part 6

★

생각을
유창하게 정리하기:
쓰기

★

0
1
글쓰기의
어려움

　　아이가 영어로 글쓰기를 한다면 무엇을 얼마나 어떻게 해야 하는 걸까요? 저는 고민이 많았어요. 간단한 문장을 일기로 쓰는 정도면 잘하는 것인지, 스펠링을 틀리지 않고 쓰면 잘 쓰는 것인지, 어려운 문법을 척척 적용해 페이퍼 하나를 쓰는 것이 영어 글쓰기의 완성인 것인지, 처음에는 감이 오지 않더라고요.

　　사실 저는 두 아이 모두 초등학교 입학 전에는 한글도 영어도 쓰기를 일부러 시키지는 않았습니다. 이유는 둘 다 글쓰기를 유난히 싫어하고, 또 싫은 것을 억지로 시킨다고 하는 아이들도 아니었기 때문이었지요.

　　그런데 첫째가 학교에 들어가 보니 공책이 너무 어수선했고, 글씨체는 누가 알아보기 힘든 정도였어요. 아이의 노트를 보면 가끔 한숨이 나오기도 하고, 심지어 그런 노트 필기를 직접 보셔야 하는 선생님에게 죄송한 마음이 들기까지 했어요. 남자아이라서 그런다고 말하는 것도 자기 위로일 뿐이죠. 주변에는 눈에 띄는 글 솜씨를 지닌 또래 남자아이들도 분명 있거든요.

비교가 좋은 것은 아니지만 아이에 대해 객관적으로 판단하게 하는 기준이 되기도 해요. 쓰기 과정에서 유난히 도드라지는 아이의 부족함을 제대로 인정하고 받아들이고 나니 오히려 느긋한 마음을 먹게 되었어요. 또한 한국어 글쓰기와 비교해 보니 영어 글쓰기는 가장 어려운 단계라 계속해서 훈련해야 하는 것으로 생각됐죠. 글의 소재를 생각하고, 어떤 주제의 글을 쓸지 생각하고, 구조를 짜는 연습을 해나가야겠다 싶었어요.

아이마다 강점이 있다

첫째 아이는 학교 과제를 수행할 때 글 쓰는 스타일을 파악할 수 있었어요. 처음 쓰기를 할 때 보였던 어수선함은 학년이 올라갈수록 조금씩 틀이 잡히기 시작했어요. 그래도 감상적인 표현이 들어가는 일기나 에세이는 여전히 어려워했어요. 반면 지식을 정리하는 글, 핵심만 담은 논리적인 글을 쓸 때는 무리 없이 해내더군요. 그래서 아이의 지적인 부분과 감성적인 부분이 다른 수준을 보일 수 있음을 알게 되었어요.

한국어 글쓰기로 생각해볼까요? 아이가 초등 입학 전후 처음 그림

일기를 쓸 때, 아이가 쓰는 글을 떠올려보세요. 엄청나게 단순한 문장에, 맞춤법도 틀리는 경우가 허다하죠. 세계 어디를 가도 그 연령대 아이들은 그만큼의 쓰기를 합니다. 영어라고 예외는 아니라 생각하면 좀 덜 엄격해질 수 있어요.

스펠링을 틀릴 수 있고, 문장은 너무나 단순하거나 앞뒤가 안 맞을 수 있어요. 이렇게 유치하고 수준 낮은 형태도 분명히 '쓰기'입니다. 어린아이가 그렇게 글을 쓴다고 해서 수준이 낮다고 생각하는 사람은 많지 않을 거예요. 고등학생이 그 정도의 쓰기 실력을 가졌다면 고개를 갸우뚱하겠지만 초등 저학년이라면 이해할 만한 수준인 것이지요.

사실 말을 아무리 잘하는 어른도 글 한 줄 쓰는 건 겁내는 경우를 많이 봅니다. 글쓰기는 연습이 필요하거든요. 학교에 들어가면 그림일기 쓰기부터 시작해 교과서 속 문장 쓰기, 독서 기록장, 백일장, 논술까지 단계별로 글쓰기 연습을 시키잖아요. 글을 쓰고 머릿속에 있는 내용을 정리하는 데는 필요한 더 많은 시간과 통찰력이 필요해요. 그러니 부모가 할 수 있는 것은 아이의 생각이 성장하기를 기다려주고 생각을 쓰기로 정리하는 능력을 키울 수 있도록 도와주는 거예요. 한글도 받아쓰기부터 시작하는 것처럼 영어도 같은 단계로 가면 된답니다.

1단계:
글씨와 친해지기

　글쓰기는 아이가 자신의 생각을 제법 다양한 말로 표현할 줄 알고, 스스로 문자를 써보는 경험이 생겨날 때 시작하면 됩니다. 이때 부모에게는 대단한 인내심이 필요해요. 글씨를 자꾸 거꾸로 쓰고, 글씨를 쓰다 그림을 그리기도 하는 아이를 보면 속이 터질 수 있지만, 똑바로 쓰라고 강요하거나 윽박지르면 안 돼요. 초등 저학년까지 아이들 대부분은 한글 받아쓰기도 많이 틀린다는 걸 잊지 마세요. 이때의 쓰기는 완벽함을 추구하기 위함이 아니라 글씨 쓰는 힘을 키우는 정도라 생각하고 지켜봐주세요.

　더구나 초등학교 들어가기 전에는 영어 쓰기에 너무 많은 에너지를 쓰지 않아도 됩니다. 그저 아이가 '난 이런 것도 할 수 있어!'라고 스스로 만족하는 정도에서 그치는 것이 좋아요. 아이들이 아무리 똑똑하다고 해도 연령이 주는 격차를 무시할 수 없습니다. 그중 하나에 쓰기도 포함됩니다. 아이가 문자를 쓰는 데 좀 더 익숙해지고 팔에 힘이 생길 때를 기다려주세요. 물론, 아주 어릴 때부터 문자에 관심이 많고 호기심 강한 아이라면 아이의 욕구를 누를 필요는 없겠죠. 관심이 있는 아이는 커다란 스케치북을 꺼내서 마음껏 쓰게 하고 그리게 해주세요. 문제가 되는 것은 이렇게 아이가 먼저 관심을 보일 때 시작하는 게 아니라 아이는 관심이 없는데 부모의 욕심으로 억지로 쓰기를 시키는 것에서 비롯됩니다.

글쓰기를 싫어하면 책을 더 읽혀야 할까?

많은 분들이 이런 질문을 하세요.

저희 첫째 아이는 하루에 몇 권을 읽는다고 기록하는 것이 무의미할 정도로 독서량이 많고 영어와 한글 모두 '읽기 독립'이 빨랐지만 쓰기는 꽤 어려워했어요. 글쓰기와 독서는 밀접한 상관관계가 있지만, 이게 또 전혀 다른 문제가 되기도 한다는 것을 알 수 있었죠.

독서를 많이 하면 내용에 대한 아이디어나 글의 구조에 대해서는 탄탄할 수 있지만 그것이 글 쓰는 기교까지 해결해주지는 않거든요. 축구를 좋아해서 하루 종일 국내외 축구를 보고 선수들을 줄줄 꿰는 아이라 해도 자기가 직접 공을 차며 축구를 하는 것은 별개의 문제잖아요. 어릴 적부터 그림을 좋아하고 명화에 익숙한 아이라도 처음 붓을 쥐었다면 그럴싸한 작품을 만들기 힘들 거예요. 모두 연관이 있는 것이지만 보는 것과 창조해내는 것은 엄연히 다른 감각을 요구하는 부분이라는 거죠.

제가 굳이 이렇게 쓰기의 영역을 따로 설명하는 것은, 쓰기와 독서를 한 묶음으로 보고 아이를 닦달했던 무식한 경험이 있기 때문이에요. 아이가 혹시라도 읽어놓은 독서량에 비해 글쓰기가 빈약하다면 그 자체를 인정해주세요. 아이의 글쓰기가 약한 것은 책을 제대로 안 읽어서도 아니고 독서량이 부족해서도 아니에요. 자신의 생각을 어떻게 끄집어내고 표현해야 하는지 방법과 순서를 몰라서 그런 것이니 닦달하지 말고 천천히 아이의 글쓰기 수준을 높여가면 됩니다.

03
2단계 :
책 속 문장 베껴 쓰기

쓰기를 극도로 힘들어하던 저희 첫째 우성이는 어떻게 쓰면 좋을지 제대로 알려주지도 않고 무조건 잘 써보라고 욕심을 부렸던 어리석은 엄마 때문에 힘들었을 거예요. 그나마 제가 빨리 정신을 차린 덕분에 길게 가지 않았던 게 다행이었지요. 억지로 글을 쓰게 하려고 씨름을 하느니 차라리 책 한 권을 더 읽게 하는 것이 나을 듯해서 아이가 마음의 준비가 될 때까지 기다리기로 한 것은 지금 생각해도 아이와 저를 위한 현명한 선택이었네요.

그렇게 독서에 더욱 몰입하며 아이의 때를 기다리다 보니 2학년 가을이 되었어요. 학교 과제 하는 것을 유심히 지켜보니 제법 자신의 생각을 정리해서 쓰기도 하기에, 이제 슬슬 집에서 해봐도 되겠구나 하는 생각이 들어서 아이와 이야기 나눈 후 아주 조금씩 영어 글쓰기를 시작하기로 했지요.

이미 쓰기에 대해 엄마의 섣부른 욕심으로 실패한 경험이 있었기에 목표를 낮게 잡았어요. 일단 쉽게 가는 것이 맞겠다 싶어서 읽고 있는 책 중에서 인상적인 문장이 있으면 소리 내서 세 번 정도 읽고 베껴 쓰라고 했죠. 당시 아이는 영어 성경책도 읽고 있었는데, 구절이 제법 긴데도 베껴 쓰는 거라 별 어려움 없이 쓰기 연습을 했어요. 성경이 아닌 일반 책 중에서는 되도록 교훈적이고 쉬운 문장 위주로 따라 쓰도록 했고요. 아이가 고른 문장을 일주일 동안 매일 입으로 반복해 읽으며 쓰게 했어요. 좋은 글을 마음에 새기는 단계라고 할까요. 2학년 2학기에는 이렇게 쓰는 것에 대한 장벽을 낮추고 편하게 접근하는 것에 주력했답니다.

좋은 글은 바른 문장 한 줄에서 시작한다

좋은 예문과 글을 자주 접하고 그대로 베껴 써보는 것은 그다지 어려운 것이 아니지요. 베껴 쓰기를 진행하다 보니 또 다른 강점이 있더라고요. 아이가 스스로 창작한 문장이 아니니 별것 아니라고 생각하기 쉽지만, 출판된 책 속의 글은 작가가 쓰고 에디터가 한 번 손본 문장이라 현지 문법에도 잘 맞아요. 특히 어린이가 보는 책은 표현과 문장에 더 많이 신경을 쓰기도 하고요. 그래서 단순히 베껴 쓰기만 해도 쓰기에 익숙해지는 것은 물론 현지 문어체를 체득하는 데 큰 도움이 되었어요.

베껴 쓸 문장을 고르려면 좋은 글을 찾는 과정이 필요하죠. 아이가 스스로 마음에 드는 글을 고르고 엄마와 이야기를 나누기 위해 나름 깊이 생각하면서 글을 읽게 되더라고요. 정독하는 습관도 생기게 된 거예요. 아이가 마음에 드는 글을 고르면 다시 한 번 눈으로 읽고 입으로 소리를 내 노트에 적게 했어요. 글쓰기 부담을 줄이고자 시작한 과정인데 좋은 글을 많이 읽게 되었고, 그렇게 따라 쓴 문장들이 아이의 마음에 남게 되었어요.

3단계:
영어 일기 쓰기

    초등학교에 들어가면 누구나 일기 쓰기를 시작하지만, 영어 일기라면 얘기가 좀 달라지지요. 쓰기를 싫어하는 아이라면 초등 3학년 정도부터 쉽게 시작해보는 것을 권하고, 쓰기를 좋아하는 아이라면 그전부터 할 수 있는 게 일기 쓰기예요. 처음부터 긴 일기를 쓰는 것은 아니고 그림일기로 시작해 서서히 범위를 확대해가면 돼요.

  처음 일기를 쓰게 되면 아이는 무엇을 어떻게 써야 할지 몰라 어리둥절해할 수도 있어요. 이때 부모의 도움이 반드시 필요해요. 아이와 함께 하루 중 기억에 남는 일에 대해 대화를 나눈 뒤, 그에 맞게 어떤 그림을 그릴지 정하고, 어떤 문장을 쓸지도 이야기를 나눠주세요. 아이가 쓰고 싶은 문장을 이야기하면, 평가하지 말고 그대로 영어로 쓰게 하면 됩니다.

저희 첫째 아이는 필사가 조금 익숙해진 후 1주일에 1~2번 가벼운 마음으로 짧은 일기 쓰기를 했어요. 대부분 축구공을 뻥뻥 차고 있는 졸라맨 그림과 함께 'I played soccer with my friends. It was very exciting.(친구들과 축구를 했다. 매우 재미있었다.)' 같은 간단한 문장이 전부였어요. 그래도 처음에는 일기 쓰는 습관을 들이는 게 더 중요하다고 생각해 아무 말도 하지 않고 그냥 놔두었어요.

그렇게 한두 문장만 쓰고 끝나는 일기를 두고 보고 있으려니 점점 영어 일기 쓰기에 익숙해지는 듯해서 아이에게 조금씩 깊이 있는 글을 써보게 했어요. 예를 들면 일상을 단순하게 쓰는 것을 넘어, 좀 더 구체적인 내용을 써보게 한 거예요. 가장 인상 깊었던 일에 대해 이야기를 나눈 다음 그 내용을 3~4문장으로 써보게 하고, 거기에 대한 자신의 느낌과 생각을 짧게라도 덧붙이도록 유도했어요. 그리고 되도록 같은 표현을 반복해서 사용하지 않도록 일러주었죠.

우리말도 그렇지만 영어는 특히나 같은 단어가 반복해서 나오면 재미없는 글로 평가받아요. 알고 있는 단어와 비슷한 단어를 생각하면서 확장을 해나가니 잘 쓰지 않던 표현도 한 번은 더 쓰게 되는 장점이 있더라고요. 그렇게 해도 여전히 엉성하고 어설픈 문장이 나오긴 했지만 기대치가 낮았기 때문에 그것만으로도 기특하다는 마음이 가득 차 있었어요. 덕분에 언제나 아이에게 칭찬을 듬뿍 해주며 마무리할 수 있었죠.

힘들어도 감상은 꼭 쓰자

첫째 아이는 평소 자기 생각을 정리해보라고 하면 한 단어로 말하는 경우가 많았어요. 예를 들어 아무리 감동 깊은 영화나 책을 보더라도 'It was good', 'fun', 'sad' 등 한마디로 표현해버리고 마는 거예요. 아이가 워낙 언어 어휘가 풍부하고 원어민과 꽤 수준 높은 이야기도 주저 없이 하기에, 쓰기도 같은 수준을 보여줄 줄 알았던 것은 저의 욕심일 뿐이었죠.

남자아이라 그런가 생각했는데 둘째를 보면 여자아이인데도 비슷하더군요. 지금 생각해 보면 겨우 8세 아이인데 저렇게 한두 단어로 표현하는 게 이상한 것도 아니었어요. 그래도 첫째에 대한 시행착오 덕분에 둘째는 같은 8세여도 훨씬 더 너그럽게 대하고 부족한 면이 있어도 그 자체를 이해하게 되었답니다.

단순하기만 한 표현들을 조금씩 나아지게 하려면 아이가 감정을 좀 더 풍부하게 설명할 수 있어야 해요. 그래서 한국말로 먼저 생각하고 충분히 이야기해보도록 유도했어요. 또한 일상만 나열하다 보면 영어 일기 쓰기에 싫증을 느끼게 될까 봐 시간과 에너지가 들더라도 아이의 생각과 느낌을 떠올리는 것을 습관화하게 해주려고 노력했어요.

제가 했던 방법들이 부담스럽다면 영어 일기 쓰기 책의 도움을 받아도 좋아요. 다양한 종류의 영어 일기 책이 나와 있으니 아이 성향과 연령에 맞는 것으로 골라 아이가 겪은 일을 중심으로 문장을 응용하며 쓰게 하면 좀 더 쉽게 접근할 수 있을 거예요.

글쓰기에 유용한 도구들

추천 도서

기적의 영어일기(길벗 출판사)

★ 초등학생이 흥미를 느낄 만한 질문 50개에 영어로 답하면서 필수 영어 표현을 익히는 기초 영작 학습서에요. 처음 영작을 시작하는 누구나 대표 문형을 따라 쓰고, 응용 문장을 다양하게 연습할 수 있어요.

이보영의 아주 쉬운 영어일기(에듀박스)

★ 처음 영어 일기를 쓰는 아이들도 쉽고 자연스럽게 쓸 수 있게 도와줘요. 총 20개의 주제, 60개의 패턴 문장, 160개의 영어 단어들을 직접 사용하면서 실력이 향상되는 것을 볼 수 있어요.

유용한 온라인 사전

Thesaurus.com

★ 온라인 영영사전이에요. 작문할 때 많이 찾는 사이트죠. 동의어나 반의어 등 단어의 의미를 알거나 더 확장시키고 싶을 때 활용하면 좋아요. 게임을 하거나 퀴즈를 맞추는 등 아이들이 좋아할 만한 다양한 기능들도 갖추어놓았어요.

Dictionary.com

★ 온라인 영영사전이에요. 매일 새롭게 오늘의 단어를 소개하고 있어요. 동의어나 반의어를 찾거나 단어의 의미를 정확하게 알고 싶을 때 손쉽게 사용할 수 있어요.

라이팅에 도움이 되는 유튜브 채널

Teaching Without Frills

★　영작은 물론 영어에 관련된 다양한 내용을 쉽고 재미있게 알려주는 사이트예요. 초등학생 대상 콘텐츠이기 때문에 우리나라 아이들이 보아도 좋은 교육 채널이에요. 무엇보다 유튜버가 성실해서 꾸준히 업데이트되고 있어 좋아요.

0
5
4단계:
학교 교과서 표현 익히기

　　영어를 늦게 시작하고 읽기가 잘 다져지지 않은 아이들은 영어 글쓰기에 대해 심리적 부담감을 더 많이 느끼게 되지요. 이런 아이들에게는 책에 나오는 좋은 문구를 골라서 그대로 필사하라고 하는 것마저도 부담스러울 수 있어요. 매일 새로운 글을 읽고 곱씹어 생각하는 과정 자체가 힘들 수 있죠.

　　그렇다고 쓰기를 마냥 뒤로 미루는 것도 힘들다고 판단이 든다면 영어 교과서를 이용할 것을 권하고 싶어요. 초등학교 3학년부터는 영어를 필수 과목으로 배우기 시작하는데 아주 쉽고 간단한 문장들로 이루어져 있어요. 그래도 단계별로 꽉 짜인 커리큘럼이 있으니 활용할 점이 많아요.

　　일단, 교과서에 나오는 문장을 보면 일상에서 자주 사용하는 기초 표현이 다양하게 나와요. 예를 들어 "what are you doing", "How is the weather?", "What time is it?" 같은 문장은 실제로도 생활에서 많이 쓰게 되는 말이니 쉽다고 읽고 넘기지 말고, 툭 치면 바로 나올 정도로 완벽하게 익히도록 도와주세요. 입으로 외우고 글로도 쓰게 해 아이의 영어 자신감을 키워주는 거예요.

특히 영어 시작이 늦어서 짧은 시간에 자녀의 영어 실력을 키우고 싶다면 교과서에 나오는 문장을 충분히 따라 읽고 쓰도록 도와주세요. 학교 교과서를 달달 외우고 쓰기만 해도 영어 말하기와 듣기, 읽기, 쓰기를 한 번에 끌어올릴 수 있답니다.

유튜브 활용

위의 모든 것을 제외하고 실질적으로 쓰기 실력을 몇 배 향상시킨 것은 다름 아닌 유튜브였어요. 영어로 전 세계인들과 소통을 하다 보니 자연스럽게 쓰기 실력이 쌓이고 표현이 다양해지더군요. 제가 옆에서 힌트 주면서 쓰던 것과는 차원이 달라지는 실력 향상이 일어났답니다.

이러한 과정을 보면서 저도 모르게 무릎을 탁 쳤습니다. 역시 무엇이든 아이가 스스로 재미있어 하는 것을 해야 성취가 빠르다는 진리를 다시 한 번 깨달은 셈이지요.

5단계:
글 읽고 요점 정리하기

영어로 된 책 읽기를 꾸준히 하는 아이라면 읽은 내용을 요점 정리하는 것도 추천합니다. 아이가 스스로 읽고 정리하려면 짧은 글이 좋겠지요. 다양한 주제를 다루는 어린이 신문이나 지식책, 리딩서 등 아이가 흥미를 보이는 것이라면 무엇이든 좋아요. 저희 첫째 아이는 과학책 같은 간단한 지식책을 좋아해서 그걸로 시작했다가 나중에 리딩서로 바꿔보고 지금은 'CNN 10'으로 아이 연령에 맞춰 조금씩 바꿔가며 진행 중이랍니다.

가장 바람직한 방법은 눈으로 쓱 읽고 요점 정리를 하는 게 아니라, 오디오로 글을 먼저 듣게 하고, 그다음은 소리 내서 읽게 하는 거예요. 이를테면 낭독을 하는 건데, 천천히 읽으면서 전체적인 흐름을 파악할 수 있어요. 지식책은 정확한 의미를 아는 것이 중요하기 때문에 읽으면서 새로운 단어나 문장에는 밑줄이나 동그라미로 표시하게 했어요. 그다음에는 표시한 부분을 다시 한 번 훑어보고 의미를 유추하게 하죠. 전혀 모를 경우에는 사전을 함께 찾아봤어요. 그렇게 전체 내용을 완전히 파악한 후에는 방금 읽은 것을 공책에 간단히 정리하게 했어요. 그러면 아이는 읽은 것을 다시 또 반복해 보면서 글쓰기를 하게 됩니다.

프레젠테이션을 해보자

간단하게 정리한 내용은 가족들 앞에서 프레젠테이션을 해보도록 시키는 것도 좋아요. 이는 요점 정리와는 또 다른 강점이 있어요. 분명 스스로 읽고 낭독하고 요약해서 쓴 것인데도 남들 앞에서 이야기하다 보면 빈 부분이 느껴질 때가 종종 있거든요.

평상시에는 영어뿐 아니라 한국어로도 발표 기회가 많지 않죠. 비록 관객은 엄마 한 명일 때가 많다 하더라도, 진지한 자세로 들어주면 아이 또한 진지한 태도로 발표를 합니다. 그러다 보면 자기도 모르게 발표 실력이 쌓이게 돼요. 보통 15~20분이 걸리고, 가끔 어려운 어휘나 주제가 등장하면 30분도 하게 되죠. 초등학생에게는 꽤나 긴 시간일 텐데 곁에서 지켜보면 집중하는 아이에게는 그렇게 긴 시간이 아닌 것처럼 느껴져요. 저는 이러한 시간을 반드시 추천하는데, 언어의 4대 영역이 모두 충족되는 시간이기 때문이에요.

1. 교재 내용 오디오로 듣기 – 듣기

2. 교재를 소리로 낭독 – 말하기, 읽기

3. 노트에 내용 정리 – 쓰기

4. 프레젠테이션 – 말하기

일단, 아이와 함께 시작하는 것이 중요합니다. 짧은 시간 내에 집중적으로 하기 좋고 무엇보다 실력 향상 효과가 뛰어납니다.

좋은 글 읽기를 위해 추천하는 도구들

CNN 10

★　주요 뉴스를 10분짜리 영상으로 소개합니다. 유튜브로도 볼 수 있어 접근성이 좋아요. 세계 곳곳의 이슈를 다양한 시각으로, 유머 넘치는 앵커들의 진행으로 들을 수 있죠. 그래서인지 영어를 유창하게 하지 못해도 계속 보게 되는 매력이 있어요.

Time for Kids

★　아이들을 위한 시사 잡지예요. 다양한 핫이슈를 읽거나 들을 수 있어요. 아이 연령에 따라 기사를 선택할 수 있어요. 무료 구독이 가능한 데다 다양한 워크시트지도 활용할 수 있어 추천해요.

Dogo News

★　어린이 대상 영자신문이에요. 과학 관련 자료들이 워낙 방대해서 아이나 어른이나 시간 가는 줄 모르고 읽게 되는 사이트예요. 단, 워크시트 등 활동지는 유료예요.

Ted-ed

★　과학, 사회, 인문 등 다양한 분야의 정보들을 찾아 들을 수 있어요. 유튜브로 언제든지 검색할 수 있어 접근성이 좋고, 자막을 보면서 따라 읽어볼 수 있어 유용해요.

0 7 이후 글쓰기에 대하여

글쓰기에서 가장 강조하고 싶은 것은 '시작은 무조건 간단해야 한다'는 것입니다. 저는 아이가 '베껴 쓰기'와 '변형해서 쓰기'에 어느 정도 익숙해질 때쯤에는 혼자 영어 독후감을 써보게도 했어요. 이런 경우 아이에게 어려운 단어를 쓰도록 고집할 필요가 전혀 없어요. 아니, 쉬운 단어들로 풀어서 잘 읽히는 글을 쓰는 습관을 들이도록 유도하는 게 훨씬 바람직하죠.

아이가 글을 잘 쓰기 바라는 마음에 쉽고 간단한 표현만 사용하는 것이 싫을 수도 있지만, 반복해서 글을 쓰다 보면 아이 스스로 다양한 표현에 눈을 돌리게 돼요. 그때까지는 유치찬란한 표현이 공책을 채우더라도 기다려주세요.

예를 들어 "~하고 싶다"는 표현을 할 때는 항상 'I want to'를 사용하던 아이가 어느 순간 'I'd like to'라는 표현도 쓸 때가 온다는 것이지요. 글을 쓰다 보면 아이의 문법 실력이 드러나게 돼요. 오랫동안 다양한 책을 읽었다면 아이가 자기도 모르게 접속사와 부사를 적절히 사용하기도 하죠. 물론 아이들은 이런 문법 용어 자체를 모르겠지만요. 책 읽기는 이렇게 글쓰기에 존재감을 드러낸답니다.

영어 글쓰기의 시작은 아이 마음대로 양껏 써보는 것으로 정하고, 영어로 쓴다는 것 자체를 계속해서 칭찬해주세요. 아이들은 부모의 잔소리 한마디, 인상 한 번 때문에 쓰던 손을 멈추고 싶어 할 수도 있으니까요.

틀린 문장은 어떻게 할까?

아이의 글을 지켜보면 누구나 겪게 되는 심리적 갈등이 있어요. 바로 아이가 스펠링을 틀렸을 때, 문법이 틀렸을 때죠. 부모는 이걸 고쳐줄까 말까 갈등하게 됩니다. 아이가 긴 글을 썼다면 한두 군데 틀릴 수도 있지 싶겠지만, 겨우 두세 문장 쓰는데 틀린 게 눈에 띄면, 또 틀린 단어가 너무 쉬운 기본 단어라면 옆에서 지켜보는 부모는 속이 터질 거예요. 그동안 읽은 책이 얼마고, 흘려듣기 해온 영어가 얼마인데, 너무 쉽고 기본적인 단어조차 제대로 못쓰고 있으니 말이지요.

이런 경험은 저도 예전부터 겪었고 지금도 여전히 진행 중이에요. 하지만 이때 중요한 것은 스펠링이나 문법이 아니라는 걸 잊지 말아야 해요. 어찌 되었건 아이가 글을 쓰고 있다는 것 자체에 주목해야 합니다.

처음에는 영어로 단어 하나 쓰기만 해도 기뻐했던 부모들이 시간이 지나면 자신도 모르게 욕심이 생겨나기 시작해요. 아이의 틀린 문장과 스펠링을 조금만 교정해주고 연습시키면 잘할 것 같으니까요. 그러다 보면 아이에게 자꾸 완성도 높은 문장을 요구하게 되죠.

하지만 글을 썼는데 자꾸 지적을 받는다면 어떤 기분이 들까요? 누구나 글을 써놓으면 칭찬과 격려를 받고 싶어해요. 아이는 더욱 그렇죠. 이상하게 쓰든 틀리게 쓰든 아이가 쓴 글을 두고 공감하고 반응하는 게 중요해요. 나중에 쓰기가 익숙해지면 아이들도 자신의 글이 얼마나 엉성하고 이상한지 눈치 채거든요. 그러니 처음에는 글이 좀 부족할지언정 글쓰기 의욕이 위축되지 않는 것이 가장 중요합니다. 틀린 문장일지언정 자신 있게 계속 쓰는 것에 중점을 두세요. 자신의 생각을 알고 있는 영어 단어나 문장을 이용해서 쓰게 그냥 두세요. '교정' 혹은 '첨삭'을 하지 않는 것이 때로는 도와주는 것일 수도 있습니다. 아이가 자신이 틀린 것을 알아도 자존심 상하지 않는 것이 더 중요해요.

책을 많이 읽는 아이들은 어느 순간 자신의 글을 더 나은 방향으로 수정해가는 안목이 생긴답니다. 그러니 내용을 채워가는 것이 중요하지 철자 한두 개 틀리는 것, 문법 조금 틀리는 것으로 예민하게 반응할 필요가 전혀 없어요.

문장 교정이 필요할 때

아이에게 정확한 영어를 전달하고 싶다면, 또 아이가 도움을 요청한다면 간편하게 인터넷을 활용할 수도 있어요. 문법적인 오류를 바로잡고 글을 교정하거나 첨삭해주는 게 쉽지는 않잖아요. 요즘에는 인터넷으로 'Grammer checker'라고 검색해 보면 다양한 업체가 나오기 때문에 아이에게 맞는 사이트를 골라 도움을 받을 수 있어요. 그러니 영어 첨삭을 해줄 실력이 안 된다고 자책하며 두려워하거나 걱정하지 않아도 됩니다.

이런 사이트에서 제공되는 프로그램은 철자, 시제, 수의 일치 등 간단한 오류를 찾는 데 도움이 되고, 문법적으로 잘못된 부분이 있으면 자동으로 찾아내 정확한 단어를 제공하고 수정도 해줍니다. 다만 지나치게 어수선한 문장은 제대로 오류를 발견해내지 못할 때도 있어요. 꼼꼼한 서비스를 받고자 하면 유료로 이용해야 할 수도 있고요. 그래도 주변에 아이의 영어를 봐줄 사람이 없다고 하면 좋은 대안이 될 수 있답니다.

문장 교정 사이트

GINGER

★ 무료 사이트와 유료 사이트가 있는데, 무료 사이트는 간단한 문법 오류를 잡아내는 데 유용해요. 유료 사이트인 프리미엄은 더욱 견고하게 문장이 교정되고 유의어와 문장 예문 등 다양한 도움을 받을 수 있어요.

grammarly

★ 유용한 영문 교정기예요. 1,000자 안팎의 문장을 올려봤는데 정확하게 교정을 해주어 더욱 신뢰하게 되었어요. 회원 가입의 번거로움이 있지만, 무료 사이트만 이용해도 참 유용해요.

Virtual Writing Tutor

★ 회원 가입 없이 스펠링, 문법, 어휘들을 다양하게 교정해줘요. 검사한 텍스트를 기계로 녹음된 원어민 발음으로 확인할 수도 있고, mp3와 doc 파일로도 내려받을 수 있어요. 단, 복잡한 문장은 제대로 인식을 못해 오류가 날 수 있어요.

부 록

★

엄마표
영어 연수에 대한
Q&A

★

부모와 아이가 함께하는 집안 연수를 하다 보면 궁금증도 생기고 의문점도 생깁니다. 네이버 온라인 육아카페 '기적의 영어 육아 연구소'의 카페지기로서 매일 카페에 올라오는 다양한 고민과 아이들의 생생한 영어 영상을 보게 되는데, 그중 부모들이 제일 많이 궁금해하는 사항들을 정리해보았습니다.

Q   나중에 해외로 영어 연수 보내면 한번에 해결될 것을 왜 굳이 아이가 어릴 때부터 영어 환경을 만들어줘야 하냐며 주변에서 잔소리를 많이 듣고 있어요. 해외 연수, 유학만이 정답일까요?

A   해외 연수는 아이의 시야를 틔워주고 현지인들의 문화를 익히는 데 큰 도움이 됩니다. 방학을 이용해 1~3개월 정도 짧은 연수를 떠나는 것도 영어 실력 향상에 극적인 효과가 있다기보다는 영어의 필요성을 확실히 느끼게 해준다는 점에서 바람직합니다. 그래서 여유가 된다면 경험해볼 것을 권해드리고 있지요.

이때 한국에서도 꾸준히 영어 환경에 노출되어 있던 아이라면 약간의 적응 시기만 거치고 빠른 속도로 언어가 향상되는 경우를 많이 봤습니다. 그러나 평소 1주일에 2~3회 한두 시간 한국식 학원 시스템에서 영어를 배우던 아이라면 많은 돈을 지불해야 하는 해외 연수가 부모의 기대와 달리 효과가 크지 않습니다. 기대보다 늘지 않는 자신의 영어에 본인도 놀랄 수 있어요. 사람들은 유학이나 연수에 대해 달콤한 환상을 가지고 있지만, 현실에서는 영어권 나라로 간다고 해서 갑자기 영어가 원어민처럼 나오는 일은 절대 일어나지 않습니다. 환경이 바뀌었는데도 왜 영어가 생각처럼 늘지 않는 걸까요? 답은 간단합니다. 언어 습득을 위해서는 반드시 일정치의 시간과 노력이 필요하고, 본인이 직접 소리를 내서 말을 하고 듣고 쓰기를 해야 실력이 쌓여요. 이런 시간과 과정이 없이 환경만 바뀐다고 영어가 나오진 않지요. 그러니 영어를 목표로 연수를 간다고 하면 떠나기 전까지 한국에서 영어 실력을 최대치까지 끌어올리고 가는 것이 가장 효과적입니다.

물론 환경이 모두 영어권으로 바뀌면 듣기는 확실히 늘고, 조금 더 머무르면 서바이벌 영어나 생활 회화가 무리 없이 통하는 정도까지 실력이 늘 수는 있습니다. 영어가 유창하지 않아도 배고프면 식당에 가서 음식을 주문해야 하고, 아프면 약국 가서 약을 사야 하고, 학교를 다니면 또래 학생들과 대화하고 수업을 들어야 하니까요. 하지만 그렇게 어느 정도 영어에 익숙해지면 한계도 명확해지고 늘어난 실력은 딱 거기서 멈추기 쉽습니다.

심지어 성인이 되어 외국에 나간 경우에는 유학생을 위한 ESL 과정에서 시간을 보내고 오거나, 겨우 정규반에 들어가더라도 영어 이해력이 떨어져 맛보기만 하다가 귀국하는 일이 허다합니다. 비영어

권 국가에서 우리와 비슷한 입장으로 유학 온 학생들이 많은 곳에서 ESL 코스에 머무는 것은 냉정하게 말하면 국내 어학원을 다니는 것과 별반 차이가 없습니다.

결론은, 해외 영어 연수를 보내더라도 한국에 있을 때부터 준비가 필요합니다. 영어의 바다에 흠뻑 빠져 제대로 습득하게 만들고 싶다면 단순하게 '현지에 가면 어떻게든 배워 오겠지'라고 생각하면 안 됩니다. 현지에 가기 전 그곳의 아이들과 실력 차이가 너무 심하게 나지 않도록 철저한 준비를 하고 가야 우리가 원하는 만큼 많은 것들을 얻고 배우고 익힐 수 있다는 것을 잊어서는 안 됩니다.

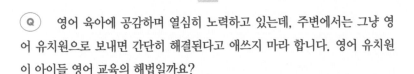

Q 영어 육아에 공감하며 열심히 노력하고 있는데, 주변에서는 그냥 영어 유치원으로 보내면 간단히 해결된다고 애쓰지 마라 합니다. 영어 유치원이 아이들 영어 교육의 해법일까요?

A 요즘 영어 유치원 정말 많이들 보내시지요. 영어 유치원에 보내는 연령이 보통 5~7세인데, 이 시기의 아이들에게 과연 영어 유치원이 영어에 대한 최선의 선택인지에 대해서는 깊이 한번 생각해보았으면 합니다.

영어 유치원은 원어민의 발음을 들을 수 있고 어린이 눈높이로 다양한 영어 체험 활동을 할 수 있다는 장점이 있습니다. 다른 영어 사설 학원에 비해 매일 4~5시간의 영어 노출을 확보해주는 점도 바람직해 보입니다.

하지만 기대에 못 미치는 점도 상당 부분 있다는 것을 알아야 합니다. 부모들이 볼 때는 아이들이 상당히 즐겁게 놀면서 영어를 배우고 있는 것 같지만 실제로는 그렇지 못한 경우가 많아요. 문자에 대한 유별난 집착을 보이는 한국의 특성상 알파벳과 단어 공부에 치중하며 주입식으로 가르치는 곳도 있습니다. 또한 한국인 보조 교사가 있는 곳도 있지만 대부분 영어를 메인 언어로 쓰다 보니 가장 중요한 모국어가 의외로 어눌해질 수도 있어요. 설마 그럴까 싶겠지만 영어 유치원을 다닌 아이가 초등학교 들어가서 한국어 어휘가 딸려서 수업에 대한 전반적인 이해력이 떨어진다는 평가를 듣는 아이들이 더러 있다는 것은 공공연한 사실입니다.

마지막으로 고가의 영어 유치원을 보내면 영어 말하기가 확 터질 것으로 기대하는데, 이상하게도 말하기는 듣기 실력만큼 늘지 않는 경우가 많습니다. 왜 그럴까, 의아하게 생각할 수 있지만, 사실 그것은 당연한 일이에요. 영어 유치원에서 제일 말을 많이 하는 사람은 아이가 아니라 원어민 교사입니다. 아이들은 대답만 하고 마치는 경우가 많으니 연습이 충분히 안 되는 것이지요.

저는 부모와 함께하는 집안 연수가 고가의 영어 유치원보다 훨씬 좋은 효과를 낼 수 있다고 단언합니다. 아이가 좋아하는 것과 싫어하는 것, 구체적인 취향과 성향을 잘 알고 있는 부모야말로 아이에게 맞춤형 영어 환경을 만들어줄 수 있습니다. 집에서 좋아하는 책을 읽고, DVD를 보고, 쉬운 회화를 하고, 이렇게 짧은 시간이라도 매일 꾸준히 하는 것이 비싼 비용을 들여 하루 4시간씩 영어 유치원을 보내는 것보다 훨씬 효과가 좋을 수 있다는 걸 알았으면 합니다.

하지만 하루에 책 몇 권 읽는 것도 힘들고 손가락 움직여 CD 들려주는 것도 귀찮은 부모라면 영어 유치원을 보내는 것이 더 나을 수 있겠죠. 특히 아이에 대해 지나친 욕심을 가진 부모, 기질적으로나 환경적 요인 등으로 내면에 분노가 쌓여 있는 부모라면 아이와 긴 시간을 보내며 인내력이 필요한 영어 육아는 포기하는 것이 더 나은 선택일 수 있습니다.

Q   다른 아이들은 영유아기 때부터 영어를 접하는데, 영어에 대해 별 생각이 없던 저 때문에 우리 아이는 너무 늦게 영어를 시작하게 되었네요. 걱정이 태산인데, 어떻게 해야 할까요?

A   어릴 때 영어 환경을 만들어주지 못한 부모들은 초등학교에만 들어가도 이런 질문을 합니다. 이제 겨우 5살인데도 영어 환경 만들

기에는 너무 늦은 거 아니냐며 불안해하는 부모도 있어요. 모두들 자기 아이만 너무 늦은 것 같다며 어떻게 하면 더 빨리 그동안 놓친 것을 만회할 것인지 골몰합니다.

물론 영유아 시기 때부터 영어 환경을 만들어준다면 더할 나위 없이 좋았겠지만, 이미 지난 시기에 대해 미련을 둘 필요는 없습니다. 그저 막연하게 용기를 주고자 하는 말이 아니에요. 제가 실제로 겪고 본 바에 의하면 언제 하는지 'when'도 중요하지만, 어떻게 하는지 'how'도 중요합니다. 그리고 무엇보다도 중요한 포인트는 아이가 하겠다는 의지만 있으면 '영어'라는 게임에서 이길 확률이 매우 높아진다는 거예요. 초등 저학년도 늦지 않았고 고학년도 늦지 않았습니다. 심지어 중학생도 늦지 않았어요. 고비를 긍정의 시선으로 보았으면 합니다.

그리고 혹시라도 영어 이전에 독서에도 신경을 쓰지 않았던 가정이라면 당장 한글 책을 집중적으로 읽게 만들어줘야 해요. 한글 책 한 권도 집중해서 읽기 힘든 아이가 그보다 배는 어려운 영어책을 붙잡고 있기는 거의 불가능하기 때문이에요. 식상하게 들리겠지만 모국어 독서는 영어를 잘할 수 있는 기초 뿌리가 되는 것이 사실입니다.

늦게 시작하는 우리 아이가 너무 못하는 것 같고 심하게 느려 보일 수 있습니다. 그러나 지금의 아이가 내일도 똑같을 것이라는 비관적인 생각은 버려주세요. 꾸준히 책을 읽으며 영어를 생활화하면 오늘보다 내일이 나을 것이고 1주일, 1개월, 1년을 계속 성장할 것입니다. 늦게 시작해서 못하는 것이 아니라 꾸준히 안 했을 때 문제가 되는 거죠. 아이와 충분한 대화를 나누고 아이가 중심이 되어 매일 꾸준히 노력한다면 엄마와 아이 모두 흐뭇한 결과를 만들어낼 수 있습니다.

Q 영어 육아 환경을 만들어주려고 보니 너무 많은 책과 교재로 혼란이 와요. 어떻게 하면 좋을까요?

A 많은 부모들이 어떤 책이 좋은지, 어디에서 구입해야 되는지 물어봅니다. 그런데 책에 대한 추천을 하다 보면 "구입해서 열심히 활용하려고 했는데 아이가 별로 안 좋아해요"라는 말을 자주 듣게 돼요. 아이들의 반응이 좋은 책, 여러 경로로 검증 받은 책들을 추천하고 있지만 이런 불평을 피할 길이 없네요. 그러다 보니 요즘은 직접적인 책 추천보다는 책을 어떻게 선택하는 것이 좋을지에 대해 알려주고 있답니다. 이렇게 하면 부모들도 책을 구입할 때 좀 더 고민을 하기에 실패 확률이 적어지는 듯합니다.

1. 아이 수준에 맞는 책이 좋은 책!
여기서 아이의 수준은 연령이 될 수도 있고 취향이 될 수도 있습니다. 시중에 나와 있는 다양한 책 중에서 어느 것이 아이에게 맞고 호

324

기심을 자극시키는지 부모가 알고 있어야 해요. 동물을 좋아하는 아이에게는 동물이 나오는 책이 좋을 것이고 코믹한 내용을 좋아하는 아이에게는 스토리에서 코믹함이 강조되는 책으로 골라주면 됩니다. 부모들은 값비싼 책을 좋은 책으로 생각하는 경향이 있는데 절대로 꼭 그렇지는 않아요. 오히려 큰맘 먹고 비싼 돈 들여 책을 구입했는데 아이가 시큰둥해하면 부모는 기분이 언짢고 아이가 얄밉기까지 합니다. 아까운 비용 생각에 억지로 강요하다가 아이가 오히려 영어에 질려서 흥미를 잃는 경우도 있으니 조심해야 합니다.

2. 쉬운 책이 좋은 책!

아이에게 맞는 책을 고르다 보면 비슷한 종류의 책이 쌓이기 마련이지요. 이렇게 아이가 좋아하는 책을 찾아준 엄마는 일단 성공했다고 보면 됩니다. 아이에게 맞는 책을 골라주는 일은 한두 번으로 끝나면 안 됩니다. 아이가 책 읽기를 재미있게 느끼도록 하려면 아이가 만만하게 볼 수 있는 책을 지속적으로 골라줘야 합니다. 글밥이 적고 내용이 간단한 책이라면 한 권 읽는 데 시간이 몇 분 걸리지 않아요. 심지어 10분에 두서너 권을 단숨에 읽어버릴 수도 있습니다. 이런 책을 아이에게 반복해서 읽게 해주면 돼요. 영어책 읽는 것이 생각보다 쉽게 생각되면 아이는 다른 책도 겁 없이 읽어 나가려고 합니다. 이렇게 짧은 시간 내에 영어책을 읽으면 스스로에 대한 자긍심이 높아지고 성취감도 커질 수 있습니다.

3. 영어 오디오 CD 구입하기

영어 CD가 딸린 경우라면 중간에 한국어 해설이 없는 것으로 선택하는 게 좋습니다. 아이는 한글 해석이 나오면 영어에 귀를 기울이지 않게 됩니다. 무조건으로 영어로만 녹음되어 연속해서 영어에 노출되는 것으로 구입하세요.

Q   TV 보기를 좋아하는 아이에게 영어 영상까지 보게 하면 영상 노출 시간이 너무 길어지는데 어찌해야 할까요?

A   충분히 걱정할 만한 부분입니다. 평소에도 TV 보는 것을 좋아하는 아이에게 영어 DVD나 영상까지 보여주면 영상 노출 시간이 터무니없이 늘어날 수가 있기 때문에 시간 조절에 신경을 반드시 써줘야 해요. 아이가 영어 영상과 TV 프로그램을 포함해 하루 3시간 이상 영상에 노출되는 일은 없도록 해주세요. 이때 아이들의 반발심도 같이 높아질 수 있기에 조심스러워야 합니다. 어린아이라면 몰라도 초등학생이라면 영어 때문에 이제까지 잘 보던 TV를 못 보게 한다면 당연히 싫어할 수 있어요. 그까짓 영어가 뭐길래 엄마가 TV도 못 보게 하나 싶고 그로 인해 영어를 거부할 수도 있습니다.

부모의 생각을 아이에게 들려주고 함께 의논해서 시간을 조절하는 것이 현명하고, 변화를 받아들일 시간을 주셔야 합니다. 아이가 꼭 봐야할 것과 포기해야 할 프로그램을 정하고, 하루 중 언제 얼마나 볼 것인지를 꼼꼼하게 정해야 해요. 대충 정하고 말면 아이들은 계속해서 보고 싶어 하고, 그러다 보면 엄마와 갈등이 생기는 악순환이 반복될 수 있어요. 평일에 영어 영상 등 다른 활동으로 TV 시청이 원활하지 못할 경우에는 재방송이나 인터넷 방송 등을 통해 약속한 만큼 볼 수 있도록 지켜주는 것이 좋습니다. 문제가 생길 것 같으면 다시 대화를 통해서 규칙을 정하고 계획을 다시 짜서 실천하면 돼요. 영어 영상에 익숙해지기까지 시간이 필요하듯이 아이의 TV에 대한 절제도 그만큼 시간과 에너지가 필요합니다. 영어 때문에 급하게 욕심을 부릴 경우 무리가 올 수 있으니 아이의 마음에 짜증이 쌓이지 않도록 항상 관심을 기울여주세요.

Q 글자를 알게 되었으니 혼자 책을 읽으면 좋으련만, 언제나 책을 읽어 달라고 조릅니다. 언제까지 책을 읽어주는 게 좋을까요?

A 책 읽어주기는 생각보다 많은 에너지가 필요합니다. 쉬지 않

고 10여 분만 읽어줘도 기진맥진해지기 쉽지요. 그러다 보니 부모는 어서 빨리 아이가 혼자 읽기를 바라는 마음이 간절하지요. 그러나 아이의 읽기 독립이 시작되었어도 엄마가 계속 읽어주는 것이 좋기는 합니다. 정서상으로도 읽기 독립과 별개로 부모가 책 읽어주는 것이 좋으니 꾸준히 해주라고들 하지요. 그런데 어느 순간 아이의 눈이 부모의 책 읽어주는 속도를 넘어설 때가 있습니다. 이런 경험이 반복되면 아이도 뒤에 오는 스토리가 너무 궁금하기 때문에 혼자 빨리 읽고 싶어 하는 순간이 자연스럽게 찾아온답니다. 그런 시간이 오면 부모는 원하든 원치 않든 뒤로 빠져주고 아이 혼자 읽게 하면 되지요. 부모는 그때까지 아이 옆에서 꾸준하게 자리를 지켜주면 됩니다.

또한 아이가 읽기 독립이 되었다 하더라도 부모가 옆에 있다가 새로운 단어나 어려운 개념을 받아들여야 할 때 의미를 알려주고 이해하기 힘든 상황이 나왔을 때 설명을 곁들여준다면 큰 도움이 되지요. 혼자 책을 읽는 아이의 옆을 지켜주는 것이 은근히 귀찮을 수도 있지만, 이 시간만 잘 버티면 아이의 영어 성장 속도가 대단히 빨라질 수 있습니다. 끝이 없어 보이지만, 사실상 아이와 나란히 앉아서 책을 보는 시간은 생각보다 길지 않아요. 읽기 독립뿐 아니라 정서상의 독립도 생각보다 빨리 옵니다. 아이와 함께하는 시간을 같이 즐기고 품안에 있는 순간을 한껏 누리기 바랍니다.

Q   저는 영어하고는 담을 쌓은 사람인데, 제가 엉터리로 읽어주는 것이 아이에게 도움이 될까요? 엄마의 영어 실력과 아이의 영어 실력은 얼마나 연관이 있나요?

A   정말 궁금합니다. 도대체 어느 정도 실력이 되어야 영어책을 읽어줄 수 있다고 생각하는 걸까요? 어떻게 발음을 해야 아이에게 읽어줄 정도는 되는 걸까요? 영어를 전공하고 영어에 관련된 일을 하고 있는 정도면 영어책을 자신 있게 읽어줄 수 있을까요? 그런 부모라면 아이의 영어에 대해 고민도 안 하고 걱정도 안 할까요? 제 주변에는 고등학교 영어 교사도 있고 대학교 영문과 교수도 있지만 그들도 우리처럼 자녀의 영어 때문에 고민을 합니다.

저 또한 대한민국 국민으로 그저 그런 발음의 소유자입니다. 하지만 발음 때문에 책 읽어주기를 두려워하지는 않았어요. 아이들은 앞으로 저의 발음보다 훨씬 좋은 발음을 들을 기회와 시간이 많아요. 발음의 어색함보다 더 중요한 것은 그저 스토리만 슥슥 읽어 내려가는 것이 아니라 책속 등장인물들의 상태를 엄마의 목소리와 표정으로 감정까지 전달해줄 수 있는 것 아닐까요?

물론 그렇다고 발음에 전혀 신경 쓰지 말고 아무렇게나 읽어주라는 것은 아닙니다. 예를 들어 th, f, r, v 등 한국에 없는 발음은 주의를 기울여주는 게 좋겠죠. 그 정도만 신경 써도 아이들은 오디오나 영상을 통해서 듣는 원어민 발음을 따라 할 수 있습니다.

어릴 때는 선천적으로 좋은 것을 받아들이고 모방하는 능력이 탁월하기 때문에 흘려듣기만 꾸준하게 해줘도 우리가 생각하는 어색한 발음을 벗어 날 수 있어요. 영어 발음에 집착하는 것보다 커뮤니케이션 자체에 무게를 두면 어떨까요? 사실 국제적인 시각으로 바라봐도 세계 각국에서 영어를 공용어로 사용하고 있지만 나라마다 특유의 억양과 발음이 있고 심지어 표현 방식도 다릅니다. 표준화된 발음을 따라 하려고 노력하되 그게 아니더라도 결코 좌절할 이유가 없어요. 오히려 다양한 발음과 표현을 존중해주는 것이 바람직한 태도 아닐까요? 발음 때문에 주눅 들 필요는 정말로 전혀! 없습니다.

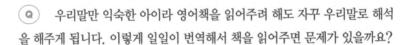

(Q) 우리말만 익숙한 아이라 영어책을 읽어주려 해도 자꾸 우리말로 해석을 해주게 됩니다. 이렇게 일일이 번역해서 책을 읽어주면 문제가 있을까요?

(A) 모국어가 완성된 아이에게 영어책을 읽어줄 때에는 해석 혹은 번역이라는 과정이 필요합니다. 물론 아이가 먼저 물어보고 질문을 했을 때의 상황이지요. 반면, 아주 아기 때부터 영어 소리에 노출되고 유아기 내내 영어책으로 놀아온 아이들은 한국말로 풀어주는 과정을

건너뛰어도 전체적인 흐름을 이해하고 상상할 수가 있습니다. 이런 아이들은 날 때부터 똑똑해서 가능한 거라는 생각은 하지 말기로 해요. 이렇게 되기까지 무수히 많은 언어적 반복의 시간이 있었던 것뿐이랍니다.

부모 세대에는 단어 하나하나의 뜻을 외우고 문장을 읽으면 그에 맞춰 해석을 해야 이해가 되는 과정을 겪으며 영어를 공부했어요. 그러나 지금 영어책을 듣고 읽고 있는 아이들은 우리와 엄연히 다르고, 마땅히 달라야 합니다. 한국어의 사고를 거쳐 영어를 접하는 것이 아니라 영어는 영어 그대로 받아들이고 익히는 아이들입니다. 아이들은 단어 하나의 뜻을 따라가는 것이 아니라 언어의 느낌으로 듣고 있어요. 아이가 먼저 물어보지 않고 재미있게 듣고 있다면 모르는 것이 조금 있어도 그냥 읽어 내려가면 돼요. 영어 문장을 읽어주고 부모가 먼저 지레짐작으로 아이가 이해 못했을까 봐 장황한 설명을 하는 것은 불필요합니다.

엄마의 이런 지나친 걱정과 친절은 오히려 아이가 스스로 영어와 모국어에 대한 비교 혹은 언어의 개념 융합을 할 수 없게 만들고, 그림을 보며 이해하는 상상력마저도 제한할 수 있어요. 그렇게 되면 영어책을 읽어주는 궁극적 목적과 효과마저 빼앗는 것이니 지나친 친절은 베풀지 않기로 해요. 게다가 기초 단계의 영어책은 누가 봐도 매우 간단해서 그림과 문장이 한눈에 들어오는 경우가 대부분입니다. 어떤 아이는 그림만 보아도 이야기 내용을 추측할 수 있고, 그렇다면 해석은 불필요한 과정이 될 수 있어요. 또 누군가는 한 페이지에서 몇 단어 이상 막히면 그 책은 아이에게 맞지 않는다고도 판단하지만, 그것도 개인차가 있다는 것만 알고 가면 된답니다. 평균적인 대부분의 아이들은 그저 엄마가 재미있게 읽어주고 스토리 내에서 교감해주면 됩니다.

(Q) 아이가 영어로 말을 하지 않아요. 간단한 표현은 하지만 그 외에는 입을 다물고 있어서 애가 타는데, 아이가 영어로 대화할 상대가 없어 그러는 것 같아 회화 학원을 보낼까 고민입니다.

(A) 이 문제를 아주 단순하게 풀어볼까요?

아이들은 탄생 후 대략 7개월~1년 사이에 모국어로 발음 비슷하게 내는 것을 시작으로 성인들과 대화답게 이야기하기까지 거의 5~7년이 걸립니다. 초등학교 저학년 중에는 타인에게 자기 의사표현을 정확하게 하는 것을 어려워하는 아이들이 꽤 있고 혀 짧은 소리를 내는 아이들도 많아요. 한국에서 태어나 모국어만 한 아이들도 그렇고 미국에서 태어난 원어민 아이들도 비슷하죠. 원어민 아이들도 5세 이상이 되어야 L과 R의 발음이 정확하게 자리 잡힌다고 해요. 미국에서 태어난 아이도, 일본 혹은 프랑스에서 태어난 아이들도 태어나서 아무 말도 못하다가 1년 이상의 시간을 듣는 환경에 놓여 있고 나서야 'mom'이니 'papa' 같은 말을 뱉어내는 것이고 그러다가 단어가 조금씩 더 확장이 되고 혼자 역할놀이의 재미에 빠져 끊임없이 중얼거리기도 하면서 언어의 스펙트럼이 쌓이는 거예요. 그렇게 말을 배운 아이들이 자기들의 모국어인 불어를 하고, 영어를 하고, 일어를 하는 거죠. 한국 아이들은 당연히 한국어를 하는 것처럼 말이에요.

가족과도 그렇고 외부인과 대화 비슷하게 할 수 있는 수준이 되기까지 아이들은 외계어 비슷한 말을 끊임없이 하면서 충분히 언어 구조를 익히게 됩니다. 이맘때 아이의 대화 상대는 대부분 부모로 제한되어 있어요. 하루 종일 부모와 간단한 의사소통을 하게 되지 타인과 접촉하면서 말을 배우는 것은 거의 드물지요. 모국어를 이렇게 습득하는데 우리는 왜 영어는 다르게 생각하는 걸까요? 물론 영어를 유창하게 구사하는 사람이 집에 있다면 좋겠지만 그것을 만회할 수 있는 많은 책과 영상 음원들이 있습니다.

말하기라는 것은 상대가 있으면 좋기도 하지만 대화 상대가 없다고 발전이 없는 것은 아니에요. 우리 집 아이들도 어설픈 저의 유아 영어로 시작해서 원어민과 곤충이나 여러 관심사에 대해 토론하는 수준까지 향상되었어요. 중요한 것은 귀에 들리는 말이 있어야 입으로 말을 할 수 있다는 거예요. 아이가 영어로 말하려 들지 않는다면 듣기에 시간을 더 투자해보세요. 아이가 틀린 표현이나 어설픈 말을 하더라도 칭찬과 응원을 듬뿍 해주시고요. 혼자서 마음껏 중얼거리고 표현을 따라 하는 시간을 확보해줘야 해요. 이런 것이 쌓이면 아이가 다른 사람이 어떻게 생각할까 하는 눈치 안 보고 짧은 영어라도 혼자 뱉어내는 시간이 옵니다. 물론 이 시기를 거쳐 아이의 말하기가 어느 정도 익숙해지면 저렴한 비용으로 할 수 있는 원어민 전화 영어나 화상 영어도 도움이 될 수 있습니다. 중요한 것은 '아이의 말하기가 익숙해지면'이라는 조건이 붙는다는 것을 잊지 말아야 해요.

Q 영상을 통한 흘려듣기는 어쩐지 시간이 아깝고 노는 걸로 보여요. 시간 낭비처럼 보이는 흘려듣기를 계속 해야 할까요? 정말 아이에게 효과가 있을까요?

A 흘려듣기 시간은 낭비가 아니랍니다. 영어라는 것을 언어로 받아들이게 하는 데에는 듣기가 정말 중요해요. 미국 아기들도 주변 사람들이 하는 말소리를 듣고 말을 배웁니다. 하물며 우리나라처럼 영어 환경이 아닌 곳에서는 일부러 영어 환경을 만들어주지 않는 한 영어 소리에 노출될 일이 없지요. 아이를 간접적으로 영어의 바다에 빠지게 할 수 있는 것이 무엇이 있을까요? 아이들이 원어민들이 사용하는 실생활적인 표현을 보고 익히게 하는 데 아이들 애니메이션과 영화 등 영어 원음 영상만큼 좋은 것은 없습니다. 이런 것이 아니라

면 아이들이 어떤 경로로 장면을 통한 소리(영어)를 들을 수 있을까요? 집에서 하는 영어 연수에서 이 시간은 독이 아니에요. 오히려 유익하다 할 수 있어요. 지루하게 앉아서 억지로 하는 것이 아니라 재미있게 즐기며 할 수 있기 때문이에요.

언어가 무엇인지 헷갈리면 안 됩니다. 언어는 문자 기능도 있지만 무엇보다도 상황을 동반한 소리의 인식에서 시작되지요. 모든 사람이 언어를 배울 때 그렇게 배웁니다. 이것을 위해 아이를 영어 연수 보내고 영어 유치원에 보내는 것이고요. 영어로 말하고 행동하는 사람들을 조금이라도 더 많이 보게 해서 자연스럽게 익히게 하려는 거죠. 아이가 80분짜리 영화를 본다고 가정하면 이것을 보는 아이는 80분 상영 시간 동안 엄청난 양의 영어 소리와 상황들을 좋은 발음을 가진 성우나 연기자들을 통해 실감나게 들을 수 있습니다. 아이가 유학이나 연수를 갔다고 해도 80분 동안 쉬지 않고 그들의 언어를 집중해서 보고 듣기는 힘들 거예요. 무엇보다도 영상의 장점은 똑같은 내용을 여러 번 반복해서 듣고 볼 수 있다는 것이지요. 현실 세계에서는 아이가 어떤 상황을 놓쳤다고 해서 다시 반복하는 것이 거의 불가능하지만 영상은 다릅니다. 아이가 원하는 만큼 여러 번 재생이 가능하죠. 물론 저도 첫째 때에는 영상에 대한 선입관이 강했던지라 4세 때까지 집안에서는 영상물을 아예 보여주지 않았습니다. 올곧이 CD와 책 그리고 저의 유아 영어를 통해서만 영어 환경을 만들어줬죠. 그러다 둘째 때에는 영상에 대해 관대해지면서 하루 1시간 미만으로 보여주기 시작했는데 아이가 받아들이는 것이 생각보다 많다는 것을 깨달았습니다. 둘째야 당연히 첫째보다 훨씬 빨리 영상으로 영어 흘려듣기를 했어요. 그래도 영상 노출에 대해 시간 관리를 철저히 하고 책 읽어주기를 하루도 거르지 않고 했기 때문에 전혀 문제가 되지 않았어요. 책 읽기는 아무리 강조해도 지나치지 않지만, 책 읽기와 함께하는 영어 영상 노출의 힘도 아주 크답니다.

Q 아이가 7세입니다. 영어 환경 만들기에 어느 정도 익숙해졌지만 집중 듣기는 여전히 거부 반응이 있는데 아이를 설득해서 억지로 시켜야 하나요?

A 영어에서 듣기가 중요하다고 여러 번 강조를 해왔기에 집중 듣기에 대해서도 많은 분들이 강박처럼 아이에게 계속 심리적 압박을 가하는 경우가 있습니다. 초등학생이라면 아이가 대화를 통해 컨디션과 시간을 조절하며 집중 듣기를 하도록 유도할 수 있고, 하고 나면 실력이 좋아지는 것도 사실입니다. 하지만 유아들이나 초등 2학년까지는 집중 듣기에 대해 너무 몰아붙이지 않는 것이 좋습니다. 사실 아이가 극도로 거부한다면 굳이 할 이유도 없습니다. 아이가 거부하는데 집중 듣기를 강요한다면 아이는 분명 마음속에 원망이 쌓이게 되고 영어라면 고개를 절로 흔들 정도로 싫어하게 될 수 있어요. 유아기 아이들은 자제

력이 부족하고 집중력도 짧습니다. 이런 아이들을 억지로 끌고 가는 것은 마음에 상처만 줄 뿐이에요. 영어는 길게 보고 가야 한답니다. 몇 달 열심히 해서 마스터되는 것이 아니기 때문이지요.

Q 학교도 들어가지 않은 아이에게 굳이 극성스럽게 어려운 영어를 시켜야 하나요? 노는 것이 아이의 일이라고 생각하고 있어요.

A 가장 당황스러운 질문 유형 중 하나입니다. 어찌 보면 책을 내고 강연을 하고 인터넷 카페까지 운영하면서 영어 육아를 전파하게 했던 가장 큰 이유 중 하나인 듯해요. 힘들게 배워도 말 한마디 못하는 우리 같은 '영알못'으로 키우지 말고 언어 순수기 때부터 엄마와 놀면서 쉬운 말 한마디를 나누고 한 권 한 권 재미있게 책을 읽어가며 자연스럽게 영어를 언어로 받아들이기를 바라는 마음에서 영어 육아를 시작한 것이니까요. 물론 이것도 어느 정도 수준에서 한 단계 점프 업 하려면 인내와 노력이 필요하고 마냥 대충 해서는 원하는 만큼 얻을 수가 없습니다. 하지만 이런 질문을 하는 부모들은 영어가 아이들에게 큰 부담이 된다고 생각하는 것인데, 그야말로 큰 착각이랍니다.

영어 육아는 아이에게 단어를 엄청 외우게 하거나 책을 억지로 읽게 해서 목표를 맞추는 그런 이상한 과정이 아니에요. 아이에게 일찍 영어 환경을 만들어주는 것을 이른바 '미친 조기 교육'으로 생각하는 사람이 있는데 이것은 교육이 아니랍니다. 말 그대로 엄마와 놀면서 환경을 만들어주는 거예요. 아이에게 동요 불러줄 때 영어 동요 하나 더 불러주는 것이고, 우리말 책 읽어줄 때 영어책도 하나 더 끼워 읽어주는 것뿐이에요. 영상을 보여줄 거라면 영어 영상도 보여주고 아이가 놀 때 클래식 틀어주듯이 영어 CD를 잔잔히 틀어주는 것뿐이죠. 이런 것이 그렇게 유난과 극성일까요? 아이에게 지적인 부분을 채워주고 그에 맞게 호기심을 키워주는 것도 어느 정도는 부모의 역할이 반드시 필요하다고 생각합니다.

아이에게 놀이는 중요합니다만 하루에 몇 시간씩 땀 뻘뻘 흘리며 뛰어노는 것만 중요한 게 아니라, 좋아하는 책을 읽거나 잔잔하게 집중할 수 있는 시간을 만들어주는 것도 중요합니다. 우리나라는 아이들에게 너무 많은 것을 교육하다 보니 그에 대한 반발 심리로 오히려 지나치게 방관하거나 놀게 해야 한다는 강박이 있는 것 같아요.

아이에게 영어 환경을 만들어준다는 것은 일반적으로 생각하는 조기 교육의 개념이 아니랍니다. 부모와 아이가 함께하는 영어 놀이로 생각하는 게 맞을 거예요. 부모가 지나친 욕심을 부리지 않는다면 영어 육아는 절대로 극성 조기 교육이 되지 않습니다.

Q 임신 기간에 작가님 책을 읽고 영어 육아에 많은 정성을 들이며 아이를 키우고 있어요. 태교부터 꾸준히 신경 썼더니 아이가 정말 영어와 한국어를 같이 받아들이는 것을 보고 깜짝 놀랐답니다. 그런데 5세가 넘어가면서 아이가 변했어요. 요즘은 영어로 물어도 한국어도 답하고 영어 말하는 비중이 확 줄었어요. 영어를 싫어하는 것 같지는 않은데 왜 그럴까요?

A 5세 전후에는 엄마와 함께하는 시간 외에 우리말을 훨씬 더 많이 듣게 되고, 듣는 것이 많은 만큼 우리말이 더 친숙하고 편해집니다. 그러니 아이에게 나타나는 현상은 지극히 당연한 것입니다. 많이 알아듣고 말할 줄 아는 것이 늘어나기에 아이 입장에서는 의사표현을 더 자유롭게 할 수 있는 우리말을 선택하는 것이니까요. 반면에 영어는 표현을 할 수는 있지만 한국어만큼 유창하게 나오지는 않기에 답답함을 느끼게 되고 조금이라도 더 편한 우리말을 하게 됩니다. 그렇기 때문에 이미 알고 있는 영어 표현도 가끔은 거부하기도 하고 영어책보다는 한국어 책을 더 읽으려는 경향도 생기게 된답니다. 듣기는 영어나 한국어 실력이 비슷하지만 아무래도 스피킹은 영어와 우리말 실력이 조금씩 차이가 생기죠. 어쩌면 시간이 지날수록 더 격차가 벌어질 수도 있는데, 걱정하거나 불안해하지 않아도 됩니다. 이런 시간은 약간의 과도기라 생각하고 그대로 내버려두는 것이 좋습니다. 격차가 생긴다 해도 엄마가 들려주는 영어 소리에 따라 어느 순간 다시 따라잡게 되기 때문이지요.

문제는 이 시기에 아이가 아예 영어를 놓게 될까 봐 엄마들이 불안감에 시달리는 나머지 윽박지르거나 강요하는 것입니다. 그렇게 되면 아이는 영어 말하기에 더욱 거부감이 생길 수 있어요. 이 시기에는 오히려 더 재미있게 놀아보자는 마음으로, 이제껏 해왔던 유아 영어를 게임이나 놀이를 통해 쉽고 재미있는 쪽으로 많이 해주는 것이 좋습니다. 또한 아이가 영어로 답하지 않더라도 듣고 이해는 하고 있기에 엄마는 하던 대로 아이의 대답에 연연해하지 말고 하면 됩니다. 놀면서 동요도 부르고 그전보다 오히려 더 부담 없는 마음으로 즐겁게 하는 것이 아이의 마음을 유연하게 만들고 집중하게 할 수 있어요. 아이가 한글 책을 더 원한다면 영어책은 짧은 이야기로 한두 권만 가볍게 읽어주고 영어책 대신 동영상으로 듣기를 대신해도 괜찮아요. 중요한 것은 멈추지 않고 꾸준하게 한다는 것이지 무조건 많이 하는 것을 의미하진 않으니까요.

Q 작가님 강연을 듣고 이제껏 영어 노출을 안 한 것에 땅을 치고 후회하는 마음으로 초등학교 3학년 아이에게 열정적으로 영어 환경을 만들어주고 있어요. 아이와 친한 친구들도 같이 시작했고 어느덧 기간이 꽤 되었어요. 문제는 다른 아이들은 나름 편하게 받아들이기 시작하는데 우리 아이는 여전히 힘들다는 반응을 보이는 거예요. 왜 그럴까요?

Ⓐ 초등학생 아이들에게 집에서 영어 환경 만들기는 사실 간단하고 재미있는 방법입니다. 흥미로운 원어민 영상을 보게 하고 쉬운 책을 집중 듣기 하면서 시간이 흐르면 아이가 스스로 혼자 읽을 수 있는지 확인해보고, 못한다고 하면 듣기를 조금 더 하게 해주면 되니까요.

아이가 영어를 공부하고 학습한다는 느낌 없이 오히려 편하게 익힐 수 있도록 하는 것이 영어 환경 만들기입니다. 시간에 쫓기지도 않고 아이의 하루에 영어를 가볍게 밀어 넣는 것이기 때문에 대부분의 아이들이 즐겁게 하지만 힘들다고 하는 아이도 간간히 있습니다. 이런 경우 겉으로 보기에는 별다를 바 없어 보이지만 속으로 조금 깊이 들어가 보면 중요한 요소가 채워지지 못한 상태일 때가 많습니다. 바로 '재미'와 '즐거움'이라는 알맹이가 빠져 있는 거죠. 부모의 욕심으로 끌고 가면 아이는 재미를 느끼지 못한 채 끌려다니기 마련이고 그러다 보면 아이는 지치고 그저 힘들게만 느끼게 됩니다.

처음에는 최대한 아이가 재미를 느낄 수 있는 영역을 찾아주어야 해요. 듣기를 위한 영상이나 책 읽는 과정이 모두 즐거우면 좋겠지만 모두 채워지기 힘들다면 한 가지 과정이라도 아이가 재미를 느끼며 푹 빠질 수 있는 영역을 찾아줘야 합니다. 아이가 좋아하고 흥미를 느낄 만한 영어 영상과 영어 원서는 반드시 있어요. 다만 아직 발견하지 못하고 찾지 못했을 뿐이에요. 이런 것은 아이와 함께 찾아보세요. 아이도 자신의 취향을 좀 더 자세히 들여다보는 계기가 되고 부모도 아이를 위해 노력하고 있다는 것을 보여줄 수 있어요. 그리고 아이가 이런 과정을 지나고 있을 때 부모는 아이와 함께 옆에서 자리를 지켜주는 게 좋아요. 잔소리는 절대 하지 말고, 자리만 지켜주세요.

─────────────── ⌐⌐ ───────────────

(Q) 아이와 함께 엄마표 집안 연수를 시작한 지 1년 정도 되는 초등 2학년 엄마입니다. 꾸준히 하고 있어서 이제 쉬운 챕터북으로 흘려듣기와 집중 듣기를 같이 하고 있어요. 문제는 아이에게 혼자 읽어보라고 하면 술술 읽기도 하는 반면 가끔 너무 쉬운 단어를 못 읽고 멍하고 있을 때가 있다는 거예요. 그럴 때마다 속이 터져서 화를 안 내려고 해도 조절이 안 돼요. 지금부터 단어 암기를 시켜야 하나요?

─────────────────────────────────

(A) 챕터북으로 집중 듣기를 하고 혼자서 읽기도 하는 아이가 너무 쉬운 단어를 못 읽는 경우가 있을 수 있을까요? 그런 일은 없을 것 같지만 실제로는 있습니다. 아니, 이런 경우는 생각보다 많아요. 어제는 혼자 읽던 단어를 오늘은 버벅거리며 못 읽어 엄마 가슴을 철렁하게 하기도 합니다. 엄마 입장에서는 화가 날 수도 있지만 아이들이 흔하게 겪는 일이니 걱정할 필요는 없어요.

1년 정도 영어 환경 만들기를 하고 있고 영어책 읽기도 하고 있다면 이 아이에게 필요한 것은 더 많은 듣기와 읽기의 시간입니다. 1년여의 시간이 엄마에게는 긴 시간이겠지만 아이의 눈과 귀를 트이게 하기에는 그다지 긴 시간이 아니에요. 게다가 초등학교 2학년이면 아직 저학년이잖아요. 한글도 헷갈려 틀리는 연령이지요. 아이가 영어에 노출되었던 시간을 객관적으로 생각하면서 아이가 그냥 영어책을 읽고 듣게 해주세요. 아이가 영어 단어를 헷갈려 할지언정 영어책 읽는 것은 좋아한다면 너무나 긍정적인 일이니까요.

아이가 쉬워하는 영어책은 혼자서 큰 소리로 읽게 하는 것을 연습시키면서 동시에 듣기와 말하기가 차곡차곡 더 견고하게 쌓이게 해주세요. 소리 내어 책을 읽는 것은 별것 아닌 것 같지만 막강한 힘을 가지고 있어서, 꾸준히 하다 보면 아이에게서 변화가 일어나는 것을 알 수 있어요. 불규칙적이던 억양이 규칙적으로 변하고 문맥에 맞지 않게 맥이 끊기던 모습이 적절한 곳에서 끊어 읽을 줄 알게 되기도 하고, 그러면서 반복해서 나오는 표현들을 어느 순간 암기하게도 된답니다.

(Q)　30개월 된 아이 엄마입니다. 꾸준히 영어 환경을 만들어준 덕에 아이가 쉬운 말도 하고 단어도 꽤 알아요. 아이가 하는 것을 보니 더욱 욕심이 생겨서 시중에 유명하다는 고가의 영어 전집을 구입해서 매일 들려주고 있어요. 그런데 생각보다 아이가 말문이 트인다거나 귀가 뚫리는 것 같지 않아요. 엄청 실력이 늘어날 거라 기대했는데 아이 반응이 약한 것에 실망감이 들어요. 무조건 틀어주면 될 줄 알았는데 어떻게 해야 할까요?

Ⓐ　어린아이에게는 엄마의 육성을 거치지 않고 무조건 스토리를 틀어놓는 것이 그다지 효과적인 방법이 아니에요. 어른들도 의미를 하나도 모르는 외국어 CD를 매일 틀어놓고 듣는다고 귀가 뚫리지 않는 것과 같아요. 어떤 언어든지 제일 중요한 것은 '상호 대화'와 '상호 교감'이랍니다. 발음과 상관없이 세상에서 제일 좋은 엄마의 목소리로 스토리를 읽고 들을 수 있게 해주는 것이 중요하고 그런 과정을 거친 후에 아이에게 영어 스토리를 틀어주고 노출시켜야 합니다. 이런 과정 없이 무조건 영어를 노출시키면 언젠가는 책을 읽으면서 효과가 나기도 하겠지만 지나치게 긴 시간이 소요될 수 있어요.

어리면 어릴수록 귀찮더라도 무조건 엄마의 따스한 품에서 엄마 목소리로 듣고 소리에 집중하게 해줘야 해요. 흘려듣기가 중요하다고 강조하면서도 엄마와 하는 쉬운 유아 영어 혹은 회화를 엄마표 영어 연수에 포함시키는 이유가 여기 있어요. 엄마라는 중간 여과 장치를 거쳤을 뿐인데 책의 스토리를 받아들이는 결과물은 엄청나게 차이가 나는 셈이지요. 그리고 고가의 전집이 아이 연령에 맞는 것인지도 잘 살펴봐야 해요. 초등학생용 책이나 지나치게 긴 문장이 들어간 전집이라면 이제 겨우 30개월 아이에게 당연히 부담스럽고 이해하기도 어려울 거예요. 어리면 어릴수록 쉬운 문장의 반복이 많이 되는 책으로 골라서 직접 읽어주세요. 어떤 훌륭한 오디오나 스토리도 엄마와 함께하는 상호 교감만큼 좋을 수는 없다는 것만 기억하면 됩니다.

Q 기적의 영어 육아 연구소 카페에서 영어를 하는 다른 아이들을 보면서 엄청난 자극을 받았어요. 그래서 카페에서 하는 책 읽기 미션에 같이 도전했는데 어찌 된 일인지 아이가 책은 안 보고 그림만 보는 것을 알았어요. 한글 책 보는 것도 습관이 잡히지 않았던 아이라서 그런 걸까요? 우리 아이 어떻게 해야 할까요?

A 아이가 그림만 본다고 고민하지만 어쩌면 이 경우는 영어보다 우리말 책에 중점을 두어야 하는지도 모릅니다. 책 읽기의 재미에 빠지지 않은 아이에게 무조건 영어책을 주면서 읽으라고 하면 길게 갈 수 없어요. 일단 아이가 보기에 재미있고 쉬운 한글 책 읽기를 같이 해보는 것을 권합니다. 책의 재미를 알게 되면 영어책도 쉽게 받아들일 수 있거든요. 또한 생소한 영어책에서 그림을 먼저 보는 것은 자연스러운 현상이기도 해요. 결코 나쁜 습관이 아니라는 거죠.

처음 책 읽기를 시작할 때 보는 책들은 대부분 그림이 많아요. 그림이 있는 것은 아이가 영어의 흐름과 스토리를 이해하는 데 중요한 팁이 됩니다. 그림책을 통해 단어와 문장을 이해하고 흐름을 연결하는 습관을 들이면 조금 더 시간이 흐른 후 내용이 길고 두꺼운 책으로 가더라도 앞뒤 문장을 보면서 단어의 의미를 유추할 수 있어요. 결론은 아이가 그림책 보는 것을 거부하지 않는다면 그냥 두는 게 좋아요. 그림을 보건 글을 보건 아이는 스토리를 듣고 있는 것이기에 엄마가 생각하는 것보다 훨씬 많은 양의 영어책을 접할 수 있어요.

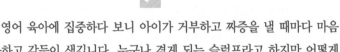

Q   영어 육아에 집중하다 보니 아이가 거부하고 짜증을 낼 때마다 마음
이 우울하고 갈등이 생깁니다. 누구나 겪게 되는 슬럼프라고 하지만 어떻게
극복해야 할까요?

A   영어 환경 만들기가 아니어도 엄마들은 육아를 하다 보면 여
러모로 마음속 갈등 상황이 생깁니다. 그런데 그것이 영어라는 것과
결합되면 어쩐지 그 무게가 더 무겁게 느껴질 수 있지요. 저 또한 아
직까지 항상 겪고 있기도 하고요. 어제까지 잘 따라 하던 아이가 오
늘은 영어책 읽기를 거부할 수도 있고, 다른 집에서는 100퍼센트 대
박 났다고 소문난 영어 전집이 우리 집에서는 찬밥 신세를 질 수도
있습니다. 좋은 책 고른다고 며칠을 고생한 엄마는 아이의 그런 반응
에 속상하니 한마디 하게 되고, 아이들은 엄마의 말 한마디가 잔소리
로 들리니 또 입을 삐죽거리기도 하지요. 이런 상황을 겪을 때 속이
타들어 가는 것은 아이들보다 엄마이고, 그러다 보니 가끔은 아이에
게 언성을 높이게 될 때도 있습니다. 이런 시간이 잦아지고 반복이
되면 소위 말하는 '슬럼프'가 온 것입니다.
슬럼프가 왔을 때 아이들은 무엇이든 거부를 합니다. 재미있게 읽던
영어책도 거부하고 심지어 매일 듣던 영어 CD도 듣기 싫다고 할 수
있어요. 이때 제일 많이 듣는 말은 "no", "I don't want to do it", "안
읽을 거야", "재미없어", "안 할 거야." 이렇게 주문을 외우듯이 부정적

인 말을 쏟아내기 시작합니다. 저희 아이들도 이런 과정을 겪었어요. 특히 유난히 고집이 세고 자신의 주장을 꺾기 싫어하는 첫째는 이런 시간이 오면 엄마인 제 속을 아주 바짝 타게 만들곤 했지요. 아이가 이렇게 한바탕 고집을 피울 때마다 속으로는 당황했지만 그렇다고 아이를 그대로 둘 수는 없기에 어떻게든 최대한 빨리 상황을 헤쳐 나갈 수 있을지 고민했어요.

다행인 것은 이처럼 고집을 피우는 시간이 생각보다 짧고 아이도 엄마의 마음을 헤아려준다는 것입니다. 아마도 아이 또한 엄마가 아기 때부터 해오던 하루 일과를 어느새 매일의 루틴으로 받아들이고 있고, 무엇보다도 엄마는 무슨 일이 생겨도 자기를 지켜주는 사람이라는 확신이 있기에 빠른 회복 탄력성을 보이며 제자리로 돌아오는 게 아닐까 싶어요. 아이가 거부하는 이유는 여러 가지일 수 있지만 대부분은 아이의 용량보다 과하게 세팅되었을 때 발생하는 경우가 많아요. 이럴 때는 엄마가 욕심을 비우고 아이의 상태에 맞는 상태로 다시 리부팅해주는 지혜가 필요해요. 아이가 책 읽기를 싫어하면 책을 덮어주고 매일같이 듣던 CD를 거부하면 꺼주세요. 엄마의 영어 한마디도 듣기 싫어하면서 "영어 하지 마!"라고 대놓고 거부해도 아이의 의견을 들어주세요.

이대로 영어는 끝나는 게 아닐까 할 수도 있지만 그대로 밀고 나가는 것 또한 능사는 아니에요. 아이가 힘든 것을 인정하고 다독여주지 않으면 당장은 넘어갈 수 있지만 오히려 돌아오지 못하는 강을 건너는 수도 있어요. 아이가 거부하고 고집을 피울 때는 아이 나름대로 엄마에게 도와달라고, 손을 잡아달라고 외치는 것이기 때문에 아이의 마음을 안정시키는 시간을 준다고 생각해주세요.

사실 이보다 더 심하게 거부를 하는 아이들도 많아요. 이런 경우 아이도 힘들겠지만 엄마가 받는 스트레스와 마음고생은 상상 이상으로 큽니다. 아이를 위해 많은 것을 열심히 해왔다고 생각했는데 겨우 이런 모습을 보기 위해 내가 이런 고생을 했나 하는 허무함과 자괴감으로 몸과 마음이 상처로 얼룩지게 될 것입니다. 이렇게 극도로 힘들 때는 엄마의 마음을 먼저 돌보기 바랍니다. 잠시 호흡을 가다듬고 아이에게 집중한 것이 아니라 엄마의 욕심에 아이를 내몰았던 것은 아닌지 돌아보는 시간이 필요해요. 아이의 외침을 무시하고 엄마의 더 높은 욕심을 채우기 위해 달렸던 것은 아닌지 생각해보는 거죠. 그리고 아이에게 과한 것을 요구했다면 엄마로서 진정성 있게 마음을 열고 사과를 하는 것도 필요합니다. 아이는 엄마의 진심 어린 사과에 금세 마음이 누그러질 것입니다. 아이와 서로 미안한 마음을 전달하고 나면 아이가 어떤 것을 원하고 있는지 들어보고, 그에 맞게 계획을 수정해서 다시 시작하면 됩니다. 아이와 엄마가 부담 없이 접근할 수 있는 것을 찾아서 다시 한 번 힘을 내는 거예요.

아이가 다른 것은 다 힘들지만 엄마가 읽어주는 책은 재미있다고 하면 당분간은 엄마가 재미있게 읽어주면서 책을 주제로 편하게 이야기를 나눠도 되고, 그림책도 싫고 영어책 보는 것은 싫다고 거부한다면 아이에게 억지로 영어책을 읽으라 하지 마세요. 영어를 듣게 하고 소리 노출을 하는 것이 중요하니 이럴 때는 한두 달 영어 영상만 보여겨도 됩니다.

아이들은 때로는 너무 단순한 것에 마음을 열기도 하고 마음을 닫기도 합니다. 영어 육아를 하면서 고비와 슬럼프가 오는 것은 당연하다고 생각하는 대범함이 필요해요. 아이가 왜 제자리걸음인지 눈여겨보고 아이의 컨디션에 맞춰 실천 방향을 잡아주세요. 이런 시기를 거치면 아이와 엄마는 또 한 단계 성장하고 성숙하게 됩니다.

Q 영어 리딩을 완벽하게 하려면 적어도 파닉스(phonics) 과정을 6개월은 해야 한다고 하는데, 파닉스가 영어 리딩을 위한 필수 과정인지 궁금합니다.

A 영어책 읽기 과정에 본격적으로 뛰어들려고 하면 떠오르는 고민 중 하나가 '파닉스'입니다. 읽기 과정 들어가서 아이가 눈에 띄게 실력이 늘지 않는다 싶으면 학원 광고에 단골로 등장하는 '영어 리딩 완전 정복'과 더불어 옆에 같이 등장하는 '파닉스'에 끌리듯 시선을 맞추게 되지요. 언제부터인지 영어를 하려면 파닉스를 알고 배워야 영어 기초를 제대로 잡는다고 생각하는 듯합니다. 파닉스가 무엇이길래 영어 리딩을 생각하면 바로 연관되어 떠오르는 걸까요?

파닉스는 발음과 문자를 연결시켜 서로의 대응 관계를 알게 하는 동시에 각각의 글자가 가지고 있는 대표적인 소리를 발화할 수 있도록 하여 영어권 아이들에게 읽는 법을 가르쳐주는 지도법을 말합니다. 즉, 기본적으로 듣기에 오랜 시간 노출되어 왔고 영어 발음에도 익숙한 원어민에게 읽기를 가르치는 방법인데 우리나라에서는 파닉스 규칙이 영어 리딩을 위한 필수 과정으로 인식되어 있는 듯합니다. 영어 학원마다 아이에게 파닉스를 알려주고 글자를 빨리 읽을 수 있도록 합니다. 다수의 학생을 상대해야 하는 학원 같은 경우 아이들에게 표준적인 교재를 선택해 진도를 나가야 하기 때문에 아이가 글자를 어느 정도 읽는 것이 가르치는 입장에서도 편하기 때문이지요. 이런 시스템이 자리 잡다 보니 영어 육아를 하는 엄마들조차 아이에게 파닉스를 해줘야 영어를 제대로 읽게 된다는 생각을 하는 듯해요. 이는 일부 맞기도 하고 일부 아니라고도 할 수 있어요.

영유아 때부터 영어 환경에서 자란 아이들은 일찍부터 소리에 노출되고 많은 원서들을 읽으며 자란지라 알게 모르게 알파벳을 습득하고 알파벳의 사운드까지 받아들이는 경우가 꽤 많습니다. 그렇기에 몇 년을 보고 듣기만 하던 아이가 정말 말 그대로 어느 날 갑자기 영어를 읽는 경우도 없지 않습니다. 한글도 일부러 학습시켜 읽는 경우가 있고 자연스레 글자 읽는 법을 터득하는 아이가 있는 것처럼 영어도 그렇습니다. 즉, 읽기에 관한 것은 아이들마다 시기가 다르고 방법이 다를 수 있다는 것을 염두에 두어야 해요.

그럼에도 굳이 기본적인 조건을 하나 붙인다면 소리 쌓기 과정, 즉 듣기가 충분히 된 후 파닉스를 시작해야 된다는 것이에요. 충분한 들기란 아이가 단어나 문장을 들었을 때 바로 영어로 연상이 되는 정도를 말하는 건데요. 'The frogs are jumping in the pond'라는 영어를 들었을 때 바로 개구리가 연못에서 점프하는 것을 떠올릴 정도는 되어야 글자로 들어갈 준비가 되었다고 생각하면 됩니다. 어느 정도의 단어를 알고 문장 이해가 되어야 하나 궁금하다면, 시중에 나와 있는 리더스북 1단계 책으로 대강의 단어 난이도를 알 수 있으니 이를 참고로 아이의 누적 어휘량을 파악해보는 것도 바람직합니다.

그러면 글자 읽기에 듣기의 누적과 어휘량 확보가 왜 중요한지 의문이 생길 수도 있어요. 기본적인 소리와 어휘 확보 없이 파닉스를 통해 읽기 기술을 배울 경우 영어책을 쉽게 읽어나갈 수는 있지만 글자를 읽고 의미를 파악하는 능력이 떨어질 수 있기 때문이에요. 즉, 기계적으로 글자를 줄줄 읽을 수는 있지만 말 그대로 읽기만 되지 자기가 읽은 영어 문장이 무슨 뜻을 지니는지 의미 파악이 전혀 안 되는 아이도 있다는 거예요. 아이가 시간 들여 파닉스를 배웠는데 이런 일이 발생하면 엄마도 화가 나겠지만 무엇보다 아이가 상심할 수 있어요. 그런 일을 방지하기 위해서라도 아이에게 글자를 익히게 하기 전 영어 소리를 인지하는 귀가 먼저 열리도록 해주세요. 소리와 어휘량이 쌓이다 보면 아이가 읽기에 관심을 보일 때가 있는데 그때 시작하면 시간과 에너지 낭비를 최소화할 수 있답니다.

파닉스를 군이 일찍 시작할 필요도 없고 6개월 이상 길게 할 필요도 없습니다. 시작을 하면 리더스북 초기 단계를 많이 읽게 해주세요. 쉬운 책 위주로 많이 읽게 해줘야 아이가 글자와 소리에 익숙해져요. 익숙한 것들은 자연스럽게 습득하게 되니 말 그대로 리딩을 하면서 소리 쌓기 연습이 되는 거예요. 쉬운 책만 본다고 시간 아깝다 생각하지 말고 그 시간을 제대로 활용하게 도와주세요. 영어 파닉스 사이트에 들어가 보면 아이들의 흥미와 관심을 끌 만한 캐릭터와 파닉스를 위한 재미있는 게임이나 단어 보기 등이 다양하게 준비되어 있으니 아이의 취향에 맞게 활용해도 좋습니다. 이 외에 유튜브 채널 'Alphablocks'에도 파닉스 영상이 많이 올라와 있으니 꾸준히 듣게 해서 소리를 익히게 해주세요.

※ 교육방송 EBSe 사이트 내 파닉스 팩토리에서 무료 파닉스 수업을 들을 수 있습니다. (www.ebse.co.kr)
※ 추천 교재: Oxford Phonics World, EFL Phonics Star, Phonics Cue, smart phonics, JY phonics kids 등
※ 추천 사이트: www.kizclub.com
           www.scholastic.com
           www.pbskids.org
           www.sesamestreet.org
           www.starfall.com